U0067890

要得公道
打個顛倒
中國民族問題與民主轉型

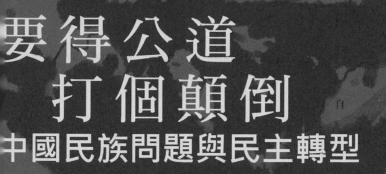

胡平 · 著

目錄

序言

第一部分

要得公道，打個顛倒 015

論統獨問題 019

談談民族自治問題 042

略談中國的民族問題 049

從「七擒孟獲」談起 055

美國也有少數民族自治區 060

什麼是自治區？為什麼要民族自治？ 063

中共要調整民族政策嗎？ 064

澄清一種對民族區域自治的誤解 068

談談東馬的移民自主權 072

從《人民日報》為何關注清史研究談起 075

第二部分

（一）西藏

西藏問題之我見 ……………………………………… 083

奇怪的示威抗議 ……………………………………… 098

中藏會談說明了什麼？ ……………………………… 103

中共為何又推出惠藏政策？ ………………………… 115

我們應當如何看待西藏問題 ………………………… 119

藏人自焚事件 ………………………………………… 112

1、當有人自焚的時候 ……………………………… 123

2、密切關注藏人自焚事件 ………………………… 126

3、駁中共官方及其御用學者在藏人自焚問題上的荒謬論調 …… 128

4、我們應當如何看待自焚 ………………………… 132

中共當局無權插手達賴喇嘛轉世 …………………… 152

解讀靳薇教授講話 …………………………………… 155

簡評中共當局《西藏發展道路的歷史選擇》白皮書 …… 159

西藏問題答客問 ……………………………………… 161

鄭重推薦《1959:拉薩!》⋯⋯⋯⋯⋯⋯⋯⋯⋯⋯171

達賴喇嘛退休不是垂簾聽政⋯⋯⋯⋯⋯⋯⋯175

十世班禪喇嘛對漢人的特殊意義⋯⋯⋯⋯⋯178

達蘭薩拉觀訪小記⋯⋯⋯⋯⋯⋯⋯⋯⋯⋯⋯⋯182

流亡藏人社區的民主建設⋯⋯⋯⋯⋯⋯⋯⋯194

為什麼中間道路?為什麼非暴力?⋯⋯⋯⋯209

再為「中間道路」辯護⋯⋯⋯⋯⋯⋯⋯⋯⋯⋯213

(二)新疆

解析新疆7.5事件⋯⋯⋯⋯⋯⋯⋯⋯⋯⋯⋯⋯216

關注海萊特,揭露大陰謀⋯⋯⋯⋯⋯⋯⋯⋯248

中國特色的恐怖主義⋯⋯⋯⋯⋯⋯⋯⋯⋯⋯251

1、史上最奇怪的恐怖襲擊⋯⋯⋯⋯⋯⋯⋯⋯252

2、對12.28新疆皮山事件的嚴正聲明⋯⋯⋯256

3、6.29和田劫機真相探究⋯⋯⋯⋯⋯⋯⋯⋯259

4、6.29劫機案謊言穿幫⋯⋯⋯⋯⋯⋯⋯⋯⋯263

5、新疆巴楚4.23事件絕非恐怖攻擊事件⋯⋯266

6、又見汽車撞向天安門 **273**

7、10.28天安門撞車事件是突厥斯坦伊斯蘭黨策劃的嗎 **282**

8、呼籲國際社會給中共的「反恐」加上引號 **285**

9、從昆明慘案談中國的恐怖主義 **290**

10、張春賢為「嚴打」辯護說明了什麼？ **294**

11、從昆明火車站恐怖襲擊事件談起 **297**

12、從昆明事件談美國911 .... **303**

13、從烏魯木齊火車站事件談起 **307**

14、烏市爆炸案真相未明，官媒報導疑竇叢生 **311**

15、「越反越恐」說明了什麼？ **314**

16、6.21新疆葉城事件絕非恐怖襲擊 **323**

17、評「新疆重獎圍捕暴徒群眾」 **326**

18、7.28新疆莎車事件到底是怎樣一回事？ **329**

19、中國特色恐怖主義的六大特色 **336**

從禁止留鬍鬚與穿罩袍談起 **344**

為什麼要叫維吾爾學生唱「炎黃子孫、龍的傳人」？ **346**

努爾白克力為何也被清洗？ **348**

「新疆棉」風波到底是怎麼回事？ **351**

（三）內蒙古

不要讓我們的歷史在我們手中消失

——推薦《內蒙文革風雷——一位造反派領袖的口述史》.................354

評內蒙抗議風潮.................357

一石激起千重浪

——紅二代公開信反對當局在內蒙強推漢語教學.................360

第三部分

從阿馬利克的《蘇聯能存在到1984年嗎》談起.................365

中國的民族問題與中國的民主問題

——推薦《民主轉型與鞏固的問題》.................370

兼顧理想與現實.................373

序言

　　當今中國，民族問題是一個十分嚴重的問題。

　　儘管中國憲法明文規定，「各少數民族聚居的地方實行區域自治」，然而在實際上，所謂民族區域自治只是徒有其名。近些年來，中共當局更是在第二代民族政策的指導下，以推進中華民族一體化和國家認同的名義，強行去除少數民族的民族意識與民族認同。

　　在中共當局看來，少數民族問題之所以成為問題，就因為他們有著自己特殊的民族意識與民族認同；如果去除掉他們的民族意識與民族認同，少數民族問題自然就不成為問題了。換言之，如果少數民族都被同化了，都不知道或不覺得自己是少數民族了，少數民族都不存在了，少數民族問題自然也就不存在了。

　　不錯，歷史上很多民族的被同化，就是靠強制手段才成功的。但問題是，要使強制性同化政策獲得成功，必然要採取野蠻的手段，而且還要經歷很長的時間。在當代世界，我們還能夠允許那些野蠻的做法嗎？中共政權還能維持那麼長的時間嗎？

　　一方面，中國政府在西藏、新疆和內蒙古等地區採用十分野蠻的手段，強力推行同化措施，給這些地區的少數民族造成了巨大的災難；另一方面，中國政府的野蠻暴行激起了少數民族的頑強反抗，尤其是藏人和維吾爾人的民族意識日益高漲，要求獨立

的呼聲早已浮出水面。

　　既然在現階段，藏獨、疆獨都意味著擺脫中共專制，因此就都是值得同情、值得肯定的。但問題是，面對中共專制高壓，藏獨和疆獨又絕無實現的可能。如此說來，統獨之爭這道難題到頭來很可能是出給未來的民主政府的。恰恰是在中國結束一黨專制、開始民主轉型之後，獨立問題即分離問題才更可能成為一個十分現實的嚴峻問題。

　　可以想像，一旦中國實行民主轉型，飽受打壓的少數民族的民族主義很可能強烈反彈，分離主義的理念獲得了廣泛傳播的機會，分離主義運動就很可能發展到相當的規模。一旦中國步入民主，國人得以參政問政，他們的大一統觀念很可能會淡化。民主後的中國，地方上要求更大的自主權的呼聲很可能會高漲，甚至於有的漢區也會要求獨立。

　　但與此同時，我們也必須看到，至少是在民主轉型的初期，仍然會有很多人持有強烈的大一統觀念，不肯容忍其他地區的獨立。如果在這時就有某地區或某民族宣佈獨立，那就會使得新生的民主政府陷入左右為難：如果他們武力鎮壓，那就背離了推動民主轉型的初心，勢必會失去一大批民眾的支持；如果他們承認這裡或那裡的獨立，又可能被本來已經失勢的專制力量找到藉口，使他們打著反對分裂、維護統一的旗號捲土重來，復辟專制統治，把中國再次帶入黑暗。

由此引出的一個重要問題是，現在我們就必須認真考慮，在中國開始民主轉型後，包括藏獨、疆獨等分離主義運動將會如何發展，它們和民主轉型之間會形成怎樣的互動關係。我們之所以必須在今天就對這一問題加以認真的考慮，那不僅僅是因為未雨綢繆勝過臨陣磨槍，而且也是因為一旦變局發生，激情就會高漲，理性的溝通將變得更難進行，現在不溝通不討論，事到臨頭就來不及了。

　　再說，有些人正是看到了別的一些國家在民主轉型期間，由於未能處理好分離主義問題而導致流血衝突、分裂以至內戰，故而對民主轉型本身產生疑慮；專制者也正在利用這種疑慮作為抵制民主轉型的藉口；所以，我們必須在現在就對相關問題進行深入的交流與探討，尋找出一種解決此一問題深具現實可能性的雙贏方案。

　　通常，人們在談到目前的各種獨立運動或分離主義運動時，常常把藏獨、疆獨和台獨、港獨相提並論，實際上這中間還是有重大區別的。藏獨和疆獨是民族獨立，台獨和港獨不是民族獨立。

　　其中，台獨又和藏獨、疆獨及港獨有一個重大區別，那就是，臺灣從來不在中華人民共和國管轄之內。臺灣和大陸本來就是分立分治的。臺灣的問題不是要不要獨立的問題，而是要不要和大陸統一的問題。

　　我對臺灣問題和兩岸關係問題寫過不少文字，對香港問題和

港獨問題也發表過一些意見。不過在這本書裡，我探討的是少數民族的獨立問題，即藏獨和疆獨的問題，不是台獨和港獨的問題。這是需要說明的。

2021 年 8 月 19 日於美國紐約

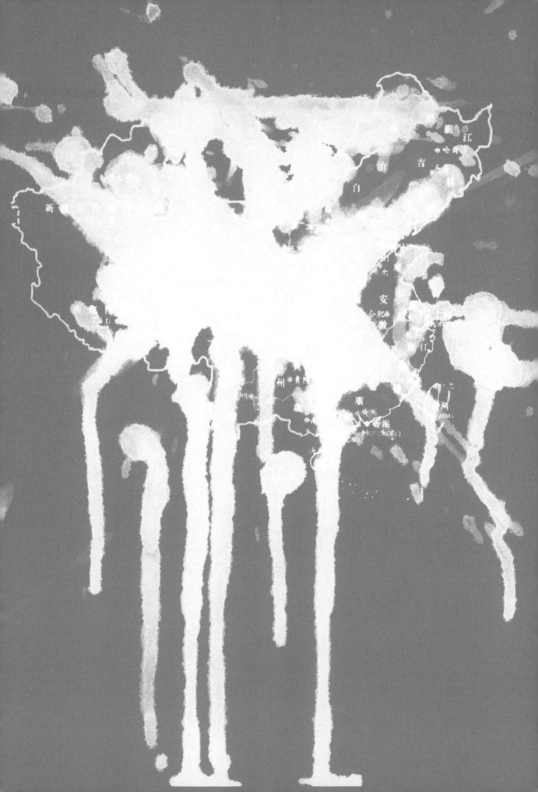

第一部分

要得公道，打個顛倒——談談民族認同問題

中國是個多民族的國家。中國存在著嚴重的民族問題，其中民族認同的問題尤其不可忽視。

在中國大陸，漢人占95%以上，身為漢人，我們幾乎感覺不到民族認同的問題，也因此而常常感覺不到其他少數民族的身份問題或曰認同問題。現在我們到了海外，到了美國，我們在這裡成了少數民族，於是我們才開始體會到這個問題。

有不少人說，越是到了外國，越是感覺到自己是中國人。這還用說嗎？中國人生活在中國，當然不會感覺到自己的中國人身份會有什麼問題，只有生活在外國人中間，你才會強烈地感覺到自己的中國人身份問題。

在中國，我們漢人生活在漢人和漢語文化的海洋裡，所以我們常常感覺不到我們的漢人身份問題，但是那些少數民族呢？特別是那些從外貌到語言都和我們漢人有差別的少數民族呢？他們

在漢人和漢語文化的汪洋大海裡生活會是什麼感覺？我們想過嗎？

　　按說，美國既自由民主又繁榮富強，我們在這裡生活得很不錯，但是很多人卻仍然感到不那麼自在，很難把美國完全當成自己的家園，流亡者不用說了，但大多數不是流亡者的華人也有這個問題。很多華人在美國生活很多年了，也早早就入籍成了美國公民，可是在心理上感情上卻仍然不能完全投入。

　　今年既是美國的大選之年，又是臺灣的大選之年，很多華人，不管是來自臺灣還是來自大陸，許多人已經是美國公民，但是他們對美國的大選不太關心，而對臺灣的大選特別投入，好像臺灣的大選是我們自己的事，而美國的大選卻不是我們自己的事，是別人的事。這就是因為陳水扁、連戰是華人，長得和我們一樣，說的是一樣的語言，我們就感覺親切，布希、凱瑞是洋人，從外貌到語言都和我們不一樣，我們就感到隔一層，就不那麼容易認同。

　　尚且不論第一代移民可能還有語言障礙，就連第二代第三代華人，所謂的 ABC（American Born Chinese），即美國出生的中國人，語言上毫無問題，但是由於膚色差異，還是不大容易完全融入美國主流社會。許多 ABC 小時候不願意學中文，因為他們在這裡土生土長——不，洋生洋長，自然就認為自己和別人一樣是這裡的人，中文對他們而言是外語，所以學習的興趣不大，可是

等到長大了，意識到自己還是和別人不一樣，意識到自己的華人身份，常常又很想學習中文、瞭解中國的文化了。這樣一來，他們就可能產生一種和自己的民族與文化脫節斷裂的感覺，一種身份認同的困惑和苦惱──「我到底是誰呢？我應該是誰呢？」相信在西方的華人對這種問題都不會感到陌生。

那麼，想想在中國生活的別的少數民族吧，在如此自由、如此民主、如此多元、如此包容的美國，作為少數民族的華人尚且有這樣的認同問題，更何況在缺少自由民主缺少多元包容的中國大陸裡的少數民族？

老話說：「要得公道，打個顛倒。」我們漢人應該將心比心，設身處地，站在別的少數民族的立場上思考這個問題，很多問題就好理解了，彼此就容易溝通了。

華人在美國，英文不過關，謀職就很不容易。也難怪，是在人家的地盤上麼。可是一個維族人，一個藏族人，要是在自家祖祖輩輩生活的地方都必須學好漢人的語言才行，否則連個好工作都找不到，那又是什麼滋味？我認識好幾個少數民族朋友，漢語好得很，和我們交流毫無困難，我們也一點不把他們當外人。可是他們自己呢？他們知道他們不是漢人，就像在美國長大的華人，他們對自己脫離了原本民族的語言和文化感到難過，這不也是很自然的麼？對於他們的這一層苦惱，我們是否感受到了呢？

在中國大陸，民族認同問題更由於共產黨意識形態的破產而

強化。

　　過去中共實行的是意識形態的統治，馬克思主義和自由民主理論一樣是一種普適性理論，用毛澤東的話叫「放諸四海而皆準」，適用於一切民族和文化。這套理論強調的是階級，強調的是路線。那時流行的口號是「親不親，階級分；親不親，線上分」，民族差異和文化傳統的差異則被放在很次要的位置。

　　曾經一度，這一理論確實產生了很大的效果，隨著冷戰結束，共產黨意識形態徹底破產，原先被掩蓋沖淡的民族問題、文化問題日益突出。現在，中共為了排拒自由民主，找不出別的理由，就宣稱自由民主只是西方的價值，沒有普適性，否認世上有任何普遍適用的價值，竭力強調特殊性，強調「國情」，大肆鼓吹民族主義。

　　可是這種做法也是雙刃劍：你鼓吹你的民族主義，那就必然反過來刺激別人的民族主義；你講你的文化傳統，別人也會講別人的文化傳統。你大講特講「炎黃子孫」，大講特講儒家傳統，可是，像維族、藏族，人家不是炎黃子孫，也不屬於儒家傳統，你這樣講，不是刺激人家的疏離感，刺激人家的分離意識麼？官方講中華民族，可是中華民族這個概念是個政治概念，不是民族學上的民族概念，再說，這個概念也只有一百年的歷史，要用這個概念塑造一種共同體的感覺，效果是很有限的。

　　單一民族的國家有天然的凝聚力，多民族的國家就缺少這種

天然凝聚力。美國不是靠講什麼美利堅民族而凝聚人心的，美國是靠講人權自由民主的普適性理念凝聚人心的。中共拒絕這種普適性理念，所以它拿不出能夠凝聚各民族人心的東西，只有靠強力，而強力又恰恰是有反作用的。

我的意思是，作為漢人，我們應該設身處地地為少數民族著想，從而加深對他們的理解（其實，理解本身就意味著設身處地）。在此基礎上，我們才能找到妥善解決問題的辦法和方式。

2004 年 12 月 1 日

論統獨問題

1、人民的自由幸福高於一切

我們主張統一，但是我們認為，統一本身並非最高的價值，並非絕對的價值。在統一之上，還有人民的自由幸福。

如果必須在「獨立（或分裂）而自由」與「統一但專制」二者之間擇一，我們寧要前者。因此，在當前，我們同情那些為了獨立於中共專制之外追求自由而進行的努力。

由於中共當局堅持用暴力維護其專制統治以及維護其統一中國的目標，所以，現階段的獨立運動很難避免與中共發生武力衝突。這意味著在現階段，大規模的、公開的獨立運動很難發生，

它更可能發生在中共專制陷入癱瘓之際或者是民主轉型開展之後。

假如中共專制陷入癱瘓，也就是說，它雖然繼續堅持專制，但其控制力已嚴重削弱，在這種情況下，如果有地區宣布獨立於專制的中央政府（不等於獨立於中國）而實行自由民主，我們可以表示支持，至少，當專制當局力圖以武力對之鎮壓時，我們應該表示反對。

歷史上有過類似的先例。1911 年 10 月 10 日武昌起義的槍聲打響，在隨後的七周之內，全國有十五個省宣布獨立。在這裡，獨立是指獨立於專制的清政府。後來，這些宣布獨立的省又走到一起，和其他一些省共同組成民國。換言之，我們支持對專制的獨立，我們主張在自由民主之上的統一。

2、統獨之爭這道難題到頭來很可能是出給未來的民主政府的

不難想見，恰恰是在中國結束一黨專制、開始民主轉型之後，獨立問題即分離問題才更可能成為一個十分現實的嚴峻問題。

譬如講到台獨，以前流行一句話：「大陸不民主，台獨不可能；大陸民主了，台獨不必要。」這話本身就表明，在大陸走上民主之後，台獨的必要性會降低，但其可能性卻會增高。

本來，分離主義意識的萌生和發展，在很大程度上是被中共專制逼出來的，但是，統獨之爭這道難題到頭來卻很可能是出給未來的民主政府的。我們知道，早在六十年代就有人預言，民族問題將是蘇聯制度未來危機的一個最重要的因素。非俄羅斯加盟共和國將從爭取真正的自治著手，在事實上以至在形式上脫離蘇聯，由此導致史達林式的舊帝國分崩離析。三十年後，蘇聯果然解體。

　　可是，那並不是「史達林式的舊帝國」的解體，而是戈巴契夫的「新聯盟」的解體。蘇聯的解體不是發生在專制之下，而是發生在民主化之後。前捷克斯洛伐克的一分為二也是發生在民主化之後。導致這種情況的原因並不複雜。

　　首先，相比之下，專制當局並不那麼害怕獨立運動，它更害怕自由民主運動。有時候，你只是爭自由爭民主，你還不是要求分離要求獨立，專制當局都要給你栽上一頂「分裂祖國」的帽子。因為它知道，要鎮壓自由民主運動，很難得到老百姓的贊同，很容易引起民眾的反感。要是能給對方扣上「分裂祖國」的帽子，從而使自己的鎮壓能夠假借「維護統一」的旗號，鎮壓起來還會更容易些。

　　因此，在共產專制的鐵腕之下，獨立運動很難成氣候，很難有成功的希望。只有在專制結束，自由化民主化開展之後，分離主義的觀念才有機會獲得廣泛的傳播，分離主義運動才可能發展

到足夠的規模；其次，民主的政府總會更尊重民意，不會輕易使用暴力；另外，初初建立起來的民主政府很可能是一個比較弱的政府，它面臨著很多的問題急需處理，內部又意見紛紜，彼此牽制，這樣，即便它反對分離主義運動，可能也難以調動足夠的力量去有效地制止。

由此引出的一個重要問題是——現在我們就必須認真考慮，在大陸民主後，我們應該如何對待包括台獨、藏獨在內的各種獨立運動。我們之所以必須在今天就對這一問題加以認真的考慮，那不僅僅是因為未雨綢繆勝過臨陣磨槍，而且也是因為在當前，有些人正是看到了別的一些國家在民主化之後，由於未能處理好統獨問題而導致分裂以至內戰，故而對民主化本身產生疑慮；專制者也正在利用這種疑慮作為抵制民主化的藉口，所以，我們必須向人們指出一種解決統獨問題既合情合理又深具現實可能性的方案。

3、面臨統獨之爭，民主制也陷入兩難

也許有人會說，在民主社會中，解決統獨之爭應該採取民主的方法。這話自然不錯。但問題是：民主的方法是什麼？如果說民主的方法就是用投票解決爭端，問題是誰來投票？如果說是誰的問題就該由誰來投票。中國人自己的問題應該由中國人投票，俄國人、美國人無權參與投票。那麼，統獨的問題究竟是誰的問

題？譬如，四川人想從中國獨立出去，這僅僅是四川人的問題，抑或是所有中國人的問題？到底是四川一億人說了算，還是全中國十二億人說了算？

一方面，我們有理由認為四川獨立的問題是所有中國人的問題，因此它應該由全中國十二億人共同決定。道理很簡單，既然國家是人們共同簽訂契約的產物，它要求訂約的各方都必須信守承諾，任何一方都無權單方面背棄契約，除非它得到了其他方面的認可。契約必須對有關各方都具有約束力，否則契約將不成其為契約。

然而從另一方面看，上述道理也有明顯的漏洞。首先，在現實政治中，許多國家的建立都不是自由契約的產物，而是巧取豪奪的結果；人們當然有權否認他們從來就沒有承認過的東西。其次，既便是那些最初經由自由契約而組成的國家，某一代人做出的承諾，憑什麼可以對以後的世世代代都保有不可改變的約束力？

那麼，我們是否可以把契約訂成這個樣子——在其中，承認組成中國的各部份有權退出中國這個共同體，獨立組成新的國家或者是加入別的國家。

在 1991 年 8 月蘇共保守派政變前夕戈巴契夫試圖通過的「新聯盟條約」中就明文規定，各加盟共和國有權退出聯盟（只要有本共和國三分之二以上人民同意）。

「新聯盟條約」這一規定看上去很開通，其實是中看不中用。倘若認真實行起來，勢必會造成極大的麻煩。因為它會使得一個國家隨時處於可疑的不確定狀態，這就會引起在有關權利和義務等一系列問題上的巨大混亂。

　　河南省發生了水災，湖北省該不該無償支援呢？廣西壯族自治區遭受外敵侵犯，四川的小夥子該不該上前線流血戰鬥呢？如果別人無法確信大家同是一國，你的事就是我的事，他們憑什麼一定要為別人去解囊去流血呢？如果一家人的關係鬆散到和鄰居間的關係差不多沒有區別，家就不成其為家。同理，如果一國之中的各個部份隨時處於可以彼此分離散夥的狀態，國也就不成其為國了。聯邦制的美國從來不曾立法承認各州有權退出聯邦。我們能說這是不自由不民主嗎？

　　一方面，訂立契約的任何一方隨時可以背棄契約，這是不應該的；另一方面，硬是禁止訂約者（包括他們的子孫後代）撤出契約，那也不合理。於是，我們就面臨到一種真正的兩難處境。迄今為止還沒有、也許根本不可能有兩全其美的辦法。

　　如果雙方都同意合，則合；如果雙方都同意分，則分。這很好辦。問題是當一方願合一方願分時該怎麼辦？當雙方意見對立而又沒有一種雙方公認解決爭端的方法或程式，事情就會變得很棘手。倘若訴諸武力，自然是成王敗寇。倘若各方都自我約束不動武，其結果往往是「獨派」即分離主義者獲勝。這不足為奇；合，

需要雙方自願，分，只要一方堅持就行了。

　　但是，民主國家並不是無政府。民主國家也需要運用強制性力量去維護自身的國土完整。因此，要一個民主國家事先就對統獨問題作出無條件不動武的承諾，應該說也是不現實的。

4、民族自決與住民自決

　　這就涉及到自決原則的問題了。其實，有關自決原則，歷來爭議很大。第一，所謂自決，究竟是什麼意思？第二，如果說自決是一種權利，那麼，它應是哪一種性質的權利？

　　自決原則有兩說，一是說民族自決，一是說住民自決。

　　民族自決是指一個民族有權與異族的國家相脫離，成立獨立的民族國家。住民自決是指任何一片大到足以構成一個獨立行政區的土地上的居民有權就自己想屬於哪個國家（包括自己成立獨立的國家）作出決定。

　　民族自決原則把自決的主體限制在單一民族，鑒於當今之世，各民族混居的情形已然十分普遍，因此若普遍實行這一原則將會引出許多困難。不錯，之所以出現混居局面，有的是由於不同民族的人們自願的你來我往，有的是由於專制政府的強制移民，但後者有時也可轉化為前者。

　　僅舉一例，過去，中共強制推行知識青年支援邊疆政策和上山下鄉政策，大批漢族知青來到少數民族聚居的地區。後來，這

些政策被終止，許多漢族知青又離開了這些地區，但仍有部分人選擇繼續留住原地。這樣，他們就從強制移民變成了自願移民。如果原住地民族以實行民族自決為由，強行將這批「非我族類」者驅出本地，或者是剝奪他們在自決問題上的投票權，於情於理都是說不過去的。

更何況，我們知道，當年中共推行強制移民，除去少數被派往行使統治之權的官員之外，大部分還是普通老百姓，其中政治地位低下者占相當比例。所謂「支邊」，未必都是什麼美差肥缺，有時它倒和「下放」相似，暗中帶有懲罰性質。另外在那時，也正是這些缺少關係和背景的支邊人員最難獲得機會重回內地，到後來變成自願移民者恐怕也以這種人居多。

這種人本來就是專制政權的受害者。假如在實行民主之後又把他們列入二等公民，禁止他們在自己的第二故鄉享有和原住民同等的政治權利。那無異於構成了對他們的再一次傷害。

因此，比較合理的辦法是，在廢除了強制移民政策之後，原先那批移民，願意回去的應提供方便讓他們回去，願意留下的則應允許他們留下並承認他們享有和當地原住民同樣的權利——至少是，一個移民若在當地居住了一定的時間，便應獲得當地的公民身份。

也許有人會問：這樣做豈不等於是變相地承認了當初強制移民的某種既成事實嗎？我們的回答是：一場自由主義的改革（或

曰憲政改革），其目的在於創造一種新的開端，它要求我們向前看。不錯，對於過去歷史造成的錯誤，我們必須糾正，但是，這種糾正必須嚴格地依據憲政主義的原則和法律，我們不應該以糾正歷史錯誤的名義去侵犯無辜者的權益，否則只會引出極大的混亂並造成新的不公正。

5、中共的專制壓迫主要不是民族壓迫

應當看到，中共的專制壓迫主要不是民族壓迫，因為它不加區別地壓迫各種民族。事實上，在中共治下，各民族是一律平等的——在暴政面前一律平等。

中共統治集團固然以漢人占絕對優勢，但這絕不意味著它對漢人有任何格外的優待。中共並不曾把國人按民族分為三六九等，規定漢人享有某種特殊地位。中共始終是根據人的階級屬性，或者說，是根據人的政治立場、政治觀點、政治態度來確定人的地位，採取不同的對待。

一個小例子可以說明大問題：過去，有不少人千方百計地向政府隱瞞或篡改自己的家庭出身或本人成份，譬如，把國民黨官員說成「舊職員」，把富農說成中農，以求得在政治上不被歧視不被迫害。如果這種隱瞞或篡改被政府查出，通常都要受到嚴厲的懲戒。有的人本來並不是故意隱瞞或篡改，只是出於不明情況而把自己的出身或成分報的好了點，查出後也可能要挨批評。

可是，我很少聽說有少數民族的人故意隱瞞或篡改自己的民族屬性，也從未聽說有少數民族的人因錯報為漢族而遭到懲處的。我倒知道有些異族通婚的家庭子女，在既可報漢族又可報某少數民族的情況下，自願選報少數民族。若真有民族壓迫之事，上述情況又如何解釋呢？

　　穆勒早就指出，在有些實行專制統治的多民族國家，其專制政府「或許儘管出自其中的一個民族，但對它本身的權力比對民族感情感到有更大的興趣」，它就會「不給任何一民族以特權，並且不加分別地從所有這些民族中挑選他的傀儡」。中共專制正是如此。

　　民族壓迫應是指一個民族對另一個民族的壓迫。民族壓迫是指把民眾按民族分成兩類，有的民族扮演過施害者的角色，有的民族則僅僅是受害者。眾所周知，在共產黨統治下的中國，發生過大量的群眾間的相互壓迫行為，從性質上看，這些壓迫行為都是意識形態型的而非民族型的，它總是以所謂革命與反動作為分界線，而不是以民族作為分界線，所以它不屬於民族壓迫。至於說在其中，有些人會暗中利用民族差異，那自然在所難免，那正像有些人會暗中利用地區差異、職業差異或山頭派系差異一樣，它們都不足以從整體上改變這種壓迫的意識形態本質。

6、不可人為地激化民族矛盾

那麼，為什麼有些少數民族的人——如西藏地區的一些藏人——又會產生民族壓迫的意識呢？這或許是因為，他們那裡起先沒鬧過共產黨，他們是被中共「解放」的，而中共又是以漢人占絕大多數，於是，他們就容易把共產制度看作是由異族強加給他們的一種制度，從而也就把共產專制的壓迫看作是異族的民族壓迫。另外，不少藏人把中共摧殘藏族的宗教傳統視為民族壓迫，但事實上，中共這樣做乃是出於其戰鬥的無神論立場，它要摧殘的是一切宗教傳統，並非只是刻意地要和某些少數民族過不去。

　　不過，同樣一種不加區別的壓制宗教的政策，當它不加區別地實施在不同的民族時，不同民族的主觀感受卻可能很不相同。有些民族（如漢族）的宗教傳統原本就很淡薄，所以他們對這一政策少有切膚之痛；有些民族（如藏族）把宗教傳統當作安身立命之本，所以他們就會把中共的做法看作是徹底扼殺本民族的命脈。

　　這就是說，在中共治下，有些少數民族人士產生民族壓迫的意識是可以理解的，但這種意識並沒有準確地把握中共專制的特性。指出這一點絕非不重要。如果我們接受了所謂民族壓迫的觀點，那就等於承認了漢民族與其他民族存在著壓迫與被壓迫的對立關係（這顯然不符合事實）；如果我們承認了有所謂民族壓迫的事實，那就邏輯地承認了進行民族鬥爭的正當性，那就會鼓勵某些民族把鬥爭矛頭不僅指向專制，而且還指向別的民族。這勢

必會人為地分化各民族，並激起彼此間的對抗與敵意，從而導致極其嚴重的後果。

7、自決原則與自由民主的區別

有些人堅稱，自決權屬於基本人權。這是對人權概念的誤解。按照通行的人權理論，自決問題是在人權概念的範圍之外的。稍加思考便可發現，自決權和例如言論自由權這樣的基本人權是有所不同的。

道理極簡單，發表自決的觀點，這是一回事；實行自決，這完全是另一回事。前者屬於言論自由的問題，後者是自決權的問題。如果人們僅僅是對統獨問題發表各自的主張，大家可以各唱各調，互不妨礙，誰也不能強制誰，誰也不必服從誰。就算大多數人主張獨立（或統一），他們也並不因此就有權力強制少數派服從。

但若是實行自決，事情就不一樣了。如果投票結果獨派（或統派）贏得足夠的多數，獨立（或統一）就成為事實。該派就獲得了一種權力，少數派就必須服從。像言論自由一類基本人權涉及的只是權利，自決權卻會導致權力。兩者顯然不是同一性質或同一層次的問題。

還需指出，自決與民主也有區別。

不論在理論上還是在實際上，民主都需要確立範圍，確立邊

界。紐約州選州長，別州的人無權參與；紐約州通過的決議只適用於紐約州，對別州無效，且不能違背聯邦憲法，如此等等。

可是，自決卻正好意味著要對這個範圍、這個邊界作修改，要質疑或否定這個範圍，這個邊界，所以它會陷民主於兩難，所以它和民主有區別。

我們都知道，自由和民主是有區別的。這就是說，一個國家可以有自由而無民主，也可以有民主而無自由。只不過在有自由的地方更容易實現民主，在有民主的地方更容易確立自由。我們還要知道，自決和自由和民主也都是有區別的。這就是說，一個自由的、民主的國家完全有可能不承認自決原則而仍不愧為自由民主。

美國不承認南方有權獨立，英國不承認北愛爾蘭有自決權，但美國英國都是自由民主的國家。不錯，加拿大承認魁北克有權自決，但那只是近年之事。魁北克地區早就有人要求自決要求獨立。只是到了晚近，加拿大才同意魁北克自決，我們不能說此前的加拿大就不自由不民主。

不錯，自由民主也有程度之別，但那和承不承認自決不一定相關，不承認自決不等於自由少民主少，承認自決不等於自由多民主多。自由民主與自決的關聯無非是，在自由民主的國家，由於民意表達無礙也更受尊重，由於人們之間更容易相互理解，因此，那些有著較充分的理由想獨立的人們更容易贏得別人的認

可，有更多的機會實現他們的願望。

8、自決原則的內在矛盾

細心推敲起來，自決原則本身就包含著一系列問題。

實行自決，意味著在該地區之內，少數必須承認多數的權威，但與此同時，它又意味著它不承認該地區之外的多數的權威。

假如四川實行自決，多數人投票主張脫離中國獨立，那麼，少數不贊成獨立的四川人也必須服從這多數人的意志；在四川省的範圍之內是少數服從多數。但是，假如全中國大多數人並不贊成四川獨立，四川人卻可以置之不理；在全中國的範圍之內卻又是多數將就少數。這不是有雙重標準之嫌嗎？

自決論者每每把統獨問題比作結婚離婚，要結婚，需兩人同意，要離婚，只要一人堅持要離就行了。然而問題在於，結婚離婚只涉及兩個個人，兩個意志；統獨卻涉及兩個群體，涉及千千萬萬的意志。都說要尊重人民的意願，但人民的意願是不一致的，尊重了這派人就沒法再尊重那派人。你說要尊重多數，但到底是哪裡的多數呢？

接著上面的例子講，假如在四川全省的範圍內，獨派占多數，但在成都市的範圍內卻是統派占多數，那麼，是成都人要服從全省人的意願使自己成為獨立的四川國的一部份呢，還是四川人應該尊重成都人的意願讓他們繼續當他們的中國人？假如成都市的

多數人決定自己又成立一個獨立的國家，那又該怎麼辦呢？假如成都市西城區的多數人不贊同其他多數成都人的意願，他們是否也可以獨立行事呢？假如四川省的其他地區也出現了類似的情況，假如全中國各地都出現了類似的情況，那又該怎麼辦呢？

住民自決會引出這些麻煩。民族自決也會引出許多麻煩，因為中國有五十六個民族，在高度混居的地方搞民族自決固然是糾纏不清，就算是那些某一民族集中居住之處，其內部也常常還有別的民族。因此，不問青紅皂白地實行自決原則，在邏輯上完全可能把中國分裂成幾十個乃至上百個所謂獨立國家，而且各自的疆域錯綜交叉，彼此之間會為著承認不承認以及邊界糾紛財產糾紛一類問題陷入無窮的爭執。任何人只要順著自決原則嚴格地邏輯推論下去，只消推出三五步，就會發現它的荒謬與尷尬。

9、統一不是至上的，自決不是無條件的

無條件地實行自決原則是荒謬的，但有條件地實行自決原則卻可能是合理的、正確的。

當甘地領導印度人民要求擺脫英國實現獨立，他們依據的正是自決原則。他們沒有做錯，儘管在獨立後，印度內部又有一些地區試圖依據同樣的自決原則要求再獨立於印度，至今仍使印度困擾不已，我們還是認為當初印度獨立是無可非議的。

只要我們承認統一並非至高無上，也就是說，有些統一是不

合理的，不合適的；我們就必須承認，有些自決或獨立是正當的，正確的。過去，許多地區的人民為了贏得自決贏得獨立，不得不採取暴取鬥爭的手段；不但代價高，而且其後果也不好——因為那總是成王敗寇。

自決原則的提出，提供了一種和平地解決問題的方式，避免了流血，也為較合理的一方實現自己的願望創造了更多的機會。可見，自決原則，只要你不把它朝極端處推，大體上還是個好東西。

我要強調的是，自決原則是實行自決的必要條件，但不是充分條件。一個地方是否應該實行自決，還需考慮其他的因素，例如歷史的因素、文化的因素、民族的因素等等。

其實，上述這層道理，統派們——起碼是大多數統派——心中未必不明白。所以，統派們在反對某些獨派時，總還要提出歷史的、文化的、經濟的諸種理由。他們要強調某某地區早就是我國的一部分，某某民族早就和我們親如一家。他們常常還試圖說服別人統一比不統一對對方更有利。

就連中共搞統一，也要提出「一國兩制」，表示要尊重對方的生活方式，保持對方現有的生活水準，還許諾「五十年不變」。這反過來也就是說，如果對方早先不屬於你這個國家，如果別人和你們本來沒有同胞的情份，如果他們在統一之下日子過得更糟糕，那麼，人家是有理由不喜歡統一，拒絕統一的；人家是有理

由自決，有理由獨立的。

其實，分離主義者們也明白這層道理。我們知道，不論是藏獨人士還是台獨人士，當他們在鼓吹自決鼓吹獨立時，除了抬出自決原則這條大原則外，總還要從諸如民族、歷史或文化等方面列舉出更多的理由。可見他們也知道單憑自決原則這一條還是不夠的。倘若自決原則這一條就夠用，人們就不必再列舉其他的理由。

這再次證明自決權和言論自由一類基本人權不是一回事。我們反對因言治罪，只消抬出言論自由原則即可，我們用不著還去證明那種言論有多麼合理多麼有益。再有，如果你舉出波士尼亞一類因鬧獨立而導致流血悲劇的事例勸說藏獨或台獨人士，對方多半會分辨說他們的情況和那裡不一樣。這等於是承認自決問題不可一概而論。

由此引出我們的兩個基本觀點：統一不是至上的，自決不是無條件的。

10、聯邦制是統獨之爭的最佳妥協

一旦我們接受了「統一不至上，自決有條件」這兩點，我們就為理性的解決統獨之爭提供了良好的開端——如果一方堅持統一至上，另一方堅持無條件自決，雙方連討論商量的餘地都沒有。

不過那也僅僅是開端而已，畢竟，統與獨是互相對立的，無

法兩全其美。

最好是能求得一條中庸之道，這就是聯邦制。聯邦制是獨中有統，統中有獨，是統獨之爭的最佳妥協。近年來，海內外贊成聯邦制的人越來越多，不少學者還提出了具體的構架設計，儘管其中不無改善的餘地，但總是反映了一種令人鼓舞的趨勢。

當然，既是妥協，聯邦制很難讓兩派都十分滿意。統派嫌它太獨，獨派嫌它太統。但是我們應該記住，在現實政治中，我們與其一味地追求「最好的可能」，不如著力實現「最可能的好」。因為「最好」的現實可能性偏低，稍加不慎就變成了不好，甚至變成了壞。「次好」倒可能更好，因為實現它的可能性更高。

11、統派或許必較容易接受聯邦制

照我的猜測，對聯邦制方案，統派或許比較容易接受。原因有二：

一、從傳統上看，國人的統一觀念本來就重表不重裡。例如爭論西藏問題，藏獨人士聲稱西藏從來是獨立自主的，只是到了五零年甚至五九年，西藏才被中國「佔領」；統派人士卻堅稱西藏自古以來就屬於中國，至少可以從清代算起。兩種觀點看來針鋒相對，但究其實，雙方卻只是對一個共同的事實安上不同的名字而已。

這反過來或許說明，只要雙方關係維持清代那種狀態，獨派就認作是獨，統派就認作是統了。由於時代變遷，今天我們固然不可能全盤恢復當年那種雙邊關係，但那至少也說明，只要雙方能維繫一種寬鬆的紐帶，統派就不難接受。（相比之下，我倒擔心某些獨派人士未必願意接受這種關係。以往的少數民族一般缺少現代國家觀念，對看上去只屬於名份上的東西不那麼在乎，如今卻可能對之採取拒絕態度）。

二、一旦中國步入民主，國人得以參政問政，他們的大一統觀念很可能會淡化。托克維爾發現，在民主社會，很多人都有一番抱負，但很少有人有特大的野心。在專制社會或貴族社會，大多數人沒有抱負，少數有抱負者往往氣沖雲天。

類似的，在專制社會，民眾不能腳踏實地的參與現實政治，這就使得那些政治意識強的人更容易或不得不「胸懷全國，放眼世界」。如果政治開放，人們得以積極而具體地參與，他們就更容易對切近的事情，從而也就是對他們能夠有效發揮影響的事情投入熱情和精力，而對那些看上去大而空泛的事情不大關心。

可以預料的是，民主後的中國，地方上要求更大的自主權的呼聲會高漲，說不定內地也會有人要自決要獨立。民國初年的中國就發生過此類現象。前蘇聯也發生過此類現象，不只是其他的加盟共和國，就在俄羅斯，不只是車臣，許多地區都有過要自決

要獨立的運動。

倘如此，先前那種大一統觀念自然就淡下去了。

12、感情因素在分離意識中的重要性

如此說來，在未來民主中國要解決統獨之爭這道難題，難的不是統，難的是獨。

為了解決獨的難題，首先需要理解它。不錯，在很大程度上，分離意識是讓中共專制逼出來的，但遺憾的是，它未必會隨著中共專制的消失而消失，至少是不會同時消失。因為在分離意識中，感情因素起著相當重要的作用，而感情是有連續性，有慣性的。

我們知道，人類中的某一部份之所以願意同處一國之中，關鍵就在於他們有著共同的感情，而和其他群體則缺少這種共同感情。造成共同感情的原因當然和他們居住的接近，和地理界限有關；也和種族、血統、膚色、語言、文化與宗教有關；尤其和共同的政治經歷，以及由此產生的共同的回憶和集體的榮辱哀樂之感有關。

這樣我們就可以理解為什麼臺灣人中會萌生獨立之念了，那正是因為近半個世紀的兩岸分離與對立，臺灣人和大陸人缺了一段重要的共同經歷，這就減弱了他們曾經有過的共同感情。許多臺灣人多少已經習慣於把大陸人看作「他們」而不看作「我們」（其實，大陸人何嘗不是如此）。

某些少數民族產生分離的願望則是出於把漢人看作「他們」的意識。本來，「長在紅旗下」的幾代少數民族，由於和同代的漢族人有著豐富的共同經歷，對漢人並沒有多少「我們——他們」的意識。中共專制固然惡劣，但它實行高度一元化的統治，使得大陸各民族的人民都具有高度一致的共同經驗，從而也就在相當程度上形成了共同感情。

　　近些年來，由於共產主義意識形態破產，精神領域出現某種真空，不少人需要重新確立自己的身份認同。於是，先前被壓制的傳統文化和宗教勃然復興，先前被淡忘的民族自我意識重新強化，這樣，在不同民族的人們之間開始出現了「我們——他們」的意識。

　　有趣的是，即使是在自由民主的基礎上實現統一，某些較小的或較不富裕的地區的人們往往也不大熱情。人們是否注意到，偏偏是某些較小的、較不富裕的地區的人們每每倒更容易產生分離意識。

　　捷克斯洛伐克一分為二，不是較富的捷克要甩掉較窮的斯洛伐克，而是斯洛伐克不肯和捷克一塊過。在俄國，是居少數的車臣人想獨立。原因在於，弱的（小的或窮的）一方，如果懷有很強的「我們」與「他們」的意識，他們就會把和強的一方的統一看作是從屬，就難以滿足「我們」要當家作主的自我感覺，這就會影響他們對統一國家的感情認同。

強的一方往往不理解別人的這種感情，他們只抱怨：「當大國的國民難道不比當小國的國民更榮耀嗎？我們給你們那麼多好處，怎麼你們還不領情呢？」強的一方即使有著同樣的「我們——他們」意識，因為強，不擔心被別人「化」掉，反而顯得很大度，不計較。

古人說「有容乃大」；我也可以說「有大乃容」。強的一方很容易把國家看成是「我們的」國家；既然是我們的國家，那當然是越大越好。可是別人的感覺很可能不一樣。

13、給你一個機會，給我一個機會

如果有了自由民主，有了聯邦制設想，但仍然有某些地區的人民要求自決要求獨立，怎麼辦？比較穩妥的辦法是規定一個至少五年的過渡期、緩衝期。在這段期間內，不急統，不急獨；在暫時維持現狀的前提下，努力鞏固自由民主，推動經濟建設文化交流，並對聯邦制的具體構架進行廣泛磋商，與此同時，加強各民族各地區人民的對話和溝通。

我以為，統派是需要這樣一段時間的。他們需要利用這段時間努力增進和別人的關係，減輕彼此間的感情隔膜。他們要讓獨派相信獨立是不必要的，我們完全可以在相互尊重、相互幫助的基礎上建設一個新的共同家園。

我以為獨派也是需要這樣一段時間的。不論我們對自決原則

作何理解，有一點總是清楚的：一個地區的人民要實行自決，它不能不得到其他人的某種認可，起碼是不能抱有強烈的反對態度。

如果其他相當一個多數的人抱有強烈的反對態度，那就很可能引發嚴重衝突，溫和的黨派很可能得不到足夠的支持而無力主導大局，強硬派則可能出動武力干涉，弄不好還可能給反民主的力量提供藉口捲土重來，從而威脅到剛剛起步的民主進程。如果發生武力衝突，國際社會很可能會向對待車臣事件一樣，在道義上提出譴責，但並不採取實際行動去制止。

因此，獨派不宜操之過急。獨派必須要有一段時間向別人做工作。以前沒有言論自由，獨派沒機會向公眾廣泛地宣傳自己的主張和闡述自己的理由。現在他們就應該大力開展遊說，爭取儘量多的理解、同情與支持。

規定一個過渡期、緩衝期對統獨雙方都有益。它避免了雙方在缺少溝通與理解的情勢下發生悲劇性的衝突。它既是給統派一個機會，也是給獨派一個機會。

至於說在過渡期之後又如何？無非兩種可能：要麼是獨派願意共建聯邦，要麼是統派同意獨派自決。事緩則圓。有了一段時間作緩衝，不論結果為何，那至少會使事情進行得更平穩些，更明智些。

14、幾句附言

世人無不欽羨美國開國先賢。他們手創一部憲法，行時二百餘年而一字未易；他們組建的國家自由民主，長治久安。可資後人借鑒之處自然很多。

這裡只提一點：為了這部憲法，他們在費城舉行了長達四個月的制憲會議，隨後又用了整整三年的時間交付十三州批准；在此期間，他們對各種相關問題進行了深入細緻的公開研討，那本厚厚的《聯邦黨人文集》至今仍不失為政治經典。人性是相近的，人性的弱點也是普遍的。在美國制憲建國的過程中，只要有任何一步做得倉促草率，歷史都可能變成另一個樣子。

我這裡講的問題是不是離現在還太遠了？不是的。如果我們對未來的情況能看得更清楚些，難道不也有助於我們把握現在嗎？

1997 年 10 月 1 日

談談民族自治問題

現在，越來越多的人瞭解到，西藏問題的關鍵是民族自治。達賴喇嘛並不要求西藏獨立，只要求西藏實行真正的自治。中共當局指責達賴喇嘛搞西藏獨立或變相獨立是沒有根據的。今日西

藏實行的是中共黨治，並沒有實行藏人自治。在達賴喇嘛與中共當局的爭端中，顯然是中共當局不占埋。

不過，最近我們又聽到另一種意見。按照這種意見，民族自治制度本身就是問題。若真正實行起來，很容易助長分裂主義。

北京大學社會學系教授馬戎前兩年就提出這種觀點。在今年2月號的《領導者》雙月刊中，馬戎又發表了文章〈當前中國民族問題的癥結與出路〉，進一步闡明他的見解。

馬戎認為，目前中國民族問題的癥結是，中共自1949年建政以來，採用了蘇聯史達林的民族理論以及民族區域自治制度和民族政策，先後識別出56個民族，政府為每個國民都確定了「民族成分」，使中國各「民族」之間的人口邊界清晰化，並且實行了以民族整體為對象的各項優惠政策，強化了各民族民眾的「民族意識」，這就催生和助長了一些少數民族地區的民族分裂主義和獨立思潮。

馬戎建議中國應該學美國學印度。美國和印度也是多民族國家，但是人家不搞什麼「民族自治」那一套，他們強調的是國家憲法和國民的公民權，而把種族、族群之間的差異主要視為文化差異，不認為也不允許各族群有自己特殊的政治權利。

馬戎的觀點看來在知識界已經產生影響，或者說，在知識界也有其他人持類似的觀點。例如，前中國青年報《冰點週刊》主編李大同就發表文章〈西藏問題有解嗎？〉，在民族自治的問題

上的觀點就和馬戎很類似（其他觀點上有區別）。

李大同也認為，中國搞的民族自治這一套是跟蘇聯學的。只不過大一統的歷史傳統沒有讓「區」變成「國」罷了。這種突出、強化民族差異的做法，可說是今天所有民族問題的根源。

在李大同看來，搞民族自治等於自挖陷阱，因為它邏輯上就包含著民族獨立。這是和多民族國家的政治統一格格不入的。李大同的結論是：「也許，民族區域自治的制度安排根本就是錯的，至少已經被證明是沒有出路的，值得認真研究的是美國的做法。」

上述觀點在學理上不是沒有它的部份道理，但失之片面，失之籠統，實際上不能成立。

首先，儘管中共學習蘇聯，人為製造出若干少數民族。但是這些人為製造出的少數民族，由於缺少深厚的歷史根基，倒並沒有什麼鬧分裂鬧獨立的。

其次，那些表現出較強的獨立意願的少數民族，如藏族、維吾爾族，都是自古以來就以其鮮明的不同於漢民族的民族性而著稱於世的，而導致他們要求獨立的一個重要原因，往往並不是出於他們的自治，而是出於他們的不自治，或者是出於他們的自治被干涉。

再者，我們應該看到，所謂民族自治，並非中共的發明創造，也不是中共照搬蘇聯史達林那一套的產物；類似的制度在中國是古已有之。

例如唐宋時的羈縻制度，中央王朝在各少數民族首領轄地設置羈縻州，冊封原少數民族首領任都督或刺史，並世襲罔替。中央王朝只要求他們向朝廷稱臣進貢，並不干預他們的內部事務，也不改變他們的社會制度。

　　談到西藏，遠的不說，就說清朝吧。按照歷史學家許倬雲在《萬古江河》（這本書在大陸也很流行）一書裡的解說：清帝國是二元體制，漢地體系與滿蒙藏體系。「這種二元體制是有清一朝獨自發展的特質，不但在中國歷史上絕無僅有，在世界歷史上也罕見相似的個例」。在這種體制下，西藏即便不是相對獨立甚至事實獨立的，起碼也是高度自治的。至於到了民國時期，1946年通過的中華民國憲法第 120 條明文規定：「西藏自治制度，應予以保障。」

　　說到學美國學印度，那麼，美國和印度的情況又是怎樣的呢？

　　不錯，美國是個多民族國家，但好像並沒有實行民族自治制度，然而美國和中國不同。美國是移民國家。所謂不實行民族自治，那是對作為移民的各族裔美國人的尊重。譬如一個中國人移民美國，那就表示你自願選擇在一個以白種人為主體的、英語文化的國家裡生活。如果你什麼時候覺得不自在了，你隨時還可以回中國。可是，把新疆漢化，把西藏漢化，卻意味著不顧維族人或藏族人自己的意願，硬是讓他們在自己的家園淪為異鄉人，淪

為文化上的邊緣人。這兩者豈能同日而語？

　　另外我們也要知道，在美國，原住民族也是高度自治的，美國也是有民族自治區的。在美國，作為原住民族的印地安人有自己的保留區。印地安人保留區是相對獨立，高度自治的。在阿拉斯加有一個愛斯基摩人自治區，叫北坡因紐特自治區（愛斯基摩人自稱因紐特人）。新疆的維族人和西藏的藏族人當然是原住民族，因此就是學美國，也應該讓人家自治。事實上，對原住民族實行自治制度的國家很多，例如加拿大、紐西蘭、丹麥、瑞典，等等。

　　再說印度。印度也是多民族國家，但印度沒有主體民族，第一大族的印度斯坦人也只占總人口的 20% 而已。印度實行聯邦制，各邦主要按語言和民族劃分。每個邦有自己的主體民族，邦有相當的自主性。這樣，各個民族就可以在自己占主體地位的邦裡保護自己的文化傳統和民族特性，堅持以我為主。所以他們不大擔心被某一強勢民族給同化掉，以至於在自己的家鄉反而成了少數民族成了邊緣人。換言之，在印度，聯邦制本身就包含了民族自治。

　　主張取消民族自治的人認為，民族自治這一套是列寧、史達林發明的，由於蘇聯實行了民族自治這一套，最後導致了蘇聯的解體。我以為這種觀點是缺乏根據的。

　　查一查中外學者專家對蘇聯解體原因的分析可以發現，大部

份人的結論剛好是反過來的，大部份人都認為，蘇聯的民族自治本來就是徒有虛名。名義上，蘇聯是聯邦制，但實際上卻是高度中央集權的單一制，各加盟共和國並沒有真正的自治權，所以才引起各少數民族的不滿，以至於最後走向獨立。

反過來，如果蘇聯在當年就實行真正的民族自治，那倒未必會解體了。有趣的是，主張取消民族自治的人自己也承認，中共並沒有真正實行民族自治，所謂民族自治早就是名存實亡或者從來就沒有實行過。既然如此，你提出取消民族自治還有什麼意義呢？你怎麼能取消一個本來就不存在的東西呢？

其實，所謂主張取消民族自治，落到實處，無非是要求加大力度，進一步對少數民族實行強制性同化政策而已。我要強調的是，民族問題切忌一概而論，因為不同的民族差別非常大。

民族與民族不一樣。有的少數民族和漢族的差異小，有的差異大；有的少數民族比較容易和漢人同化，有的很不容易。另外，和漢人同化也有兩種情況，有主動同化，有被動同化。滿族人當年入主中原，統治漢人近三百年，滿人是主動漢化的。

藏人和維吾爾人則不然，藏人和維吾爾人主要是被動漢化的問題。由於藏人、維吾爾人和漢人差異比較大，在堅持自己的民族特性上又特別頑強（這和他們的宗教傳統以及他們的地理環境有很大關係），因此他們對被動漢化就更為抵觸排拒，要求自治乃至獨立的呼聲就特別高。如果同意藏人、維吾爾人自治，藏人

和維吾爾人多半會願意留在中國，如果不同意他們自治，那就等於把他們往獨立的方向推。

反對新疆西藏民族自治的人最主要的擔心是，一旦讓新疆西藏實行真正的自治，那他們就會走向獨立。如果你有這樣的擔心，那麼從邏輯上講，你其實認為維族人藏族人是不願意留在中國的。他們不是自願加入我們的，他們是被我們佔領的，被我們征服的。雖然他們和我們共同生活了很長一段歷史時期，但是我們並沒有贏得過他們的心。既然如此，如果我們真的希望他們能繼續留在中國，我們就應該努力去贏得他們的心。這就需要我們真正地尊重他們。如果你堅持以征服者的姿態對待他們，從骨子裡不把他們當自己的同胞，那不是適得其反嗎？

我們知道，2007 年，聯合國以壓倒多數通過《聯合國原住民族權利宣言》，該宣言第 3 條、第 4 條、第 5 條都肯定了原住民族的自決權，說「原住民族行使其自決權時，在涉及其內部和地方事務的事項上，以及在如何籌集經費以行使自治職能的問題上，享有自主權或自治權」；「原住民族有權維護和加強其特有的政治、法律、經濟、社會和文化機構，同時保留根據自己意願全面參與國家政治、經濟、社會和文化生活的權利」。

關於民族自決權，民族自決權分對外自決權和對內自決權。對外自決，意味著可以獨立建國；對內自決，意味著可以建立自治制度。我們這裡講的是對內自決權。

不消說，原住民族問題是一個很複雜的問題。就是對《聯合國原住民族權利宣言》也有很多爭議或解釋上的分歧。我這裡無非是說，不能把中國現有的民族問題都歸結於前蘇聯那以套民族理論和民族自治制度。我們的結論是，在中國，民族自治制度不應該一概取消。相反，至少在很多地方，民族自治制度應該真正落實。在中共一黨專制沒有改變之前，真正的民族自治固然是難以實現的，那麼在未來民主憲政的中國總是應該也可以實現的。

2009 年 8 月 3 日

略談中國的民族問題

今年 4 月，北京大學教授馬戎發表長文〈21 世紀的中國是否存在國家分裂的風險〉，再次提出取消中共對少數民族實行的民族區域自治制度。

按照馬戎所述，中共自 49 年建政以來，採用蘇聯史達林的民族理論以及民族區域自治制度和民族政策，這就強化了各民族的民族意識，助長了分離主義傾向。

馬戎認為：「我國存在的真正民族分離主義隱患，並不在於那些實施恐怖襲擊和製造街頭騷動的極少數暴力分子，而在於部分少數民族幹部與知識份子隊伍內心中以史達林民族理論培養出

來的現代『民族』意識，加上現有的『區域自治』制度和少數民族幹部的特殊培養機制，這就使我們對中國出現國家分裂的風險絕對不能掉以輕心。」

為了解除隱患，馬戎主張，取消民族區域自治，淡化民族意識，保留「中華民族」的概念，把 56 個「民族」改稱「族群」，以「中華民族」為核心認同建立一個全體中國人的「民族國家」。

國內學術界專門研究民族問題的人不多。相比之下，馬戎的觀點就算影響很大的了。包括一些自由派知識份子也對馬戎的觀點表示贊同。在海外，連不少異議人士的觀點都和馬戎很相似。

他們也認為在處理民族問題上，中國應該學美國──美國就沒有什麼黑人自治區、西班牙人自治區嘛；要說自治，未來中國民主了，地方都是自治的，不需要再專門搞什麼民族區域自治，如此等等。

這就不能不引起我們高度重視了。例如西藏問題，達賴喇嘛主張真正自治，我們也支援達賴喇嘛的主張，批評中共的民族區域自治徒有其名，名不副實。可是按照馬戎這派人，問題不在於民族區域自治不落實，而在於民族區域自治本身就不應該。這樣，一派人主張實行真正的自治，另一派人卻主張連徒有其表的自治都該取消。兩派主張南轅北轍，截然相反。

現在印度達蘭薩拉流亡藏人社區主編中文網站《西藏之頁》的桑傑嘉先生也意識到這個問題的嚴重性，特撰文呼籲流亡政府

認真應對。前年，我曾經發表兩篇短文對反駁馬戎的觀點；現在看來還不夠，還需要對這派主張做進一步的分析與批評。

其實，馬戎一派主張的邏輯很簡單。他們也承認中國是個多民族的國家，就算不說有中共辨識的 56 個，照辛亥革命時期說的五族共和，中國至少也有漢滿蒙回藏五大民族（順便一提，這裡所說的回族，不單是指例如寧夏回族自治區的回族，而且是泛指所有的穆斯林，包括大量的新疆維吾爾族人）。

這就是說，在中國十幾億人中，確實存在民族差異。按照馬戎一派的想法，實行民族區域自治是基於對差異的承認和保存，但同時也是把差異固定化，其結果就會把差異強化；這就會助長分離主義，威脅國家統一。因此他們主張淡化差異，縮小差異。

這裡暗含的前提是，一致比差異好，統一比分裂好。問題是，這些前提本身就不一定靠得住。差異固然是衝突的源泉，災難的源泉，但也是創造的源泉，繁榮的源泉；統一固然是一種價值，但不是最高的價值，人民的自由與福祉高於統一。這就是說，作為目標的一致和統一，都並不是至高無上，無可置疑的。

另外，這裡還有個手段的問題。就算我們所追求的一致和統一都是對的，那麼還有一個我們用什麼手段去追求的問題：是用和平的手段誘導的手段，還是用暴力的手段強制的手段。

不錯，你可以說，在歷史上，中國就是一個多民族的統一國家。大一統是我們中國人的一個政治文化傳統。不過在古代，中

國人並沒有近現代的主權國家概念，古人的大一統觀念和現代人的大一統觀念並不是一回事。

在古代，中國人信奉天下主義，把自己視為世界的中心，是天下的共主。在古代，中央政府對漢人所在的內地實行直接的統治，對少數民族的邊疆地區的統治就比較間接，越遠越間接，以至於只是一個形式，一種名義。那時候的中央政府往往對邊疆少數民族滿足於統而不治，只要你臣服納貢即可；按照遠近尊卑（如內、外藩屬，朝貢國），中央政府容忍不同層次政治實體的相對主權，也就是允許當地的少數民族實行程度不等的自治。

然而到了近代，由於和西方列強的交往，中國人傳統的天下主義和大一統觀念受到猛烈的衝擊而徹底破產。原先中國的藩屬國、朝貢國，有的被列強控制成為他們的殖民地，有的則在列強支援下擺脫了對中國的從屬地位獲得獨立。在這種情況下，中國政府一方面不得不接受那些外藩和朝貢國已經完全脫離自己控制的現實，另一方面則大力加強對內藩的控制以免再丟掉，力圖使中央政府對這些少數民族邊疆地區的控制達到和內地省份同等的程度，其具體措施不外乎改土歸流、駐軍、移民實邊、加強同化等等。

從中央政府的角度看，它的這種改變和措施似乎是很可理解的，但是對於邊疆少數民族來說卻很難接受。人家本來同意從屬於中國，是因為你中央政府承認它的相對主權，允許他們按照自

己的方式生活；現在你卻要剝奪它的相對主權，不但要改變人家的上層權力結構，而且還要改變人家普通老百姓的生活方式。這當然會引起少數民族方面的強烈反彈。這個問題從清末就開始了，一直延續到今天。

一個多民族的帝國垮臺後，一種出路是那些少數民族脫離主體民族而獨立。孫中山早先提的口號是「驅除韃虜，恢復中華」。按照這個口號，推翻滿清的結果就是建立漢家江山，「韃虜」們則脫離中國。

另一種出路是建立聯邦（或聯盟）。仍以辛亥革命為例，孫中山很快就放棄了「驅除韃虜，恢復中華」的口號，改提「五族共和」。五族共和意味著五族平等，按說與之最相應的制度該是聯邦制。只是在當時，大多數政治人物都認為，既然漢人在中國占絕對優勢，少數民族加起來還不到零頭，因此他們更希望建立起一個以漢人為主體的民族即中華民族的民族國家；在其中，少數民族享有高度的自治。民國時期的憲法注意到把例如西藏蒙古等地區和一般的省份相區別，並設有專門機構蒙藏委員會。

說到共產黨，早期的共產黨在民族問題上很激進，主張民族自決，但等到政權在手又變了主意。1949 年 9 月 7 日，周恩來在政協會議上做報告，提到我們的國家是不是多民族聯邦的問題。周恩來說：「任何民族都有自決權，這是毫無疑問的。但是今天帝國主義想分裂中國，我們希望各民族不要聽帝國主義的挑撥。

為此，我們國家的名稱叫中華人民共和國，而不叫聯邦。我們雖不是聯邦，但卻主張民族區域自治，行使民族自治的權力。」1949 年 10 月 5 日，中共中央致電二野前委，明確地說，以前我們強調民族自決，是為了對少數民族統戰，共同反對國民黨，現在形勢不一樣了，今後我們就不再強調民族自決了，改稱民族自治。

馬戎的文章給人一種錯覺，似乎是在中共建政之初，大家的意思本來都是要搞純而又純的單一制的，只因為學習蘇聯史達林那一套，才生造出「民族自治」這樣一個怪胎。這顯然不符合事實。實際情況是，共產黨提出「民族自治」，是從原來提的「民族自決」往後退，是從聯邦制往後退。

通過對歷史的回顧，我們可以發現，在中國，解決民族問題，除了允許別人獨立，那就只有兩個選擇：要麼實行聯邦制，要麼是共和國包括真正的民族自治。

在中共那裡，民族自治徒有其表，名不副實；馬戎等人卻是要把民族自治的名義都去掉。之所以有不少人贊成馬戎的主張，依我看主要是他們不瞭解這個問題的緣由。當初，你對少數民族說：加入（或留在）我們這個大家庭吧，你們還可以照你們原來的樣子過嘛。等人家加入或留在了我們大家庭，你又指責他們說：既然是一家人，你們怎麼能另搞一套呢？——這是出爾反爾，道理上完全說不過去的。

2011 年 7 月 13 日

從「七擒孟獲」談起

（一）

《三國演義》上有個大家都很熟悉的「七擒孟獲」的故事。南蠻造反（就是鬧獨立），諸葛亮帶兵征伐，七擒七縱，贏得孟獲口服心服，率眾投降，發誓永不反叛。

接下來怎麼樣呢？

接下來諸葛亮設宴招待孟獲，「令永為洞主。所奪之地，盡皆退還」。

這就是諸葛亮的少數民族政策：只要你臣服即可，允許你高度自治。

接下來還有段對話——

長史費禕入諫曰：「今丞相親提士卒，深入不毛，收服蠻方；目今蠻王既已歸服，何不置官吏，與孟獲一同守之？」

孔明曰：「如此有三不易：留外人則當留兵，兵無所食，一不易也；蠻人傷破，父兄死亡，留外人而不留兵，必成禍患，二不易也；蠻人累有廢殺之罪，自有嫌疑，留外人終不相信，三不易也。今吾不留人，不運糧，與相安於無事而已。」眾人盡服。

從諸葛亮的答覆可以看出，他之所以不置官不留兵，放手讓孟獲們自治，首先是有具體困難：只派官不駐軍，不安全；要駐軍就要供應糧草，成本太高，不值得。再者，倘若派官駐軍，只

會徒然地增加與當地人的緊張關係，不和諧。故索性不留人不運糧，「與相安無事而已」。

（二）

「七擒孟獲」並不是歷史上真實發生的故事，不過其中講到的中原王朝對少數民族的政策倒確實有相當的歷史依據。

不久前，民族學教授陳玉屏在《西南民族大學學報》（2011年第 6 期）上發表文章〈中國歷代王朝的基本民族政策〉。文章講到，雖然歷代統治者對少數民族（那時稱為夷狄）並不是只講懷柔，不講鎮壓，但是自董仲舒創造出「德主刑輔」的一套系統理論之後，運用到對夷狄民族的治理上，「懷柔」之道和「懷柔」之術始終是主旋律。

作者指出：「體現『懷柔』精神的民族政策名目繁多，且多具有因時而發的時代特徵，可以統稱為『羈縻』政策。」

先儒在論及華夏和蠻夷戎狄民族皆各有自身特點時，談到天子對蠻夷戎狄治理的原則為「修其教不易其俗，齊其政不易其宜」。其含義為：對蠻夷戎狄要進行教化，但不要硬性地用強制手段去改變他們的風俗；蠻夷戎狄在大的政治原則上要聽從「天子」，但不要硬性地去更改他們的統治方式和治理規則。這就是在多民族的中國歷史上，歷朝歷代制定民族政策時均遵循所謂「羈縻」的要義。

「羈」、「縻」的本義是馬絡頭和牽牛繩，但用在這裡已成引申之義，即《辭海》中所解釋的「籠絡使不生異心也」。所謂「籠絡使不生異心」，就是「懷柔」。

按照作者的解釋，中原王朝之所以對少數民族堅持羈縻原則，原因有二：從主觀上而言，承認四夷與漢民族自身各有特點和經濟文化發展的不平衡性，認識到這種不平衡性短時期內無法克服，治理方式上不能強求一律；從客觀上而言，在當時那種生產力低下、交通極度困難的條件下，朝廷沒有足夠的經濟實力和手段對地處邊遠、交通極為不便的民族地區像內地那樣實施有效的統治。

正是基於此，王朝便要求四夷統治者在大的政治原則上服從朝廷而不過問細節，只要在形式上符合了「溥天之下莫非王土，率土之濱莫非王臣」的大一統原則就行了；王朝通過「修其教」，不是採用強制的手段，而是利用強勢的儒家文化的影響力對夷狄民眾潛移默化，逐步達到「用夏變夷」的目的。這的確是將民族矛盾和衝突減小到最低限度的明智之舉，體現「羈縻」之治的種種政策如「和親」、「冊封」、「以夷治夷」、「土官」設置等等，也施行了兩千多年。

當然，歷史不是靜止不變的。在漫長的中國歷史上，中原王朝和少數民族並非總是相安無事，彼此之間也常常發生矛盾與衝突。有時候，某個少數民族變得強大了，不肯再臣服中原王朝，

要爭取獨立；有的甚至進犯中原，擴展自己的地盤，乃至於奪取中央政權。有時候，中原政權很強大，也會採取一些主動措施，加強對少數民族的控制，包括推行若干強制措施，引起少數民族的抵抗，導致暴力或戰爭。

不過總的說來，在大部分時間裡，中原王朝之所以能和少數民族相安無事，和平共處，那確實是和中原王朝採取懷柔原則和羈縻政策密切相關的；換言之，那就是中原政府對邊疆少數民族滿足於統而不治，只要你臣服納貢即可；中原政府容忍不同層次政治實體的相對主權，也就是允許當地的少數民族實行程度不等的自治。

說到納貢，其實往往是政府倒貼「厚往薄來」。為什麼要倒貼？因為要籠絡人心。為什麼要籠絡？因為政府知道讓別人放棄獨立別人是不爽的。要讓人家放棄得心甘情願，你就要讓人家知道歸屬你對自己也有好處。

由於漢人在人數上和文化上都比較強勢，長期下來，中原王朝的直接統治範圍在增長，漢文化的地區在擴大，眾多的少數民族被同化。而這種增長與同化主要是以潛移默化，日積月累的方式實現的。

（三）

當代美國政治哲學家邁克爾・沃爾澤（Michael Walzer）出

過一本小冊子《論寬容》（On Toleration）。此書早有中譯本，譯者袁建華，上海人民出版社 2000 年出版。

和國人很熟悉的那本房龍的名著《寬容》不一樣。房龍的《寬容》主要講的是對不同思想、不同信仰的寬容，講的是對個體的寬容。沃爾澤這本《論寬容》講的是對群體的寬容。它探討的是：「何種政治安排能使來自不同民族、種族、宗教群體的人們和睦相處？」

《論寬容》分析了五種「寬容體制」。第一種就是多民族帝國。沃爾澤指出：「帝國統治在歷史上是接納差異性和促進和平共處的最成功的統治方式。但它不是、至少從一開始不是一種自由民主的統治方式。且不管各種不同的自治體制的性質如何，這種混合體制是專制的。我不想美化專制統治，它會為了維持征服而進行殘酷的鎮壓——正如巴比倫征服以色列人，羅馬人征服迦太基人，西班牙征服阿茲特克人，俄羅斯征服韃靼人的歷史所充分揭示的那樣。但業已建立的帝國統治常常是寬容的——正因為它是一統天下才容忍差異性。」

七擒孟獲的故事就是一個例證，諸葛亮為了維持征服而進行了殘酷的鎮壓（例如火燒三萬藤甲軍一戰，連諸葛亮自己也垂淚而歎曰：「吾雖有功於社稷，必損壽矣！」左右將士，無不感歎）。這一點是不應該美化的；但是在征服後倒確實很寬容。

都說中國人崇尚大一統，但古人的大一統觀念和現在很多人

理解的大一統觀念不是一回事。古人的大一統是容忍差異性的，是一國多制，一體多元。誠如沃爾澤所說，正因為它是一統天下才容忍差異性。或者反過來說，如果不容忍差異性，它怎麼能一統天下呢？有容乃大嘛。

古老的帝國體制已經進入歷史，一去不返。但古人留下的遺產並非一無是處。例如在對待少數民族的問題上的包容差異。我們應當取其精華，去其糟粕。如今的共產黨卻是倒了過來，有其殘酷而無其寬容。如今共產黨的種種做法，莫說有悖於現代的人權民主理念，就是放在古人那裡也是通不過的。

2011 年 7 月 30 日

美國也有少數民族自治區

在如何看待中國的民族問題上，北京大學社會學教授馬戎的觀點有一定的代表性。馬戎認為，中國民族問題的根源在於：中國政府學蘇聯，搞民族區域自治制度；這種制度強化了少數民族的民族意識，催生了鼓勵了分離主義。馬戎認為，中國應該學美國；美國也是多民族國家，但美國就不搞什麼民族自治。

這話不對。美國也搞民族自治。美國有一個少數民族自治區，叫北坡因紐特自治區。

說起因紐特人（Inuit），一般人可能很陌生，但要說愛斯基摩人（Eskimo），知道的人就很多了。其實，因紐特人就是愛斯基摩人。因紐特人是北美洲北部的原住民，自稱因紐特人，意思是「真實的人」。「愛斯基摩」是他們南部鄰居印第安人給他們的稱呼，意思是「吃生肉的人」。因紐特人覺得這種稱呼帶貶義，不喜歡別人這麼稱呼。他們堅持把自己叫做因紐特人。

　　美國阿拉斯加從北冰洋沿岸到布魯克斯山的北坡，是美國因紐特人的主要分布區。1972 年這裡建立了北坡因紐特自治區，首府是巴羅。這是美國唯一一個少數民族自治區。因紐特人承認自己是美國的國民，但堅持這片土地是他們的，在上面建立軍事基地或開採石油，都要考慮到他們的利益。事實上他們擁有很大的自主權，自治區各級機關的首腦均從因紐特人中選舉產生，制定的法律、法規也以維護因紐特民族利益為根本。

　　也許有人會問，既然美國有很多民族，為什麼只有因紐特自治區，沒有其他民族的自治區，例如，沒有西班牙人自治區，沒有阿拉伯人自治區，沒有黑人自治區，沒有中國人或漢人自治區呢？

　　原因很簡單。因為因紐特人是原住民，北坡是他們祖祖輩輩生活的地方。其他各族的人不是美國這片土地上的原住民，他們是從他們各自的祖國移民到美國來的。除了因紐特人和印地安人以外，美國人都是移民。當他們離開自己的祖國，離開自己的民

族，來到新大陸，成為美國人，和其他族群的人一起生活，那本身就意味著他們自願放棄了原來的國籍和原來的認同。因此在美國，再去搞什麼民族識別，再搞什麼民族自治區就不對了——誰要是不願意加入大熔爐而願意保留原來的認同，誰要是只願意和自己原來所屬的民族的人在一起，誰就不要到美國來嘛，誰就回到他自己的祖國他自己的家園去嘛。

馬戎說在民族問題上，中國應該學美國。然而正像我上面指出的那樣，美國是移民國家，中國卻不是移民國家。馬戎的意思是讓我們把美國對待移民的辦法用來對待我們的原住民，因此大錯而特錯。

我們必須分清，原住民是一回事，移民是另一回事。兩者不可等量齊觀。中國的少數民族，例如藏區的藏人、新疆的維吾爾人、內蒙古的蒙古族人等，當然都是原住民。他們在中國的處境和在美國的西班牙人、阿拉伯人、黑人或華人都不一樣，而和因紐特人是一樣的。既然美國也讓因紐特人搞民族自治，可見，讓屬於原住民的少數民族搞自治是一種通行的辦法。中國也應該讓藏人、維吾爾人和蒙古人等在他們各自的祖居地搞民族自治。

2011 年 12 月 27 日

什麼是自治區？為什麼要民族自治？

談到民族自治問題時，有些人表示，他們支援地方自治，但反對民族自治。他們說，等中國實現了民主，各地都實行地方自治，不能說少數民族地區就更自治或自治得更多，不能說少數民族享有的自治就該比漢人地區更大——那不成了對漢人的歧視嗎？

我認為，上述觀點實際上是誤解，是沒弄明白自治區的意思，沒弄明白民族自治的意思。

自治區是什麼意思？《維基百科》給出的定義是：自治區是一種行政區劃名稱，通常一個自治區的地方政府在內部事務方面，會擁有比其他同等級行政區來得高的自主空間。通常（但不是絕對），自治區的成立是因為其範圍內的主要居住民族在該國國內屬於少數，但也有其他的設置因素，例如一個與該國大部分土地分隔開的地區，也常常會被設置為自治區（例如西亞國家亞塞拜然的納希契凡自治共和國 Naxçivan 就是屬於此例）。

按照上面的定義和解釋，少數民族地區可以實行自治，自治區政府的自主權可以比一般的省更大。那麼，這是不是對主體民族——例如漢族——不公平呢？

當然不是。舉個例子。為了方便交流，國家通常要規定一種或兩種官方語言，而最常見的做法是把主體民族的語言定為官方語言。這對於持不同語言的少數民族就很不利；因此，國家常常

就允許少數民族地區還可以把自己的語言也定為那裡的官方語言。如果你說，少數民族自治區有權規定自己的官方語言，而漢人的省卻無權規定自己的官方語言，這說明少數民族自治區政府的自主權比漢人的省政府更大，因此這是對漢人的歧視，那豈不是很可笑嗎？哈耶克說得好：「從人們存在著很大的差異這一事實出發，我們便可以認為——將他們置於平等地位的唯一方法也只能是給他們以差別待遇。」

記得 50 年前我上初中到時候，有段時間在學校搭伙。學校裡有十來個回民同學，伙食團給他們開小灶。有漢族同學很羨慕說：「你們回民真受優待呀。」可是回民同學不以為然。他們說：「伙食團給你們做你們喜歡吃的，給我們做我們喜歡吃的，都是一樣的嘛，有什麼優待呢？你要嫌不公平，轉學到回民中學去吧，那裡回民學生多，伙食團給漢人學生開小灶。如何？」

2012 年 1 月 3 日

中共要調整民族政策嗎？——簡評朱維群文章

2 月 13 日，中共中央黨校《學習時報》發表了中共統戰部副部長朱維群的一篇文章，題目是：〈對當前民族領域問題的幾點思考〉。眾所周知，朱維群是現今中國政府在民族事務上的主要

發言人，因此，他這篇文章在很大程度上反映了中國政府在民族事務上的政策走向，值得關注。

文章說：「加快經濟社會發展並不意味著團結、穩定的問題，尤其是反對分裂主義的問題自然而然就可以解決了。在這個問題上，前蘇聯和南斯拉夫的教訓非常深刻。」朱維群的建議，概括起來說就是：淡化民族意識，強化對中華民族的認同。

不難看出，朱維群的主張，深受北大教授馬戎的影響。2009年，我從《共識網》上讀到馬戎的文章，當時就感到馬戎的觀點很重要，很可能會被政府採納作為政策。

馬戎認為，目前中國民族問題的癥結就在於中共學蘇聯，搞民族自治，助長了少數民族的民族意識和分離主義。

按照馬戎所言，民族自治這一套根本就應該取消。朱維群自然不敢走這麼遠。因為朱維群知道，和馬戎說的正好相反，當今世界的大多數多民族國家，包括美國，對原住民族都是實行高度自治的。

因此中國如果公開取消民族自治制度只會招致國際社會更嚴厲的批評。朱維群只是說今後中國不再增設民族自治地方，不搞民族自治市。與此同時，朱維群又提出種種建議，進一步把現有的民族自治的內容抽空。

不錯，朱維群也講到要反對大民族主義。他特地講到，漢族人喜歡說的「龍的傳人」、「炎黃子孫」其實並不科學。這個問

題我早在八年前就講過了。

在 2004 年的維吾爾人權研討會上我就指出，由於共產主義意識形態徹底破產，中共當局不得不乞靈於民族主義，然而民族主義是雙刃劍。你講你的民族主義，那就必然反過來刺激別人的民族主義；你講你的民族傳統，別人也會講別人的民族傳統；你大講特講龍的傳人炎黃子孫，大講特講儒家傳統，可是，像藏族維族蒙族，人家不是龍的傳人，不是炎黃子孫，也不屬於儒家傳統，你這樣講，不是刺激人家的疏離感，刺激人家的分離意識嗎？

朱維群建議強化對中華民族的認同。可惜的是，中華民族這個概念只有一百來年的歷史，更由於中共拒絕普世價值，因此這個概念在中共那裡尤其缺少內涵。實際上，中共所說的中華民族，往往就是大漢族主義。

例如 2007 年年底，中國總理頒布法令，將中國傳統節日——清明、端午和中秋改為法定節假日，可是我們都知道，清明節端午節中秋節都是漢人的節日；還應該加上春節，因為春節是漢族傳統曆法的元旦；但是，藏人有藏曆，穆斯林有伊斯蘭曆，他們的新年和我們的不是同一個日子。官方還出版了《我們的節日》一書；中央電視臺也製作播放了《我們的節日》七集電視影片，其中講的都是漢民族的傳統節日，沒有一個是其他民族的傳統節日。

另外，兩年前，2010 年 1 月 15 日教育部發布通知，要求全

國各級各類學校,於春節期間組織學生參與「給祖國母親拜大年」活動。這個「拜祖國」共有六項內容:一拜壯美河山,二拜炎黃始祖,三拜歷代英傑,四拜革命先烈,五拜英雄模範,六拜億兆黎民。

在這些地方,所謂「我們」,都是沒想到人家少數民族的。這不是大漢族主義又是什麼呢?

過去,在一些刑事案件上,政府對少數民族的人處理比較寬。漢人對此十分不滿。這次,朱維群宣布:「不要突出民族身份,給予超市民待遇」;「不能對違法行為採取『息事寧人』態度,不能允許任何人以『民族』身份躲避或抗拒法律的實施」;「防止形成體制外的什麼『民族村』、『民族社區』、『民族團體』」。看上去,這是一碗水端平,其實不然。因為我們知道,中共對少數民族是小事從寬,大事從嚴。

同樣是偷渡越境,如果是漢人,被抓住通常都不會受到特別嚴厲的懲罰,如果是藏人維人,就可能被當場開槍打死,有的還要扣上恐怖主義的帽子。不久前,溫家寶講話,說「政府把那些少數自焚的藏人視為恐怖主義者」。可是對於漢人自焚就不會說你是恐怖主義。前年,江蘇泰興陝西南鄭福建南平等地,接連發生砍殺幼兒事件,政府也沒有加上恐怖主義的罪名。前年,浙江湖州織裡萬人暴動,不少來自安徽的民工和當地人爆發衝突;如果是少數民族民工,那就又要安上「境外勢力操縱」「搞分裂」

的罪名了。在西藏，地方政府強行把四位領袖的畫像送進寺院，而內地的寺院教堂，政府就不敢這麼幹。

以上種種都說明，所謂中國政府在民族事務上的政策調整，無非是進一步加強對少數民族的強制性同化即漢化。也許有人會說，歷史上很多民族的融合即同化，也是靠強制手段才成功的。但問題是，要使強制性同化政策獲得成功，必然要採取野蠻的手段，而且還要經歷很長的時間。在當代世界，我們還能夠允許那些野蠻的做法嗎？中共政權還能維持那麼長的時間嗎？可以肯定的是，中共當局的這些做法，只會進一步激化民族矛盾，導致更多的流血衝突，並留下無窮的後患。我們必須堅決反對。

2012 年 2 月 20 日

澄清一種對「民族區域自治」的誤解
——與劉軍寧博士商榷

劉軍寧博士是位出色的政治學者。他就自由主義和憲政理論寫的很多文章，我都非常讚賞。不過這次他寫的〈從昆明事件反思民族區域自治政策〉一文，我卻不敢苟同。

劉軍寧在這篇文章裡提出的觀點，大多和我原先評論過的北大社會學教授馬戎的觀點類似，這裡不再重複。眼下我要講的問

題是，劉軍寧對民族區域自治這個概念的理解有偏差。他的批評很大程度上是基於對民族區域自治的誤解。有同樣誤解的人似乎還不少，所以這個問題很值得談一談。

劉軍寧說：「民族區域自治這個制度根本沒有可行性，而且還是製造隔閡、怨恨和衝突的淵藪。中國的五大『民族自治區』都是由所謂的多個『民族』構成的，怎麼能指定其中的某個『少數民族』來獨家『自治』這個地區呢？」他更指出：「民族區域自治制度，如果真的落實，必然要產生嚴重的排他性，並釀成更大規模的悲劇性衝突。」

劉軍寧把民族區域自治理解為在該區域內，由實行民族區域自治的那個少數民族獨家實行治理權力，譬如在新疆維吾爾自治區，就是由維吾爾人獨家治理，在內蒙古自治區，就是由蒙古族人獨家治理，該地區其他的民族都無權參與。這顯然是誤解。這並不是民族區域自治的本意，即便在中共那裡也不是如此。

《中華人民共和國民族區域自治法》的序言寫到：「民族區域自治是在國家統一領導下，各少數民族聚居的地方實行區域自治，設立自治機關，行使自治權。」第一章總則裡重申：「各少數民族聚居的地方實行區域自治。」第五章第四十八條：「民族自治地方的自治機關保障本地方內各民族都享有平等權利。」這就是說，各民族都有選舉權和被選舉權，都有權參與治理；不是只由那個冠名的民族獨家治理而把其他族群排斥在外。

《民族區域自治法》進一步規定：「民族自治地方的人民代表大會中，除實行區域自治的民族的代表外，其他居住在本行政區域內的民族也應當有適當名額的代表。」至於各個民族的代表應該有多少名額，各占多大比例，則根據法律規定的原則由地方人代會決定。《民族區域自治法》只是規定：民族自治地方的人大常委會，「應當由實行區域自治的民族的公民擔任主任或者副主任。」現在的新疆維吾爾自治區人大常委會，有主任1名，是維族人；副主任7人，其中2個維族人，2個漢人，1個哈薩克人，一個回族人，還有1個柯爾克孜人。

　　關於地方政府，《民族區域自治法》規定：「自治區主席、自治州州長、自治縣縣長由實行區域自治的民族的公民擔任，自治區、自治州、自治縣的人民政府的其他組成人員，應當合理配備實行區域自治的民族和其他少數民族的人員。」現在的新疆維吾爾自治區政府，主席是維族人，副主席9人，其中5個漢人，3個維族人，1個哈薩克人；新疆的伊犁哈薩克自治州，州長是哈薩克人，5個副州長，其中3個漢人，1個哈薩克人，1個維族人。

　　由此可見，即便在中共那裡，民族區域自治也不是由某一個少數民族獨家實行治理權力。劉軍寧正確地指出：「最合理的政治制度，是由聚集在一起的各個族群的人共同治理當地的公共事務，而不是一些人對另一些人的統治，更不能把不同族群的人排

斥在當地的公共事務之外。」可是如上所述，民族區域自治本來不就是這個意思嗎？

　　現今中國的民族區域自治存在嚴重的問題。和廣大漢區的問題類似，在少數民族自治區，各級人大代表和政府領導人也都不是真正選舉產生的；更何況在人大和政府背後還有一個太上皇共產黨在那裡壟斷權力。民族區域自治本身沒錯，錯在徒有其名，名不符實。

　　劉軍寧也主張自治。他主張全國各地全面自治，主張包括漢族在內的個各族群都自治。這些我都很贊成。不過劉軍寧又主張賦予每個地方平等的自治權。這就值得商榷了。因為有地區差異。有的地區和大部份漢區的差異相當大，例如香港，在過去百年間和大陸有著很不相同的歷史；例如新疆西藏等地，那裡的居民有著和廣大漢區人民很不相同的語言、宗教及生活習俗，因而他們的自主空間就應該更大一些。例如香港的自治程度就應該比大陸的其他大城市更高一些，同理，少數民族自治區的自治程度也應該比一般的省份更高一些。

　　香港早已回歸中國，被算作特別行政區。現在的香港，有自己的貨幣、郵政、海關、出入境管理，甚至有自己的旗幟，參加奧運會、亞運會都自成一隊，金牌銀牌都和中國隊分開算。有人批評達賴喇嘛的中間路線是搞藏獨。其實，達賴喇嘛無非是要求西藏高度自治，其自治程度一點也不高於如今的香港，怎麼能叫

藏獨呢？

談談東馬的移民自主權

　　到馬來西亞旅遊過的人都知道，當你飛到西馬的吉隆坡或檳城機場，你要經過一次海關，在護照上蓋上入境章；如果你要從西馬飛到東馬，雖然你乘坐的是馬國國內航班，抵達東馬後，你還要過一次關，在護照上再蓋一次入境章，好像你又進入了另一個國家。

　　這就是東馬的移民自主權。

　　馬來西亞分為東西兩大部分，位於馬來亞半島的部分稱為西馬，位於婆羅洲的部分稱為東馬，之間有南海相隔。東馬和西馬有很大差別。西馬人口多面積小，東馬人口少面積大。西馬的經濟發展程度高，東馬的經濟發展程度低，但自然資源比較豐富。在馬來西亞，馬來人占多數，信伊斯蘭教，集中在西馬；在東馬，非馬來人（主要是原住民土著）占多數，大都不信伊斯蘭教。

　　東馬和西馬原先都是英國的殖民地。西馬較早宣布獨立，東馬獨立的晚一些。1963 年，東馬與西馬實現統合，共同組成馬來西亞聯邦（註）。東馬本來對和西馬統一有疑慮，經過協調並有

英國政府官員參與，簽訂了一項協定以保障東馬的利益。這項協定被叫做馬來西亞協定。它的基本原則後來被納入馬來西亞聯邦憲法。

根據馬來西亞聯邦憲法，伊斯蘭教被定為馬來西亞的國教，但這一條款不適用於東馬，東馬不規定任何官方宗教。

根據憲法，馬來語被定為馬來西亞聯邦的官方語言，但是東馬除了馬來語外，還把英語也定為官方語言。

這裡特別要講一講東馬的移民自主權問題。當年的馬來西亞協議就規定，東馬的移民事務，應由聯邦政府與東馬政府聯合管理，但聯邦政府對東馬的一切移民事務應先得到東馬政府的首肯。東馬政府在入境與出境事務中有保留權。

為什麼東馬享有移民自主權？當初東馬與西馬共組聯邦，雙方的代表曾經寫下一份備忘錄，其中詳細說明了東馬保留移民自主權的理由。簡單說來就是，由於東馬地廣人稀（東馬的面積是全馬來西亞面積的 60%，人口卻不到全馬來西亞人口的30%），很可能吸引來自人口稠密的西馬的移民，東馬擔心來自西馬的無限制移民會影響他們的利益。東馬希望它們的土地、貿易和職業不被來自西馬的移民所佔領取代。不錯，東馬也需要發展，需要進步，因此它需要來自西馬的勞工和技術人員，只是這些人員應該以合理的速度引進。

有鑑於此，聯邦政府同意為東馬保留移民自主權。

具體說來就是，馬來西亞以外的人要進入馬來西亞，須經過聯邦政府准許，但要進入東馬，還需通過東馬政府。這就是為什麼外國觀光客從西馬進入東馬還要再過一次關，再蓋一次入境章。

　　西馬的人要進入東馬，需要通過東馬政府（政府官員例外）。西馬的人要在東馬工作，需要經過東馬政府的批准。

　　至於聯邦政府和東馬政府在東馬推行的經濟計畫，如果能在東馬當地找到合格的勞工，聯邦政府就不可聘用外來勞工。如果東馬政府需要外國專家或技術顧問入境，聯邦政府不可以拒絕；除非遇到特殊情況，則由聯邦政府決定。

　　聯邦政府不可在沒有獲得東馬政府的同意下，擅自修改東馬的移民條例。

　　大致上講，2006 年以前，西馬的人要到東馬去，必須申請國內護照，每次進入只有 3 個月的有效停留期限。2006 年後，馬來西亞廢除了國內護照，西馬的人只要持馬國身份證就可以進入東馬，或旅遊或洽商，一次為期不超過 3 個月；如果要在東馬工作，則需要另外辦理工作證。西馬人要獲得在東馬的正式居留身份，包括獲得在東馬的選舉權和被選舉權，需要得到東馬的准許。

　　還需說明的是，上述規定是單向的，西馬人到東馬有這些限制，東馬人到西馬沒這些限制。那並不是因為西馬人沒有權利對東馬提出類似的要求，而是因為他們不認為有那個必要。

在當年制定的那項馬來西亞協議中，本來還賦予了東馬其他不少特權。隨著歲月流逝，各方自然融合，很多特權已經在無形中消失了。

考察東馬的移民自主權，對我們思考在一國之內如何統籌兼顧，如何處理中央與地方的關係，如何處理有較大民族差異、宗教文化差異和經濟發展程度差異的地區之間的關係，或許都是有啟發、有助益的。

註：馬來西亞聯邦原來包括新加坡，1965 年 8 月 9 日新加坡脫離馬來西亞聯邦獨立建國。

2014 年 1 月 8 日

從《人民日報》為何關注清史研究談起

今年 1 月 14 日，中共《人民日報》刊登署名周群的長文〈牢牢把握清史研究話語權〉，作者周群是學術刊物《歷史研究》雜誌的常務副主編。

中共頭號黨媒拿出很大的篇幅，發表一篇談歷史研究的文章。這當然不是發思古之幽情，一定有著強烈的現實針對性。

周群的文章是這樣說的：「作為距離現今最近的中國封建王朝，清朝奠定了今日中國的版圖疆域。當今中國面臨的一些問題，

有的是從清代發展、演化而來的，有的或多或少可以找到清代的影響因素。尤其是一些涉及邊疆、民族和宗教的重大現實問題，甚至與清代有著直接聯繫。這也使得清史研究與維護國家領土主權完整有著密切關係。還要看到，近些年來，一些意識形態領域的重大輿情，也往往與清代歷史直接相關，清史研究事關意識形態安全。因此，如何看待清代歷史，特別是清代的邊疆政策、民族政策、宗教政策，就不僅僅是歷史認識問題，而且是具有重大現實意義的時代課題。」

周群進一步點出：「極少數學者對西方學術思潮缺乏應有的警惕，將國外歷史虛無主義在清史研究領域的理論變種引入國內，有意無意地與以『超越中國的帝國模式』、『內陸亞洲』等為核心概念的所謂西方清史學派進行『對話交流』，影響清史研究走向。」

周群所說的「西方清史學派」，應是指所謂「新清史學派」。自上世紀 90 年代以來，美國漢學界興起了被稱為「新清史」的研究思潮。按照這派學者的看法，清朝不是過去中國的改朝換代，清帝國不是傳統的中國的帝國。清朝不等於中國，中國只是清帝國的一部分。

且以西藏問題為例。中國政府說，西藏自古以來就屬於中國。這裡的「自古以來」，其實主要就是指自清代以來，明朝的版圖不包括西藏。然而新清史學派告訴我們，在清代，西藏和漢人的

內地沒有關係，只和清帝有關係；藏人的主子不是中國，而是清室。在清代，與其說是西藏屬於中國，不如說在清代，西藏和中國都屬於清帝國。這就從根本上顛覆了西藏自古以來屬於中國的歷史觀。它對當下中國官方的政治話語無疑構成尖銳的挑戰。這就是為什麼中共當局如此重視清史研究的原因。

在我看來，新清史研究其實也不算新。魯迅當年就對「我們的大清」一類說法嗤之以鼻。

魯迅寫到：「幼小時候，我知道中國在盤古氏開闢天地之後，有三皇五帝……宋朝、元朝、明朝、『我大清』。到二十歲，又聽說『我們』的成吉思汗征服歐洲，是『我們』最闊氣的時代。到二十五歲，才知道所謂這『我們』最闊氣的時代，其實是蒙古人征服了中國，我們做了奴才。直到今年八月裡，因為要查一點故事，翻了三部蒙古史，這才明白蒙古人的征服『斡羅思』，侵入匈奧，還在征服全中國之前，那時的成吉思還不是我們的汗，倒是俄人被奴的資格比我們老，應該他們說『我們的成吉思汗征服中國，是我們最闊氣的時代』的。」

魯迅的意思很清楚：大清不是「我們」的大清，是人家滿人的大清；成吉思汗不是「我們」的一代天驕，是人家蒙古人的一代天驕。

眾所周知，當年孫中山鬧革命，提出的綱領是「驅逐韃虜，恢復中華」。辛亥革命，首先是排滿。孫中山曾多次對日本人承

諾：「滿蒙不屬中國，可任由日本取去」。孫中山革命最初的目標只是實行「中國本部十八省」的獨立，不包括滿蒙，也不包括西藏，不包括新疆。辛亥革命最初打出的旗幟叫做「鐵血十八星旗」，十八星就代表中國本部十八省。所謂「恢復中華」實際上等於恢復明末版圖。可見在當時這些革命派心目中，西藏不屬於中國，藏人不屬於中華。

可是，事情後來又發生了變化。武昌起義槍響，隨後又是南北議和，清帝遜位。1912 年 1 月，中華民國臨時大總統孫中山發表宣言說：「國家之本，在於人民，合漢、滿、蒙、回、藏諸地為一國，則合漢、滿、蒙、回、藏諸族為一人，是曰民族統一。」不驅除韃虜了，改五族共和了。

2 月 12 日，宣統帝頒布退位詔書說：「仍合滿、漢、蒙、回、藏五族完全領土為一大中華民國」。滿清皇帝把整個大清帝國全部交給了中華民國。於是，西藏似乎也就順理成章地從清帝國的一部分成了中華民國的一部分。

可是上述轉換有一個大問題。如歷史學家許倬雲在《萬古江河》一書裡所說：清帝國是二元體制——漢地體系與滿蒙藏體系。「這種二元體制是有清一朝獨自發展的特質，不但在中國歷史上絕無僅有，在世界歷史上也罕見相似的個例。」

其獨特性在於，以西藏為例，在清代，西藏既不像四川、山東那樣是清帝國的一個省，也不像朝鮮、越南那樣是清帝國的一

個藩屬國。在清代，西藏和滿清王室是供施關係。滿人信喇嘛教，清帝尊西藏法王為上師，為西藏提供保護；藏人則把清室當作施主。相比之下，這倒有些類似現在的英聯邦的某些成員國，如澳大利亞、紐西蘭。澳大利亞和紐西蘭都是獨立國家，都尊英王為共主，故而成為英聯邦的成員。考慮到英王並不尊澳大利亞或紐西蘭的領袖為上師，歷史上澳、新都曾經是英國的殖民地，而西藏並不曾是中國的或滿清的殖民地，說明當年的西藏的地位還要更高些。這就是為什麼藏人堅持認為，在清代，西藏也是獨立國家。

在這種關係中，西藏和清帝國的關係是建立在藏人和清帝的關係之上的，如同澳大利亞、紐西蘭和英聯邦的關係是建立在它們和英王的關係之上。如果英國廢除君主制，那麼它們就不再是英聯邦成員，就和英國沒有關係了。

同樣地，如果沒有了清帝，西藏就和中國沒有關係了。這層關聯，康有為等立憲派非常清楚。立憲派說：「欲保全蒙、回、藏，則不可不保全君主。」立憲派知道，唯有保留清帝，才能留住西藏。廢除清帝，西藏就脫離了。這正是立憲派堅持君主立憲的目的之一。

如此說來，從清帝退位詔書到民國總統宣言，大清帝國和中華民國貌似完成了無縫對接，可是這種無縫其實是有大漏洞的。當然，如果藏人願意接受這種對接，那就不是問題；問題恰恰是，

藏人從來沒有接受過。

當清帝在退位詔書中把「滿、漢、蒙、回、藏完全領土」全數交給中華民國時，並不曾徵求過藏人的意見。起初，藏人對他們「被代表」甚至不知道。後來藏人知道了，立即表態拒絕。1913年，流亡歸來的十三世達賴喇嘛正式聲明西藏是一個獨立的國家，還和蒙古簽訂《蒙藏條約》（註），互相承認獨立主權地位。此後中華民國政府幾次申述對西藏的主權，也曾派官員進藏，但西藏政府都未接受。

中共當局要求十四世達賴喇嘛承認西藏自古以來就是中國的一部分。達賴喇嘛說，出家人不能說假話。事實是，西藏在歷史上並不是中國的一部分。歷史是無法否定的，但無論西藏的歷史地位如何，讓過去的過去，不糾結歷史，一切向前看，注重未來發展。達賴喇嘛主張中間道路，不尋求西藏獨立，而致力於在中華人民共和國憲法的框架下，為全體西藏人民實現真正的民族區域自治。

達賴喇嘛的中間道路極具前瞻性、建設性和現實可行性。達賴喇嘛說：儘管到目前為止，對於中間道路，中國政府方面還沒有做出任何正面的回應，但是，政府和人民哪個重要？當然人民更重要。雖然在專制政權下政府很有權威，但從長遠看，還是人民更重要。達賴喇嘛表示，他不是寄希望於中共當局，而是寄希望於中國人民。當今中國有著巨大的變化，國內敢講真話的人越

來越多，漢人間支持「中間道路」的人也越來也越多，因此百分之百地相信這一互利雙贏的解決西藏問題方案終將取得成果。

註、2007 年，美國印第安那大學藏學家史伯苓（Elliot Sperling）在俄國的布里亞特（Buryat）的檔案館中發現了《蒙藏條約》正本，該條約的前言明確寫道：「蒙古和西藏已經從滿王朝解放，並從中國分裂出去，成為獨立的國家。」據史伯苓教授說，這件歷史文物一直不公開，是因為中國政府的壓力。

2019 年 3 月 30 日

第二部分

（一）西藏

西藏問題之我見

要認識這次西藏 3.14 事件，首先我們必須明確兩件最基本的事實：

在今日中國，人民被剝奪了以和平方式集會遊行表達異議的權利；現在的西藏並不是真正的由藏人自治。

只要我們記住這兩件基本事實，整個事件的大是大非就一目瞭然了。

是抗暴還是暴亂？

這次西藏人民的抗議活動，其參與人數之多，波及地域之廣，實為四十餘年來所僅見。尤其是，這場抗議活動是發生在 89 年西藏抗議活動遭到殘酷鎮壓之後，發生在八九民運遭到殘酷鎮壓之後，發生在十九年來中共一直強化其鐵血鎮壓措施，發生在兩

會期間和奧運前夕，當局實行外鬆內緊的策略，加強控制，連訪民都要大力驅除，把胡佳這樣的人都要逮捕。

拉薩本來就是敏感地區，擁有超乎尋常的軍警力量，又是在 3 月 10 日即藏人抗暴紀念日這樣的敏感日子（這日子別人記不住，中共絕不會記不住），其戒備森嚴可想而知；而就在這樣的背景下居然爆發了如此規模的抗議，它所揭示的意義就更加重大。

中共聲稱是藏人先暴亂，然後他們才鎮壓。然而，就是按照中共自己的報導，這種說法也是站不住腳的。

3 月 15 日，西藏自治區公檢法聯合發出第一號公告。公告說，3 月 14 日，一些不法之徒在拉薩有組織、有預謀地採取打、砸、搶、燒、殺等暴力手段。公告敦促組織、策劃、參與 14 日打、砸、搶、燒、殺活動的犯罪分子投案自首。注意，公告說的是 14 日。也就是說，連公告也不得不承認，在 14 日之前藏人並沒有打、砸、搶、燒、殺。

然而我們知道，這次藏人的抗議活動是從 3 月 10 日開始的，早在 3 月 10 當天海外多家媒體就有報導。這一點中共官方對外也是承認的。據美聯社報導，西藏自治區主席向巴平措在 3 月 11 日承認在拉薩出現喇嘛示威抗議活動。這就是說，從 3 月 10 日到 13 日這整整四天間，藏人的抗議活動是和平的。

那麼，在這四天內，共產黨在幹什麼呢？莫非共產黨的軍警

也像民主國家的軍警一樣，只是默默地在一邊維持秩序，保護示威者的表達自由嗎？鬼都不相信！

事實上，就連中國政府在接受西方記者採訪時自己也承認，在藏人和平抗議的第一天，他們就拘留了 60 多個喇嘛（美國之音 3 月 13 日報導）。

查看藏族作家唯色的博客和其他多家海外媒體的報導可知，一連四天，藏人都是舉行和平的抗議遊行，當局派出上千名軍警鎮壓、毆打，手持電棒和槍械，使用催淚彈，封鎖寺院，停止供水，關閉周圍的飯店，還大量抓人等等。這樣，到了 3 月 14 日上午，拉薩上百僧人又遊行抗議，遭到軍警阻攔毆打，引起周圍藏人的極大憤怒，上萬藏民捲入抗議，於是激發了一些藏人的暴力行為。

這裡還有一個細節值得注意。新華社 3 月 16 日發表文章，其中報導了 3 月 10 日到 13 日的情況。其中有一句寫的是：「哲蚌寺 3 名僧人還用刀具自傷肢體並互相拍照，企圖掩蓋真相，混淆視聽。」這句話暗示讀者，這幾名僧人是用自傷的辦法製造假像，試圖讓外界以為他們是被軍警打傷的。但是早在三天前藏人發出的消息裡，人家自己就寫得清清楚楚：那幾名僧人是自己割傷自己，可見報導者很誠實，絕沒有製造假像欺騙輿論的意思。藏人的這段報導，國內老百姓看不到，官方一定是看到了的。官方明明知道人家講明瞭是自殘自傷，卻還要說他們是製造假相欺騙輿

論想栽贓給軍警。可見，恰恰是官方自己才是在混淆視聽，欺騙國內民眾。

　　毫無疑問，這次西藏事件，是中共鎮壓藏人和平請願抗議活動在先，一些藏人暴力行為在後；不是暴亂引起鎮壓，而是鎮壓激起「暴亂」。整個事件的因果關係不容顛倒，整個事件的基本性質不容混淆。

　　如果我們再考慮到 3.14 事件裡中共的欲擒故縱，空城計，再考慮到在 3.14 後的一個多月裡，藏人持續和平示威，中共進一步殘酷鎮壓，那麼，整個事件的性質就更清楚了。有的人僅僅根據 3.14 當天的一段打砸搶燒的錄影，就一筆抹殺此前和此後的藏人抗議的和平本質，而把整個藏人抗議事件定性為暴亂，從而為中共鎮壓和平抗議的罪惡進行辯護，並進而為中共十幾年來、幾十年來在西藏的暴政進行辯護，這種論調無疑是極其錯誤的。

西藏問題的關鍵是自治

　　這次藏人抗議，中共方面不由分說就扣上「達賴集團幕後指使」、「搞分裂」、「搞藏獨」的罪名。這種指控或許能矇騙國內一些不明真相的民眾，但對國際社會則毫無效力。正像達賴喇嘛說的，他已經像念經一樣不知說過多少遍他主張「中間道路」，不要求西藏獨立，只要求真正的自治。中共意識到，它若像過去那樣壓根否認達賴的「中間道路」主張恐怕已經不大行得通，於

是就轉而對「中間道路」展開批判。

3月29日，新華社發表文章，題目是《·達賴「中間道路」就是要「西藏獨立」》。文章說，達賴集團宣稱的「中間道路」，其內涵和實質與「西藏獨立」主張是一回事，即都是要把西藏從中國分裂出去。文章又引用一位藏學研究中心的學者的話，說「真正自治」是達賴集團西藏獨立「三部曲」戰略中的重要一環，即第一步通過談判先回到境內來；第二步是通過「真正自治」取得政權；第三步是通過「全民公決」最終實現「西藏獨立」。

顯然，這兩種說法是彼此矛盾的。按照第一種說法，「真正自治」實際上就是「獨立」；而按照第二種說法，「真正自治」只是實現「獨立」的跳板，這就意味著「真正自治」本身還並不是「獨立」。後一種說法本身就否定了前一種說法。

要認識今日西藏問題，我們首先要問的是：今日西藏是真正的由藏人自治的嗎？答案無疑是否定的。今日西藏並非真正的由藏人自治，正如同我們的「中華人民共和國」既不真正是「人民」的也不真正是「共和」的。所以，我們的當務之急絕不是什麼反對西藏獨立反對分裂祖國，而是促進藏人自治的真正落實。

即便你懷疑或認定達賴喇嘛有獨立的意圖，那畢竟還只是一種意圖；而西藏的假自治則是半個世紀以來的嚴峻事實，因此你也該把反對假自治，支持真自治放在首位。如果你對假自治的嚴峻事實不聞不問，不支持真自治的合理主張，卻在那裡高呼反獨

立反分裂，客觀上不就是在維護假自治、不就是在支持中共一黨專制嗎？

達賴喇嘛明確提出：「西藏政府應設於拉薩，應該有一個經民選的行政長官、一個兩院制的立法機構和獨立的司法體系。」按照中共的說法，這就是「否定西藏的現行政治制度」，就是不要黨的領導，所以絕不接受。可見，西藏問題的關鍵，達賴喇嘛與中共當局之間的主要矛盾，不是維護統一與分裂國家的問題，而是藏人民主自治與中共一黨專制的問題。

再談幾句西藏自治

國內有位網友提出一個問題：「什麼是省？什麼是自治區？」這個問題提得很好。自治區倘若和省沒有區別，憑什麼還叫自治區呢？另一位網友回答說：「省就是黨治，自治區就是黨狠狠地治。」撇下這個辛辣的諷刺不談，我們再講幾句西藏自治的問題。

1992 年，臺灣清華大學校長沈君山會見江澤民，談到一國兩制問題。沈君山說：「西藏倒是應該行一國兩制」。江澤民回答道：「說法是對的，不過現在路已經走過來，不能再回過頭來在西藏搞一國兩制了」。可見，中共領導人其實很清楚，西藏是應該真正自治高度自治的。事實上，中共與藏人在 1951 年簽訂的十七條就是一國兩制。

1951 年 5 月 23 日，中共當局與西藏政府代表團在北京簽訂

了《中央人民政府和西藏地方政府關於和平解放西藏辦法的協定》（簡稱《十七條協議》）。其主要內容包括兩個方面：一是西藏政府承認中國對西藏的主權。「西藏人民回到中華人民共和國祖國大家庭中來」；一是中國政府認可西藏的特殊地位，規定西藏有高度的「民族區域自治的權利」：西藏原有政治制度不變；達賴喇嘛固有地位的職權不變，各級官員照常供職；不強迫西藏改革；保證宗教自由等等。應該說，這是中共最早搞的一國兩制。所以不少人建議，中藏談判可以回到十七條，也就是回到一國兩制。

江澤民承認「西藏應該行一國兩制」這種說法是對的，但他認為「現在路已經走過來，不能再回過頭來在西藏搞一國兩制了」。這是什麼意思呢？既然走了幾十年的反資本主義、反資本家的路，都可以再回過頭來搞資本主義、還讓資本家入黨、很多共產黨自己就帶頭成了資本家，為什麼西藏就不能再搞一國兩制了呢？很簡單，因為共產黨已經在西藏建立起一黨專制，如果讓藏人自治，共產黨對西藏的一黨專制就保不住了。這才是中共拒絕達賴喇嘛關於西藏實行真正自治的最根本的原因。

這次西藏事件震動全球，海內外中國人也都表示關注。但我要指出的是，很多中國人——我這裡主要是指漢人——其實對西藏問題一向是不大關心的，因此很缺少相關的知識。

我問過一些八九民運的參加者，我問他們在八九民運期間，

是否注意到那一年三月份在西藏發生的抗議與流血事件，大部分人說當時他們沒留意，有的甚至不知道。我在過去對西藏問題也不關心，知道的訊息也很有限。只是到了海外，特別是參加了民運，才增加了對西藏問題的關心。在海外這麼多年，我閱讀過許多有關西藏問題的書籍文章，參加過很多次有關西藏問題的討論會。

然而我發現這些書籍文章和會議的華人讀者和聽眾數量都很小。達賴喇嘛幾次來紐約公開講演，聽眾如山如海，但其中絕大部分是洋人，華人極少。因此我相信在這次西藏事件中很多華人之所以作出不理性的反應，主要並不是出於愛國，而是出於無知。儘管很多人在很多問題上都能擺脫過去共產黨宣傳灌輸的束縛而持有批判性的眼光，但那通常只限於他們感興趣，因此下過功夫，進行過獨立思考的問題。一般人對西藏問題沒下過這樣的功夫，平時對這個問題沒進行過獨立的思考，一遇到發生大事，過去共產黨宣傳灌輸的那套東西就自動冒出來了。這就是為什麼很多很聰明的人在西藏問題上卻很糊塗的原因。

相反，凡是對西藏問題有著較長時間的認真關注的人（這中間也包括後來的我），雖然彼此之間也有很多分歧且爭論不休，但是大家的共識也很強：幾乎沒有人認為中共現行的西藏政策是符合藏人意願的。尤其是在如何解決西藏問題這一點上，我們彼此之間的最大公約數是：請達賴喇嘛回藏，讓藏人自治。

中共說，讓達賴回西藏實行自治，就是復辟萬惡的農奴制。這話不對。過去西藏的制度到底怎麼樣，不是沒有爭議的。

記得在文革期間知識青年上山下鄉，聽根紅苗正的老貧農憶苦思甜，憶「舊社會」的苦，思「新社會」的甜，可是講著講著就控訴起三年大饑荒的悲慘，就說起舊社會地主東家的好處來了。八十年代初，達賴喇嘛的一個代表團獲准回到西藏參觀。事前有中共官員給藏民打招呼，告訴藏民見到這些昔日剝削壓迫你們的貴族老爺要保持克制，不要扔石頭吐唾沫。殊不知達賴喇嘛代表團的到來竟吸引了遠近大量藏人的朝拜，許許多多的藏人，包括許多翻身農奴，見到達賴喇嘛的人就哭訴他們前些年受的苦，表達對達賴喇嘛的殷切期盼。

問題不在於舊西藏到底如何，因為這一頁歷史已經成為過去。假如說我們相信大饑荒和文革的災難不會重演，那麼我們憑什麼又認定達賴喇嘛一回來，藏人一自治，西藏就會復辟農奴制呢？你共產黨能與時俱進，人家藏人就不能麼？其實，藏人的進步非常大，比中共大多了。無論是在他們的各種綱領當中，還是在他們的達蘭薩拉流亡社區的具體實踐中，你都可以看到這種進步。他們既能保留自身悠久的獨特傳統，又能接受普世人權的現代文明觀念。

一國兩制與高度自治

考察中共在香港和澳門實行的一國兩制，再考察中共對臺灣提出的一國兩制方案，我們可以發現，達賴喇嘛提出的真正自治、高度自治並沒有什麼過分之處。

例如移民問題。達賴喇嘛強調，絕不是要趕走漢人，漢藏混居可以，但應該從保護西藏傳統文化的角度出發，對漢人的遷入合理限制。這應該是可以理解的。既然香港和澳門的特區政府可以對內地人的進入和定居設立某種門檻，為什麼西藏就根本不可以呢？

香港九七回歸前夕，有人問回歸後中共是否在港駐軍，耿飆說不駐軍，被鄧小平斥為「胡說八道」。不過到目前為止，中共在香港的駐軍主要也是象徵性的。中共並沒有在香港成立中國人民解放軍香港警備司令部或香港軍區。中共給臺灣開出的條件更寬。中共向臺灣許諾，實行一國兩制後的臺灣依然可以保留自己的軍隊。

達賴喇嘛明確表示讓北京擁有國防和外交的權力。藏人提出的高度自治要求，無論如何都並不比中共許諾給臺灣一國兩制的更高。如果臺灣人接受中共的許諾就算是實現統一，那為什麼西藏提出類似的要求就要算分裂算獨立呢？根本講不通嘛。

在經濟建設和資源開發的問題上，達賴喇嘛的態度是積極的，只是他比較強調環境保護和資源分享。至於所謂「大西藏」

問題，也不像乍一看去得那麼過分。達賴說的「大西藏」，主要是指現今中國版圖上的西藏藏族自治區和附近省份的藏族自治州縣，也就是中共方面也曾經同意由藏人自治的地方。需要提醒的是，這應是達賴的「討價」，並非沒有妥協的餘地。這一點，曾經在西藏生活多年，就西藏問題發表過多篇文章與專著的徐明旭先生早就指出過了。

在去年 3 月 10 日於紐約舉行的第三屆國際漢藏對話會議上，我在閉幕詞裡說，自治的地方大小不是最重要的。只要實行真正的自治，地方小一點也可以，那都是了不起的勝利，其影響不可估量。與會的藏人和漢人都對我這一發言給以熱烈的掌聲肯定。所以，歸根結底，西藏問題的關鍵是自治。

至於有人說，達賴會把「自治」當作日後搞「獨立」的跳板，因此，為了防止日後搞「獨立」，現在就不能允許人家搞「自治」；這在道理上是講不過去的。這叫因噎廢食。既然假自治是錯的，真自治是對的，你就該允許人家搞真自治。你不能因為擔心別人日後有可能搞獨立，就在現在反對人家搞真自治而繼續維持假自治。

從情理上講，如果藏人得到了真自治，那只會弱化、而不會強化他們搞獨立的願望。事實上，藏人的獨立願望大多是在其自治受到威脅和侵犯的情況下逼出來的。例如在 1949 年 3 月，中共大軍節節勝利，大陸江山唾手可得，當時的西藏內閣大臣致信

美國國務卿，請美國助其加入聯合國。信上說：「眾所周知，由於宗教和生活方式的對立，西藏與中共無法共存，為了抵制共產主義的侵略和保護我們的獨立和自由，我們認為，西藏必須在聯合國大會上獲得成員國資格的承認。」1959 年的西藏暴動則是由於中共在一些藏區開始「社會主義改造」而引起的。藏人知道自己力量弱小，如果不是他們的自治受到嚴重的威脅或侵犯，如果他們能夠得到真正的自治，何苦要冒慘重失敗的巨大風險去搞獨立呢？

畢竟，西藏不比臺灣，它既沒有海峽天塹護衛，又沒有自己的武裝力量，再加上它的地理位置和地理環境，外國勢力很難進行實質性的干涉。除非它的處境特別悲慘，足以引起國際社會一邊倒的巨大同情，才有可能靠著國際社會的壓力迫使中共有所收斂。假如在中共允許西藏真正自治的情況下，藏人還要鬧獨立，那就很難獲得國際社會的同情與支援，因此絕無成功的可能。所以我們可以相信，一旦藏人獲得真正的自治，他們是不會把它當作跳板進而追求獨立的。

也許有人會問，為什麼中共允許香港真正自治？香港至今仍保有言論自由，立法局是民選產生的，特首好歹也要通過間接選舉，未來還會直接選舉。中共並沒有給香港空降黨委書記。在香港，共產黨甚至沒有以黨的名義參加選舉。中共能允許香港自治，為什麼不允許西藏自治呢？

是的，從理論上講，中共能讓香港自治，沒有理由不讓西藏自治。最近達賴講話也舉到香港的例子，更顯出中共在西藏問題上的蠻橫無理。但實際的問題是，香港本來就沒有共產黨的一黨專制（共產黨的幕後運作暫且不論），而西藏卻是從 1959 年至今都是處在共產黨一黨專制之下。

　　中共的邏輯是：「我原先沒有的，可以暫時不強求；我原先就有的，絕不能放棄。」專制權力的本性就是擴張——在最死硬的中共專制者那裡，一口吃不下的東西，可以一口一口地吃掉，但你別指望他會把吃掉的再吐出來。即便在不那麼死硬的中共領導人那裡，權力也是不能退讓的。這就是江澤民說的「現在路已經走過來，不能再回過頭來在西藏搞一國兩制了」的原因。

　　中共擔心的是，如果藏人可以贏得真正的自治，如果中共一黨專制可以從西藏退位，那為什麼其他少數民族不可以真正自治、為什麼廣大漢人不可以真正民主，為什麼中共一黨專制不可以從其他少數民族地區、從廣大漢人地區退位呢？這再次證明西藏問題的關鍵是自治，中共拒絕西藏自治的原因是它拒絕放棄它的一黨專制。

歷史的新拐點

　　去年年初，中共恢復了中斷多年的和達賴代表的談判。藏人對之抱著深切的期望。在去年 3 月 10 日的漢藏對話會議上我表

示，我們支持達賴喇嘛提出的以對話方式和平解決西藏問題，在西藏實行真正自治的主張。但是我又表示對中藏談判是否能取得積極成果不敢樂觀，因為很難相信中共方面會接受藏人真正自治的要求。我強調說，如果對話不能取得成果，那必定是中共拒絕真正自治。我們要讓全世界，讓全中國的人都清楚地知道，是中共拒絕西藏實行真正的自治，所以才造成對話的破裂。中共必須為由此而引起的一切嚴重後果承擔責任。

整整一年過去了，果然不出我們所料，中共再一次無理中斷了和達賴喇嘛代表的談判。達賴喇嘛的和平與溫和路線再一次遭受嚴重的挫折。在過去的一年裡，藏人不但很少有誰再提獨立的口號，甚至停止了很多例行的對中共的抗議活動。然而這種善意並未換來中共的任何讓步，反而招致了更嚴厲的打壓。這勢必會刺激起一些藏人採取激烈的方式抗爭。

其實，中共當初同意與達賴喇嘛談判，本來就是一場騙局，其目的是拖延時間。早在十幾年前海外的討論中，人們就看清了中共的如意算盤。那就是拖到達賴喇嘛去世，然後，他們再推出一個他們中意的達賴——就像他們已經推出了一個他們中意的班禪一樣。與此同時，中共將進一步嚴厲打擊藏人的反抗運動，並把一些藏人的暴力反抗貼上恐怖主義的標籤。這樣，中共就能極大地削弱藏人的反抗力量。很多藏人已經意識到了這種危險。他們發現，如果他們不在達賴喇嘛健在的時候展開更具規模的抗

議，如果他們不利用北京即將舉辦奧運的時機展開更激烈的鬥爭，從而最大限度地引起國際社會的關注，他們也許就再也沒有機會了。

這次藏人抗議活動震驚世界，國際社會的反響空前強烈。這對中共構成了巨大的壓力。如果中共能作出讓步，自然很好，簡直太好了。但更大的可能是，中共將繼續以往的政策和策略。中共領導人們會想：「六四」那麼大的國際壓力不是也頂過來了嗎？今天的中共，不是比十九年前更強大了嗎？接下來事態將如何發展是不難想見的。問題是，接下來我們該怎麼辦？國際社會又將會如何動作？

西藏事件的爆發，以及此後圍繞著奧運聖火傳遞而發生的衝突，一方面激起了國際社會罕見的強烈反應，另一方面也引出了海內外部分中國人的「民族主義」狂潮。我給民族主義打上引號，因為這裡的民族主義太不真實，太少底蘊，因為太有選擇性因而太沒原則，因為太機會主義因而太是「做戲的虛無黨」（魯迅語）。但是它還是給人以震撼：怎麼會發生這樣的事？中國到底怎麼啦？中國在滑向什麼道路？

我曾經多次指出，自六四之後，中國的改革就走上歧途。一般人只看到中國經濟的飛速增長與迅猛發展，他們沒有注意到這種增長和發展是建立在赤裸裸的暴力與極端的不公正之上。這樣的經濟發展非但不能導向政治的自由民主，反而會成為自由民主

的障礙。聽任中國沿著這樣的軌道走下去，我們將面對一個更加自信因而更加驕橫，並且更加強大的專制政權。這樣的政權對人權、民主與正義等價值更加蔑視，對人類的自由與和平更具威脅性。我承認，在眼下爭取自由民主，阻力很大，風險不低；然而我們必須意識到的是，如果我們推遲抗爭，只會使阻力更大，風險更高。

2008 年 4 月 28 日

奇怪的示威抗議

這些天來，在海外，有些留學生和華人演出荒誕劇。他們集會示威，抗議西方媒體對西藏事件的不實報導。

眾所周知，在中國，媒體被共產黨一手控制，天天都在發布不實報導，可是這些人卻安之若素，從不抗議。唯有這次有幾家西方媒體發布了不實報導，他們就「忍無可忍」，要大聲抗議了，你說奇怪不奇怪？

我們知道，在西方，有新聞自由，你可以聽到各種不同的聲音（包括中共官方的聲音），兼聽則明，你可以比較鑒別。在中國沒有新聞自由，連互聯網都受嚴格控制。這次西藏事件發生，當局一方面封鎖新聞，阻止西方媒體到現場採訪，一方面又批評西方媒體的報導不真實不可信。這分明暴露出當局的做賊心虛和一手遮天，蠻橫霸道。那些也口口聲聲要講真相的人不去抗議中

共的新聞封鎖，不去爭取新聞自由，卻只是在那裡抗議西方媒體報導不實，這算哪門子事？

示威者另一條口號是反對暴力，反對藏人暴力。這條口號更是匪夷所思。盡人皆知，在中國，共產黨天天在使用暴力鎮壓和平表達異議和示威抗議活動，可是我們從未見到那些人公開表示反對。這次西藏事件，絕非如中共所說是藏人先搞暴亂，然後他們才鎮壓，而是中共先鎮壓了藏人的和平抗議，才激起一些藏人的暴力行為。

官方在3月14日前接受海外媒體採訪時自己也承認在3月10日就有抗議活動，當天就抓了五六十人。整個事件的因果關係不容顛倒，整個事件的基本性質不容混淆。從3月14日到今天整整一個月，在藏區又發生了多次和平抗議活動，都遭到當局殘酷鎮壓。如果我們要反對暴力，首先就應該反對政府的濫用暴力。

在中國，有一千次、一萬次民眾的和平抗議遭到政府暴力鎮壓，這些人裝聾作啞，一聲不吭，美其名曰「不關心政治」；而只要有一次有民眾用了暴力，他們卻立刻發出強烈抗議，大聲表態支持政府平息暴亂，美其名曰「伸張正義」。這種反差實在太明顯了，太強烈了。我真不知道他們怎樣解釋他們這樣做的動機。

很多示威者大概是這麼想的：不管怎麼說，維護祖國統一總是對的，反對分裂總是對的。所以他們就參加了示威活動。且不說統一未必總是對的，分裂未必總是錯的。因為統一雖然是好事，

但並不是至高無上。人民的自由幸福才是高於一切的。

更重要的是，達賴喇嘛十幾年來一直明確表示他並不尋求獨立，他只尋求真正的自治。在這裡，我們首先應該問的是：今日西藏是真正的由藏人自治的嗎？答案無疑是否定的。今日西藏並非真正的由藏人自治，正如同我們的「中華人民共和國」既不真正是「人民」的也不真正是「共和」的。

所以，我們的當務之急絕不是什麼反對西藏獨立反對分裂祖國，而是促進藏人自治的真正落實。即便你懷疑或認定達賴喇嘛有獨立的意圖，那畢竟還只是一種意圖；而西藏的假自治則是半個世紀以來的嚴峻事實，因此你也該把反對假自治，支持真自治放在首位。

如果你對假自治的嚴峻事實不聞不問，不支持真自治的合理主張，身為中國人，不去爭取中國的自由民主，不去反對中共的一黨專制，卻在那裡高呼反獨立反分裂，客觀上不就是在維護假自治、不就是在支持中共一黨專制嗎？

有人把這些人的表現稱為民族主義，愛國主義。不對。就憑他們這種毫無原則與自相矛盾，哪裡算得上什麼主義。他們不過是魯迅說的「做戲的虛無黨」而已。

有人說，因為中國曾深受西方列強的欺侮，至今記憶猶新，所以對西方的「不友好」表現才會有如此強烈的反應。這話也有問題。因為中國受西方列強欺侮的時代早已成為歷史。早在 1945

年二戰結束聯合國成立時，中國作為五大發起國就已經為自己贏得了獨立與尊嚴。在今日中國，90％以上的人根本沒有遭受西方列強欺侮的切身經歷。

我們只有遭受共產專制迫害與剝奪的切身經歷。今天，幾乎每一個活著的中國人，都能根據自己的親歷親聞，講訴出一段又一段悲傷的歷史。全中國究竟有幾家幾戶沒有枉死餓死的冤魂？有誰家裡沒有農民親戚？現在還是二等國民，進城打工多年還得不到城市戶口，拋下未成年的子女過著沒有父愛母愛的生活。而那個造成這一切災難的共產黨卻還高高在上獨攬大權，甚至還批評不得反對不得。這才是當代中國人的奇恥大辱。如果你對中共專制政權沒有義憤或不敢反對，卻對所謂幾家西方媒體的不實報導和藏人的某些暴行或政治口號擺出一付「是可忍孰不可忍」的姿態，豈不是太可笑太可悲了嗎？

北京電影學院教授郝建講過一段話。他說：「我們絕對知道在什麼時候可以拍案而起做出義正詞嚴狀，也絕對知道什麼時候必須對自己清楚萬分的問題保持沉默、三緘其口。我們還有一個更可怕的表現。這就是柿子專揀軟的捏：即在一個最安全的方向上做出好似怒不可遏、仗義執言實際精打細算、八面玲瓏的完美演出。我們也知道什麼時候說什麼話可以上達天庭得到首肯，什麼話會觸犯眾怒。就我自己而言，這種算計已經高度技巧、出神入化；這種掌握已經進入潛意識層面。」這把上面那種人的心態

揭示得可謂入木三分。

　　姑且假定在憤怒抗議西方媒體不實報導的人之中，確實有些人的感情是真誠的。那正好證明他們的感情在中共長期的操控之下已經扭曲。我們知道，感情、激情是自發的、自然的，但它的表達卻可能受到各種非自發、非自然的因素影響。

　　在中國古典小說裡常常寫到，某殺人屠夫惡名昭著，令小孩不敢夜哭。當你壓下憤慨時，那憤慨並不一定會深化、會增長，有時它倒會淡化、會萎縮，甚至可能消失。如果你從一開始就知道某種憤慨是禁止表達的，你很可能從一開始就克制住自己，就像剛懷孕就打胎，你並不會感覺多痛苦。

　　反過來，如果一種激情的表達從一開始就是被政府許可的，就是受到政府充分鼓勵的，有的人就會越表達越來勁，越發的「是可忍孰不可忍」。那些對西方媒體的不實報導滿腔憤慨，對所謂藏人的暴力義憤填膺，而對共產黨的彌天大謊和新聞封鎖，對六四屠殺，對共產專制犯下的滔天罪惡卻毫無憤慨的人，他們的感情或許是真誠的，但那是怎樣可怕的一種「真誠」！

　　黨讓你生氣你就真的生很大的氣，黨不讓你生氣你就真的沒什麼氣可生。如果一個人的喜怒哀樂都能如此真誠的「和黨中央保持一致」，那才是可悲到了極點。

　　中共專制政權的存在，本身就在降低人們的道德水準。專制存在的時間越長，人們墮落的程度越深。唯有奮起爭取自由民主，

我們才能找回失去的靈魂。唯有一個自由民主的中國的崛起，才是對人類的貢獻與福音。

2008 年 4 月 18 日

中藏會談說明了什麼？

一、中共其實早就知道並且也承認，達賴喇嘛不是要獨立而只是要自治

　　西藏事件發生戲劇性變化。4 月 26 日，《人民日報》在第四版不顯眼的位置上發布了一條消息說：新華社記者從有關部門獲悉，考慮到達賴方面多次提出恢復商談的要求，中央政府有關部門準備在近日與達賴的私人代表進行接觸磋商。」

　　有些憤青責問道：「達賴喇嘛是分裂祖國、策劃暴動、破壞奧運的犯罪分子，怎麼可以和他對話呢？」其實，這個問題正應該反過來問：如果達賴喇嘛真的是分裂祖國、策劃暴動、破壞奧運的犯罪分子，中國政府自然不會和他對話。但既然中國政府同意和達賴喇嘛對話，這難道不表明，中共政府其實知道達賴喇嘛並不是分裂祖國、策劃暴動和破壞奧運的犯罪分子嗎？

　　現在我們都知道了，在過去幾年間，中國政府曾經和達賴喇嘛的代表有過六次對話，而按照當年鄧小平提出的對話底線：「除了獨立，什麼都可以談。」這就是說，如果達賴喇嘛方面主張獨立，中共方面就不會和他們談；反過來，如果中共和達賴喇嘛談

了，那必定是中共承認達賴喇嘛不要求獨立。由此可見，中國政府早就明白達賴喇嘛不是要求獨立只是要求高度自治，所以雙方才會有這六次對話。

日前香港《文匯報》發表文章〈中央與達賴代表前六次會談〉。文章介紹說，前兩次會談是「參觀性質」，第三次「雙方開始討論一些問題」，第四次「接觸到實質問題」，第五次「就實質問題會談一天」，第六次「與北京的對話進入一個關鍵性階段，但是雙方在涉及西藏的幾個問題上仍然存在重大分歧」。

這裡所說的「實質問題」，當然是排除了獨立問題的。這裡所說的「重大分歧」，當然不是獨立與反對獨立的分歧，而只可能是其他的分歧，只可能是在自治的具體內容上的分歧。這就是說，中國政府其實是知道、並且也承認達賴喇嘛的主張是自治而非獨立。只不過雙方在自治問題上的主張差距太大，談不到一塊兒去，所以前幾次對話都破裂了。

中國政府說達賴喇嘛的「高度自治」是「實質獨立」，是「變相獨立」。這種說法明顯站不住腳。正像我原來講過的那樣，對照中國政府在香港、澳門實行的高度自治，尤其是對照中國政府許諾給臺灣的高度自治，藏人提出的要求並不比它們更高。既然如此，中國政府憑什麼硬說人家藏人的自治方案是「實質獨立」、「變相獨立」呢？

順便談談雪山獅子旗和「自由西藏」的口號。雪山獅子旗本

來是清政府給西藏政府制定的一面軍旗，後來就成為西藏的象徵。從清代到民國，中央政府都是認可這面旗子的。如果你一口咬定雪山獅子旗就代表西藏獨立，那豈不等於承認在清代在民國時期西藏是獨立的嗎？那豈不等於承認西藏自古以來不是中國的一部分嗎？我要強調的是，雪山獅子旗並不等於西藏獨立。主張西藏獨立的人打這面旗子，不主張西藏獨立的人也打這面旗子，因此我們不能一見到這面旗子就認定別人是藏獨。幾天前，當局在廣東發現有工廠印製雪山獅子旗，立刻就判定他們是在支持藏獨，立刻就把旗子統統沒收。這種做法完全是錯誤的。

再有「FREE TIBET」這個口號，可以翻譯成「自由西藏」或「西藏自由」，或「解放西藏」，但不可以翻譯成「西藏獨立」。「FREE TIBET」無非是說要使西藏擺脫壓迫，並不等於要求獨立。譬如過去的自由歐洲電臺（RADIO FREE EUROPE）和現在的自由亞洲電臺（RADIO FREE ASIA），不應當翻譯成歐洲獨立或亞洲獨立。文革中四川造反派有個口號「打到李井泉，解放大西南」。難道你可以理解成是要大西南獨立嗎？

不錯，西藏不是香港、澳門，更不是臺灣。中共不肯把吃下的東西再吐出來，所以它拒絕達賴喇嘛關於真正自治的要求（參見我的《西藏問題之我見》）。問題是中共太不老實，它不肯明白承認這一點。它硬要給達賴喇嘛扣上藏獨的帽子，再加上它把雪山獅子旗和 FREE TIBET 的口號不由分說地指為藏獨的標誌和

口號，這就不僅把達賴喇嘛和藏人，而且也把一切同情他們的漢人以及國際社會，統統都打成了「分裂勢力」，並以此刺激起那些不明真相或不求甚解的華人的敵意，從而掩蓋了中共自己在西藏問題上的嚴重錯誤和不良用心。我上面的分析已經證明，中共對達賴喇嘛搞藏獨的指責，是和它早就與達賴喇嘛進行過實質性對話這一事實相矛盾的；進而也就證明，中共對達賴喇嘛搞藏獨的指責實際上是蓄意的誤導。

二、314 拉薩騷亂不是達賴喇嘛幕後策動的

5 月 4 日，中國政府與達賴喇嘛的代表在深圳舉行了自今年 3 月西藏事件以來的第一次對話。正像我們先前估計的那樣，這次對話沒有取得任何成果。

關於這次對話的具體內容，雙方都還沒有公布。中共媒體在報導中提到：「中央有關部門負責人在磋商中申明：中央政府針對拉薩 3.14 打砸搶燒暴力事件採取的一切措施都是依法行事，是完全正確的。」從這句話我們可以推斷，這次對話首先談的是這次西藏事件。估計藏人方面要求中共放人。因為據報導，從 3 月 10 日至今，至少有三千名藏人被捕。中共方面則聲稱它的鎮壓是依法行事，拒絕放人。雙方在這個問題上沒有達成協議。這大概就是第一次對話的主要內容。

我們都還記得，早在這次西藏事件爆發之初，中共就指控達

賴集團幕後策劃煽動暴力活動。當時達賴喇嘛就反駁，要求中共拿出證據，至今中共方面並沒有拿出證據。中共公安部提到藏人發起「西藏人民大起義運動」。其實，這個「大起義運動」根本不是秘密，它早在1月4日就發表在海外藏人的公開的網站上（www.TibetanUprising.org.）。就像談革命不一定就是暴力革命，同樣地，談起義不一定就是武裝起義。這次藏人說的大起義，實際上是指和平的、非暴力的抗爭。所謂大起義，實際上是號召流亡藏人徒步回鄉。它和搞暴力搞武裝毫不相干。再說，這個計畫也不是達賴喇嘛提出來的，而是另外五個藏人團體提出來的。（參見維基百科「西藏人民大起義運動」條目）

要說藏人策劃搞暴動，為什麼他們不去先攻佔兵營、政府機關和要害部門，而卻要去攻擊老百姓呢？為什麼不拿上像樣點的武器，而要從地上撿石頭呢？拉薩地區駐紮大量中共軍警，那些搞打砸搶燒的藏人難道就沒想到他們會被強力鎮壓嗎？中共說它在某個地方，發現了藏人有多少枝槍，多少發子彈，多少炸藥，用來證明藏人圖謀武裝暴動。這種說法明顯站不住腳。

第一、這麼少一點武器，絕不足以去搞武裝起義；第二、凡搞武裝起義者，必然是「出其不意、攻其不備」，沒動手前不動聲色；絕不會把武器藏在家裡，自己先上大街喳喳呼呼地搞和平示威，引來軍警抓人抄家，然後把武器一件一件地抄出來；天下哪有這麼傻的武裝起義呢？

前兩天，中共媒體說逮捕了很多「暴徒」，有的暴徒認了罪。有暴徒說他們是「受了壞人的指使」。那麼，壞人是誰？叫什麼名字？報上沒有說。為什麼不說？因為根本沒有，因為是捏造，是苦打成招。若說壞人指使，試問是怎麼指使的？凡有頭腦者都可以想一想，難道達賴喇嘛或藏青會有那麼愚蠢，竟然組織藏人打砸搶燒，這不是給中共提供理由鎮壓自己嗎？

　　中共指控達賴喇嘛策劃打砸搶。如果真有這回事，那會是怎樣發生的呢？讓我們幫它編編看：

　　達賴喇嘛的人、或者藏青會的人，打電話發電子信給拉薩的藏民說：

　　「紮西、達瓦，你們 3 月 14 日這天帶領大夥到拉薩大街上打砸搶去！」

　　「帶槍去帶炸藥去嗎？」

　　「不帶不帶，槍枝和炸藥都放在家裡，就空著手去。」

　　「那我們怎麼打砸搶啊？」

　　「用手打用腳踢啊，地上撿石頭扔啊。頂多帶一兩把刀去。」

　　「拉薩軍警那麼多，邊境上守得也很嚴，他們抓我們怎麼辦？你們怎麼給我們安排後路呀？打完砸完後我們怎麼跑啊？」

　　「我們沒給你們安排什麼後路，共軍要抓就讓他們抓吧。」

　　請大家想想看，這難道是可能的嗎？天下哪有這麼蠢的策動者？天下哪有這麼蠢的人，能被這種「策」而「動」？

由此可見，3.14 暴力行為絕不可能是預謀的，而只可能是即興的；不是事先組織的，而是當下自發的。3.14 暴力行為只能是在和平抗議遭到暴力鎮壓的現場直接刺激下的一種突發事件。

　　5 月 4 日，《南方週末》發表文章〈怎樣化解西藏事件的公關危局〉。中國社科院社會學所單光鼐教授邀請獨立時事評論員蔣兆勇、新加坡聯合早報研究員于澤遠等深入對談。其中一節談到「準確認識拉薩事件的全過程」。

　　他們認為，西藏事件可以分為兩個階段，3 月 10 日事件是第一個階段，是藏人和平示威，由於當局未能控制住，「自然而然地就將眾多對社會不滿、對政府不滿、對外地生意人不滿的人聚集起來，且裏挾進去，經過三天的發酵，最終演化為『3.14』騷亂。這可以稱之為『萬州事件的拉薩版』」。應該說，這種描述是比較符合實際的。儘管在當前國內的環境下，幾位作者還不能把什麼事都說得很透徹，但是能把話說到這種地步，已經很不簡單了。

　　眾所周知，重慶萬州事件是一起群體性騷亂。2004 年 10 月 18 日，萬州一名臨時工冒充公務員毆打一名挑夫，引起旁觀者的憤怒，很快就聚集了上萬人，導致交通堵塞，群眾衝進政府大樓，砸玻璃、搶電腦、損壞財物、在街頭縱火燒汽車。其實，像萬州事件這樣的群體性騷亂，在如今的中國層出不窮。

　　例如 2003 年 1 月 6 日，安徽合肥工業大學兩名女生在校門口

被車壓死，第二天就有兩萬學生衝上街頭，衝進省政府，在沿路街道和省政府大院裡還有人打砸搶和縱火。2005 年 6 月 26 日晚，在安徽池州，一輛高檔轎車把一個學生刮傷，發生爭執，交警來處理，老百姓不滿意，說交警腐敗，偏袒權貴，於是衝擊派出所，焚燒警車，還搶了附近一家超市。據統計，僅 2005 年一年，這類帶有打砸搶燒行為的群體性騷亂事件就有四千多宗，平均每天十幾宗。

中國社科院的于建嶸博士在大量調查研究的基礎上發現，這類群體性騷亂和一般的維權活動不同，它們是突發的，自發的，不是事前有組織有準備的。「絕大多數參與者與最初引發的事件並沒有直接利益關係，主要是路見不平或借題發揮，表達對社會不公的不滿、以發洩為主。」

這次西藏事件中，參加和平抗議的本來都是僧尼，而搞打砸搶燒的則基本上是附近的藏人市民。在這類群體性騷亂中，不但有人打砸政府機關或焚燒軍警的汽車，而且還有人搶商店、圍攻超市、焚燒酒店和公車等，間或也有無辜的平民受到傷害。一般來說，在維權運動或政治異議運動中，參加者們都很自律，不會搞打砸搶燒一類暴力行為（例如在八九民運中，學生還組成糾察隊，不准外人進入，就是怕有的人進來後作出過激行為，給當局鎮壓提供把柄）。按照于建嶸的分析，這種群體性騷亂反映出政府的管治危機，反映出社會矛盾的積累和缺少正當的表達管道。

需要補充的一點是，群體性騷亂是自發的、突發的，並且多半是無組織、無預謀的，但並不是憑空發生的。群體性騷亂必定有導火線。

　　不能想像，那些藏人，往日都好好的，卻突然在 3 月 14 日這一天，在中共強大的軍警的眼皮子底下搞起打砸搶燒來了。萬州事件和池州事件的導火線是權勢者欺壓平民，執法者助紂為虐。3.14 事件的導火線是當局鎮壓藏人的和平抗議。《南方週末》文章講到 3.14 騷亂是由 3.10 和平抗議演變而成，但沒有講明是怎樣演變的，沒有講明促成演變的因素（應是有難言之隱）。

　　其實，事情的來龍去脈是很簡單很清楚的。因為和平抗議遭到鎮壓，於是激起民憤，激發暴力。不能想像，本來都是和平抗議，而當局又表現得很克制，抗議者方面卻突然腦子發燒，搞起打砸搶燒來了。我當然反對 3.14 打砸搶燒行為，因為這些行為傷及無辜，並且為當局鎮壓提供口實。

　　但是我要強調的是，3.14 打砸搶燒行為絕不可能是達賴喇嘛或藏青會事先策劃的，而是當下自發的。動手的人絕不是一時心血來潮，集體瘋狂，而是在親臨或目睹和平抗議遭到暴力鎮壓的現場直接刺激下的一種過激反應。而一旦暴力行為發生，軍警又撤離現場（這中間大有名堂），難免有人會趁機發洩各種不滿和怨恨，亂打亂砸一氣。

　　我們知道，在民主國家的大規模的群眾集會示威活動中，有

時也會發生暴力行為。抗議者方面的暴力行為，有少數是被激起來的，多數倒是抗議者們主動發起的。因為在民主國家中，和平集會示威是受到保護的，屢見不鮮，平淡無奇。媒體和社會都司空見慣，習以為常，未必都那麼關注。有的抗議者為吸引輿論的關注，就故意採取激烈行為。這些抗議者之所以敢於故意作出某種破壞秩序、違反法律的行為，也是因為他們知道他們的社會是法治的社會，他們預先就能準確地估計到他們的行為會導致怎樣的法律後果，他們不在乎、他們願意承受這樣的後果——通常也就是關幾天而已。

中國則不然。中國沒有和平集會示威的自由，當局對此類行為的懲罰又很任意很嚴厲。一般人連參加和平集會示威都不敢，哪裡還會在集會示威中主動挑釁，故意作出違反法律的過激行為呢。

民主政府對付騷亂的處理方法是很明確的。民主政府一方面要維護秩序，制止暴力行為，一方面要保護民眾的和平集會示威權利；絕不會以「平暴」的名義鎮壓人民的和平集會示威。回到西藏事件上來，我重申，我們絕不能僅僅根據 3.14 當天的一段打砸搶燒行為，就一筆抹殺此前和此後的藏人抗議的和平性質，從而為中共鎮壓和平抗議的罪惡進行辯護。

三、不是破壞奧運，而是促使中共兌現諾言

中共說達賴喇嘛破壞奧運。這一指責毫無根據。達賴喇嘛一直是支持奧運的。有人說，今年是奧運之年，藏人偏偏在今年挑起事端，這不是破壞奧運是什麼？

這話不對。第一、長期以來，藏人年年都在抗議，中共也一直在鎮壓。只不過在過去，中共沒有像這次那樣大肆張揚。很多人要麼是無知，要麼是視而不見，聽而不聞，沒放在心上。

第二、今年藏人的抗議較往年聲勢大，那是和此前中藏對話破裂有直接關係。去年，中共與達賴喇嘛的代表進行了第六次會談。藏人抱以很大希望，他們甚至停止了很多例行的抗議活動。殊不料中共方面非但再一次拒絕了藏人的要求，而且還加強了對藏人的打壓。這就迫使藏人不得不採取更大規模的反抗。

第三、是的，今年藏人的抗議活動也和奧運有關。因為中共向國際社會承諾改善人權，因為奧運吸引了全世界的目光，作為弱小的、長期被打壓被忽視的藏人，自然希望利用這個機會發聲，以期引起更廣泛的關注與同情。不只是藏人，維權人士、民運人士、法輪功、家庭教會，還有拆遷戶和上訪者，也都希望利用奧運之機發聲。這完全是正常的，正當的。這不是破壞奧運，而是促使當局兌現其改善人權的諾言。

2000 年秋，聯合國舉行世界議會聯盟議長大會和聯合國世界首腦千禧年大會，全世界 150 多個國家的政府首腦雲集紐約。這

麼多國家首腦齊聚一堂，在歷史上恐怕也是沒有先例的。然而這次盛會卻充滿「雜音」：很多國家——尤其是那些沒有自由民主的國家——的異議人士、反對人士和受迫害的群體也紛紛來到紐約，舉行各種形式的請願與抗議活動。他們要利用這一難得的機會，在自由的美國的土地上，在全世界的媒體聚焦下，發出自己的聲音。我沒聽說有誰指責他們破壞大會。

中共不是聲稱要建設和諧社會嗎？不是許諾要改善人權嗎？照理說，在奧運之年，中共就更應該傾聽民間不同的聲音，盡其所能地化解民怨。然而中共的做法卻是相反。中共早就在「迎接奧運」的名義下提前「清場」了。那些指責藏人抗議是破壞奧運的人，你們對別人多年的痛苦呼籲不聞不問，已經是很不應該的了；如今又對當局以奧運的名義欺壓弱小的暴行一聲不吭就更不應該；怎麼還能反過來對人家的和平抗議橫加指責，甚至為當局的非法鎮壓拍手稱快呢？

四、理念與信仰的力量

據悉，中藏將於月內舉行第二輪會談。無論這次會談能否取得積極成果，有一點是清楚的，那就是，單單是從中共同意和達賴喇嘛代表會談這件事，我們就該明白，中共對達賴喇嘛方面的種種指控都是沒有根據的。有些憤青抱怨中共出賣了他們的愛國運動。其實不然。不是中共出賣了你們，而是它先前欺騙了你們。

事到如今，難道你們還看不出中共早先給達賴喇嘛加的那些罪名都是不真實的，都是他們自己也不相信的嗎？

當然，我也料到，有的人即便瞭解了一切，仍然會站在中共一方，只因為中共看上去那麼強大。在他們看來，達賴喇嘛不過是個流亡在外的老和尚，有什麼必要去尊重他的意見，去和他認真談判呢。這就使人想起史達林的一段故事。

當年，法國外長勸史達林要善待天主教徒，以贏得教皇好感。史達林輕蔑地反問道：「教皇？教皇有幾個師？」半個世紀之後，以史達林代表的強權灰飛煙滅，而在國際共產陣營土崩瓦解的第一波，即波蘭的偉大轉型過程中，恰恰是當時的教皇保羅二世，以及他所代表的信仰的力量，發揮了關鍵性的作用。我並不是要把當年的教皇保羅二世和現在的達賴喇嘛作簡單的類比，並不是要把天主教和藏傳佛教作簡單的類比。我是強調理念與信仰的力量。

2008 年 6 月

中共為何又推出惠藏政策？

中新社拉薩 8 月 11 日電，國務院日前下發《關於近期支持西藏經濟社會發展的意見》，要求國家相關部委、相關援藏省市、中央企業貫徹執行，這是 2007 年中央政府出臺若干惠藏政策後，

中央賦予西藏的又一項特殊政策。西藏決策層在傳達貫徹這一系列惠藏政策時認為，這些政策的含金量很高，是中央在特殊時期給予西藏的特殊關懷、重視和支持。

我們知道，中共當局在為其西藏政策辯護時，總是要強調它多年來給予西藏的巨大的財政支持。據說，按人頭算，藏人得到的中央政府的財政支援是最高的。於是有些漢人批評藏人說：我們給你們那麼多錢，你們還要鬧事，真是忘恩負義。然而藏人卻反駁道：我們沒找你們要錢，是你們自己要給的。這就怪了，既然人家藏人並沒有找中共當局伸手要錢，為什麼中共當局還要一再地推出惠藏政策呢？

上述報導的標題無意間洩露天機。標題說：〈中央政府再出惠藏政策，強調加強維護穩定能力〉。原來，中共給予西藏大量的物質優惠，並不是為了滿足藏人的物質要求，而是為了維護那裡的政局穩定，為了維護中共在西藏的統治。

說來也是，中國有 56 個民族，其中漢族人數占 90% 以上，中共最高領導層全是漢人。他們怎麼會偏偏對藏人那麼優待呢？不合情理嘛。凡事不合常情常理，必有不可告人的動機。若說中共最偏愛藏人，那顯然不是事實。眾所周知，拉薩城遍地兵營，是全國軍警力量最強的城市之一。可見，中共對藏人最不放心。

問題就在這裡：正因為中共知道它在西藏的統治最不穩，所以它要對藏人實行更嚴厲的政治壓迫；與此同時，中共也知道它

不能一味地採取政治高壓，為了淡化、軟化和分化藏人的反抗，它還需要對藏人實行大量的物質收買。西藏決策層說，現在是「特殊時期」。所謂「特殊時期」，就是指今年3月西藏事件以來中共對藏人的政治壓迫特別嚴厲，因此也就特別需要給予更多的物質優惠。這就是說，中共在此時再次推出「惠藏」政策，與其說是為了滿足藏人的福利，不如說是為了維護自己的統治。

很多少數民族人士批評中共實行民族歧視，實行大漢族主義，但也有不少漢族人士批評中共實行反向的民族歧視，實行小漢族主義。這又是怎麼一回事呢？應該說，中共確實沒有實行民族歧視，沒有實行大漢族主義。儘管在中共統治集團中漢人占絕對多數，但這絕不意味著它對漢人有任何優待。

英國思想家穆勒早就指出：在有些實行專制統治的多民族國家，其專制政府「或許儘管出自其中的一個民族，但對它本身的權力比對民族感情感到有更大的興趣」，它就會「不給任何一個民族以特權，並且不加分別地從所有這些民族中挑選他的傀儡」。中共專制正是如此。

那麼，為什麼又有很多少數民族的人會產生民族壓迫的感覺呢？這是因為，他們那裡本來沒有共產黨，沒鬧過共產革命，他們是被中共「解放」的，而中共又基本上是一個漢人的政治集團，所以他們就很容易把中共政權看成是外來政權，把中共專制的壓迫看成是異族的民族壓迫。

另外，有些少數民族具有強烈的民族認同，因此具有一種天然的凝聚力。在共產主義意識形態徹底破產，民族主義勃然復興的今天，中共發現它已經沒有了可以籠絡少數民族的精神資源，因為它現在所鼓吹的民族主義其實是漢族主義，什麼炎黃子孫、龍的傳人，什麼儒家傳統，這些都屬於漢族。中共越是鼓吹這種名曰中華民族實為漢族的民族主義，必然越是刺激人家的民族主義，越是刺激其他少數民族的疏離感和分離意識，這就越是使中共產生「非我族類，其心必異」的猜忌，同時也就越是強化了少數民族的被歧視被壓迫的感覺。

　　也有不少漢族朋友抱怨中共實行反向民族歧視實行「小漢族主義」。例如大學收生，少數民族考生的錄取線常常要比漢族低一些。在有些地方，漢人和少數民族的人發生衝突糾紛，政府常常不肯得罪少數民族，往往作出偏袒少數民族的判決。有些異族通婚的家庭的子女，在既可以報漢族也可以報某少數民族的情況下，常常是自願報少數民族，因為少數民族身份可以獲得某些優待，如此等等。

　　但嚴格說來，這也不是反向民族歧視或小漢族主義。正像我上面講到的那樣，中共在這些事情上對少數民族施以小恩小惠，恰恰是因為它在政治上對少數民族很不放心，格外管制防範，因而採取的一種補充。這就是西方人說的胡蘿蔔加大棒，古人說的剿撫並舉。

在這裡，政治高壓是第一位的。假如說在過去，中共對少數民族實行某種優待政策，多少還包含著「先進民族」對「落後民族」的提攜幫助的意思；那麼到了今天，尤其是在對待藏族、維吾爾族和蒙古族的問題上，中共的優待已經不是優待。那無非是大棒後的胡蘿蔔，剿後的撫而已。

看到中共又推出惠藏政策，有人感慨道：「還是『會哭的孩子有奶吃。』」不過這種說法是有問題的。因為藏人「鬧事」主要不是為了物質利益，而是為了自治自主。如果中共真的是要善待藏人，它就應該尊重藏人的意願，讓藏人自治。這才是正理。

2008 年 9 月

我們應當如何看待西藏問題

近來一段時期，達賴喇嘛不止一次表示，他對北京中華人民共和國政府的信任愈來愈淡薄，但對中國人民的信心一直未曾動搖過。解決西藏問題的希望，來自中國人民。

去年 10 月，達賴喇嘛方面向中共當局提交了一份《為全體藏人獲得真正自治的備忘錄》。中共當局一方面封鎖消息，不讓國人看到這份備忘錄；另一方面又給這份備忘錄扣上「搞獨立」和「分裂國家」的罪名。今年 3 月 10 日，達賴喇嘛發表講話，反駁了中共當局的無理指控，進一步闡明了藏人的理念與要求。海

外一些網站都全文刊登了這份備忘錄和達賴喇嘛 3.10 講話。希望廣大關心西藏問題的朋友、特別是漢人朋友都能讀一讀。

備忘錄明確講到，藏人的願望是：「在不違背中華人民共和國憲法宗旨的情況下，得到名符其實的民族自治地位。」藏人明確做出了不尋求獨立或分裂的承諾，並設法通過名符其實的民族自治來解決西藏問題。

我這裡要補充的是，其實中共當局早就知道，而且也承認達賴喇嘛只要求自治不要求獨立，否則他們就不會和達賴喇嘛方面進行八次會談了。因為鄧小平講過，除了獨立，什麼都可以談。這也就是說，如果達賴喇嘛方面堅持獨立，中共就不會和他談。既然已經談了八次之多，而且多次觸及到實質問題，可見雙方的分歧不在於要獨立還是要自治，而在於如何自治，在於要真自治還是要假自治。

中共當局多少也意識到，直接指控藏人搞獨立不大站得住腳，因此它又添上一句，說達賴喇嘛搞「變相獨立」。然而細讀備忘錄全文我們可以發現。現在藏人提出的要求，原則上並不比歷史上藏人所擁有的更多，比如說，並不比清代藏人所擁有的更多——實際上還更少一些，更不必說明代和民國了。因此，除非中共說歷史上的西藏就是實質獨立的，否則它就沒有理由把今天藏人的類似要求說成是變相獨立。此其一。

第二、現在藏人提出的要求，原則上也沒有超出中共在香港

澳門實行的一國兩制，更沒有超出中共許諾臺灣的一國兩制。為什麼同樣的情況，放在西藏就算變相獨立，放在香港澳門就不算獨立算統一呢？

1992 年，臺灣清華大學校長沈君山會見江澤民，談到一國兩制問題。沈君山說：「西藏倒是應該行一國兩制。」江澤民回答道：「說法是對的，不過現在路已經走過來，不能再回過頭來在西藏搞一國兩制了。」可見，中共領導人其實很清楚，西藏本來是應該實行一國兩制式的高度自治；可見，中共領導人很清楚，現在藏人提出的要求，根本不是什麼獨立或變相獨立的問題。只因為中共已經在西藏建立起一黨專制，如果讓藏人自治，中共對西藏的一黨專制就保不住了。這才是中共拒絕達賴喇嘛關於西藏實行真正自治的最根本的原因。

這裡不妨講講所謂大西藏問題。中共指控達賴喇嘛搞大西藏是要把中國四分之一的國土分裂出去。這種指控毫無道理。因為不管大西藏小西藏，藏人說的都是自治，和分裂不沾邊。再說，關於大西藏的設想，中共領導人自己就講過。例如陳毅副總理在1956 年籌建西藏自治區時，就指著地圖說，如果拉薩在未來能夠成為所有藏區的自治中心，有利於漢藏之間的友誼和西藏的發展。另外我們也要看到，備忘錄裡寫的是：「西藏民族在中華人民共和國範圍內享受自治權利時，如果能夠統一普及到整個西藏民族地區，將有助於實現具實質意義的民族區域自治。」這裡用

的是「如果」，意思是可以討論可以商議的。

達賴喇嘛在 3.10 講話裡講得好：既然中共當局反對藏人的要求，就應該提出一個認為合理的讓藏人思考，但是沒有。為什麼中共當局不肯提出一個他們認為合理的方案呢？因為他們提不出。中共當局反復宣稱現在的西藏就已經是實行了真正的高度自治。中共當局不肯放棄他們在西藏的一黨專制。這才是他們拒絕達賴喇嘛中間道路的關鍵所在。

對於我們廣大漢人來說，擺在我們面前的問題是：除非你甘當中共專制統治者的應聲蟲，一口咬定現在的西藏就已經是實行了真正的高度自治，否則你就必須拒絕中共的立場，拒絕中共對達賴喇嘛搞獨立搞分裂的指控。並轉而從原則上支持、起碼是認真思考達賴喇嘛的中間道路。事情就這麼簡單。

2009 年 4 月

藏人自焚事件

自 2009 年 2 月起，在中國部分傳統藏區，發生了一系列藏人自焚事件。截止 2017 年 11 月，已有至少 150 名喇嘛、女尼或包括農牧民在內的藏人自焚，其中大約至少有 126 人死亡。

西藏女作家唯色稱之為「近代史上最偉大最慘烈的政治抗議浪潮」。這些自焚者抗議中共當局對藏區的高壓統治、宗教迫害

和強制性同化政策，並要求讓藏人流亡精神領袖達賴喇嘛返回西藏。藏人自焚事件引起國際社會的強烈譴責，聯合國人權事務高級專員皮萊在 2012 年 11 月公開呼籲，敦促中共當局允許獨立人權觀察員進入西藏調查自焚事件深層原因，但被中共當局拒絕。

1、當有人自焚的時候

多名藏人自焚，我們該怎麼辦？

一位朋友說，當有人自焚的時候，我們首先應該呼籲不要自焚，要珍惜生命。

這當然不錯，但也不盡然。

按照這種思路，當有人自焚的時候，我們呼籲不要自焚；那麼，當有人絕食的時候，我們是否該呼籲不要絕食？當有人罷課的時候，我們是否該呼籲不要罷課？當有人罷工罷市的時候，我們是否該呼籲不要罷工不要罷市？因為在這類行動中，人們都是在自己傷害自己。出於對他們的愛護，難道我們不應該呼籲他們停止？難道我們還要支援還要鼓勵？

可是，你注意到了嗎，很多非暴力行動，其方式，其手段，恰恰就是自己傷害自己。

自殺是自己結束自己的生命，像自焚，還是採用最慘烈最痛苦的方式；絕食是自己讓自己挨餓；好不容易考上大學，又花了那麼多學費，卻罷課，自己不去上課，自己耽誤自己的學習；要

說工人罷工，固然也使政府或老闆受損，但首先是使自己受損；至於商人罷市，那更是明擺著自己斷自己的財路；如此等等。這不都是自己傷害自己嗎？

那麼，為什麼非暴力抗爭要採取自傷性行動？或者說，為什麼自傷性行動會具有非暴力抗爭的意義？

說來道理也很簡單：正因為人天生趨利避害，天生愛惜自己的身體與生命，所以，當一個人反其道而行之，自願捨棄眼下的利益，自己傷害自己的身體乃至自己的生命，那就表明他必定有著高於眼下的利益，高於自己身體乃至生命的東西遭到壓制，遭到否認。在這裡，自傷性行為突顯出當事人的訴求，也是對壓制者否認者的強烈抗議。正因為自傷性行為是如此地違反人之常情，所以它會引起一般原先漠不關心的公眾的關注，從而把公眾都捲入到事件之中，這就可能形成一種社會壓力，迫使壓制和否認的一方做出反應。

有人說，共產黨喪盡天良，任何非暴力抗爭，哪怕像自焚這樣慘烈的方式，都不可能打動他們的鐵石心腸。

不然。且不說任何統治集團都不可能是鐵板一塊，更重要的是，非暴力抗爭首先不是為了打動當局，而是為了打動公眾。包括自焚在內的各種形式的非暴力抗爭，主要不是訴諸當局，而是訴諸公眾，訴諸輿論，訴諸國際社會。

八九民運就是一個例子。當大學生們放下學業，走上街頭，

當大學生們集體絕食，那立時就引起了全社會、乃至全世界的關注。那時，我們首先不是呼籲學生停止絕食，而是呼籲政府做出正面回應。我們當然都很關心學生的身體，但是我們也都知道，除非我們也都積極地加入運動，發出我們的聲音，維護學生的正當權利，要求政府糾正錯誤並且和學生平等對話，否則，我們就難以說服學生停止絕食。

我並不是說，對任何一場非暴力抗爭，對任何一種自傷性行動，不論其訴求是什麼，我們都必須無條件支持。但我要強調一條原則：權利重於是非。不論是拆遷戶的自焚還是藏人的自焚，你或許對他們的具體訴求不大瞭解，或者是有某些異議有某種保留，重要的是，他們之所以採取如此決絕的行動，是因為他們沒有基本人權，是因為我們的社會沒有平等對話的機制，是因為我們面對的是一個專制的政府。在維護基本人權的意義上，我們當然應該無條件地站在他們一邊。

在 1938 年，納粹德國加緊迫害猶太人。有人問甘地，德國猶太人該怎麼辦。甘地回答說：德國猶太人應該集體自殺，這「就會喚起全世界和德國人民對希特勒暴行的注意」。戰後甘地為自己辯護說，反正猶太人要被殺死，不如死得有意義。甘地的這種態度，甚至讓他的熱烈崇拜者費舍爾都感到很吃驚。但問題是在當時，德國的猶太人也缺少暴力抗爭的手段。他們的處境是那樣地絕望無助。在這裡，要責備的是當時德國民眾的冷漠，是當時

國際社會的綏靖。

是的，我們絕不想再看到在中國有人以自殺的方式抗爭。因此我們必須盡最大努力，喚起國人的同情心和正義感，喚起國際社會對中共暴政的警醒，堅定捍衛普世價值。我們知道，我們的努力不會立竿見影，但我們必須盡其所能。

2011 年 1 月 3 日

2、密切關注藏人自焚事件

今年 3 月以來，四川阿壩已有 9 名僧侶和尼姑自焚。舉世為之震驚。

我們知道，在歷史上，以自殺的方式表達抗議有很多先例。

1966 年文革初期，全國各地破四舊，教堂寺廟都受到很大衝擊。7 月 12 日，在西安附近的佛教聖地法門寺，幾百名中學生闖進來大肆破壞，他們不但砸壞了稀世之寶七音碑，還說寶塔下面藏有國民黨的秘密電臺，要挖地三尺找出來。法門寺的寶塔下埋有佛祖釋迦牟尼真身舍利，是佛家最高聖物。法門寺住持、70 高齡的良卿法師出面勸阻學生，遭到痛打，其後，良卿法師回到住所，披上五色袈裟，把平日點燈照明用的煤油澆滿全身，在寶塔前壯烈自焚，以身殉教。革命小將見狀目瞪口呆，扔下手中的工具四散而去。31 年後，1997 年 7 月 12 日，法門寺舉行儀式，將

良卿法師的遺骨放入塔內，永誌紀念。

1963 年 6 月 11 日，越南僧侶，66 歲的釋廣德法師，為抗議吳廷琰政府迫害佛教徒，在西貢自焚身亡。一位美國記者現場拍照，發表在第二天的報紙上，引起強烈廻響。甘迺迪總統說：「沒有一張照片比這一張更令世界震撼。」參議院外交委員會主席丘奇說：「在一千年前基督徒被羅馬帝國迫害而英勇犧牲後，從沒見過如此壯烈的殉道事件。」

以自殺方式表達抗議的不限於佛教徒。一千年前，羅馬帝國迫害基督徒，也有過很多基督徒自殺抗議。在中世紀，有些地方的基督教得勢後迫害猶太教，也有過很多猶太教徒自殺抗議，其中很多人採取的就是自焚。

需要說明的是，上述宗教本來都不主張以自殺的方式衛道殉道，但是在歷史上，曾經發生過一些教徒自殺殉道的故事，而這些殉道的故事又被後世的教徒們表彰紀念，並激起一些後來人仿效，於是逐漸形成一種傳統。這種傳統是自發形成的，就如同那些自殺式抗議也都是出於自發一樣。

在中國古代，信仰宗教的人不多，孔孟之道的影響更普遍。值得注意的是，每逢城破國亡，都有一些深受孔孟之道薰陶的士大夫殉難死節。例如在明末清初，很多地方都掀起一股自殺的浪潮。不僅僅是大明王朝的官員，也有很多普通的讀書人和老百姓自殺殉難。美國漢學家魏斐德根據史料作出判斷說：「雖然中國

人的自殺率並不比其他大部分地區更高，但是，像明清之際的中國士紳這樣有地位的中國人的自殺率肯定屬於自殺率最高的群體。」

中共掌權以來，尤其是在毛時代，政治運動不斷。土改、鎮反、三反五反、資本主義工商業改造、反右、文革，每一次政治運動都導致大批受害者及其家屬自殺。毛死後，當局聲稱不再搞運動，但不叫運動的運動即各種名目的政治迫害仍然層出不窮，很多受害者以自殺方式表達抗議。

最近，藏人自焚更是令人觸目驚心。有報導說，當局若不做任何回應，將有更多的人自焚。

在這裡，我們一方面呼籲藏人不要自焚，另一方面更要呼籲國際社會，呼籲廣大漢人同胞，立即行動起來，向中共當局大聲說不！為信仰自由，為言論自由，為人權，為人道，為藏人，也是為漢人，為中國，也是為世界。

2011 年 10 月 25 日

3、駁中共官方及其御用學者在藏人自焚問題上的荒謬論調

11 月 30 日《人民日報》發表文章〈從佛教根本戒律看僧人自焚事件〉，作者為中國藏學研究中心宗教研究所所長，研究員李德成。文章說：「最近，在四川藏區發生了幾起僧人自焚事件，

原本以慈悲濟世、普度眾生為己任的修行傳教者，未能踐行『法門無量誓願學』、『眾生無邊誓願度』的宏大誓願，而以無明、殘忍和極端的方式引火焚身，自絕於釋門信眾，令人震驚，令人髮指。這種無視生命的自殺行為，不僅嚴重違背了佛教的核心要義，更是對佛教根本戒律的肆意踐踏。」

李德成的文章不值一駁。在佛教歷史上，有不少僧人以自焚方式護法殉教。1966 年文革初期，全國各地破四舊，教堂寺廟都受到很大衝擊。7 月 12 日，幾百名中學生闖進佛教勝地法門寺大肆破壞；法門寺主持良卿法師為保全佛舍利自焚身亡，以身殉教。國內的《百度百科》也稱良卿法師為「著名的佛教殉教者」。google 搜索「良卿法師」，竟有 5,610,000 條，一眼望去，全是讚嘆敬仰之詞。李德成敢否認敢抹殺嗎？

不錯，佛教反對殺生，反對自殺，但這不包括為信仰為自由反壓迫的自殺殉道。臺灣的星雲法師曾專文論述這一問題。星雲法師說：「自殺雖說是不道德的，但也不能一概而論，例如許多聖賢殺身成仁，捨生取義，為國家、為人類的利益而自我犧牲，你能說這不算是偉大的道德嗎？如果把一個人害死是不道德的事，那麼法官判人死罪，這究竟合不合乎道德呢？法官判處罪犯死刑，目的也是為了維護社會的秩序、公理與正義，你能說這是不道德的行為嗎？再如兩國交戰，一旦戰爭就要殺人，佛教不容許殺生；殺敵是犯戒，那麼戰爭殺敵，合乎道德嗎？」星雲法師

指出：「如果用嗔恨心去殺人，當然是不道德；如果用慈悲心去殺人而救人，卻是大乘菩薩的道德。」星雲法師引用倫理學家赫寧的話，一個國家的間諜如果為了維護重大機密而結束自己的生命，這不算自殺，因為這種行為不是出於自私的動機，而是為了保衛國家的秘密，是為了國家的安全；「這種為了某種高尚理想而結束小我生命的行為，不是『自殺』，而是『犧牲奉獻』。」

1963 年 6 月 11 日，越南僧侶，66 歲的釋廣德法師，為抗議吳廷琰政府迫害佛教徒，在西貢街頭自焚身亡。星雲法師當時就寫文章表示「哀悼與聲援」。星雲法師說：「雖然佛教徒沒有武力，從來也不用武力，但佛教徒有比武力更強的信心，更強的自我犧牲精神。」這就表明，自焚不是暴力，不是武力，而是自我犧牲。星雲法師明確表示：「我們對這次越南佛教徒護教的奮鬥經過，莊嚴的虔敬之心油然生起，不禁要高叫出：『讚禮佛陀偉大的聖教，讚禮越南佛教徒的護教熱情，更讚禮廣德大師的殉教精神！』」

星雲法師讚頌釋廣德，稱他為「偉大的聖者」，「他把一生奉獻給佛教，最後連生命也交給佛教了，而且交付得轟轟烈烈。為了拯救佛教，他在火焰中焚燒達半小時之久，竟沒有皺一下眉毛，也沒有動一下嘴唇，他的安祥、鎮靜；他的願心、定力，贏得了全世界人類的眼淚。我們可以預感到：吳廷琰總統有坦克槍炮，有憲兵員警，但他不曾勝過越南佛教徒偉大的殉教精神。」

「我們佛教徒在歷史上，向來與世無爭，但為了聖教的存亡，只有用慈悲自我犧牲的精神，和對方攤牌。對於廣德大師的這位獅兒的殉教，我們仰首望著雲天，說不出是喜是悲，我們感到辛酸，也感到光榮！」

在文章的結尾，星雲法師向全世界的佛教徒發出呼籲。他說：「廣德大師的犧牲，可說比山還高，比海還大！全世界佛教徒，應該在為這位聖者致哀之餘，更要歌頌他的殉教精神；我們應該把他殉教的經過，作成傳記，永遠的教導未來的佛門弟子，作為精神讀物！」

中國外交部發言人洪磊在談到藏人自焚事件時，居然指責藏人組織，指責藏人組織對自焚「不僅不予以譴責，反而進行美化、炒作，甚至煽動其他人仿效」；甚至還說藏人組織的做法是「挑戰著人類的良知和道德底線」。天下沒有比這種攻擊更荒謬更顛倒是非的了。按照中共外交部發言人的說法，星雲法師對釋廣德自焚的讚嘆與歌頌，豈不是加倍的「挑戰人類良知和道德底線」嗎？

百度百科是中國大陸自家的搜尋引擎，星雲法師是中共當局視為友人的宗教領袖。上面我引述了他們的文字，且看當局及其御用學者何言以對。

今日中國堪稱自殺大國，自殺者的絕對數量世界第一，相對比例也位居前列。中國也是自焚大國，就在最近一段時期，藏人

僧尼自焚，拆遷戶自焚，在天安門廣場自焚，令人觸目驚心。尤其值得注意的是，在中國的自殺和自焚案例中，反對權力的壓迫占很大比重。事實上，所有的自焚都是對當局的抗議。

當局自己心裡非常清楚，所以它倒打一耙，反而給自焚者以及同情自焚者的一方扣上種種罪名，力圖把水攪渾。有些民眾出於對這種問題的不瞭解不熟悉，或許也會感到困惑，以至於誤解了自焚抗議的意義。因此之故，我們有必要對包括自焚在內的自殺性抗議做深入廣泛的闡發與解釋。

2011 年 12 月 1 日

4、我們應當如何看待自焚

一、今日中國是自焚大國

1 月 14 日，四川阿壩格爾登寺又一名藏僧自焚。2012 年剛過去不到半個月，就已經發生 4 起藏人自焚事件。自 2009 年 2 月以來，中國藏區藏人自焚事件已有 17 起。

在中國，自焚者豈止是藏區藏人。在 google 上搜索：「下崗工人自焚」，有 149,000 條；「失地農民自焚」，有 879,000 條；「訪民自焚」，有 1,120,000 條；「拆遷自焚」，有 3,970,000 條。

原《人民日報》駐深圳首席記者程凱說，早在 1986 年，他就目睹過一位訪民自焚。不過在當時，自焚還是偶發的個案。直到

近幾年「盛世」「崛起」，自焚成為中國的多發事件。如今的中國已經成為自焚大國。

我們知道，今日中國是自殺大國。平均每天就有七八百人自殺，每兩分鐘就有一人自殺身亡。對於一般的自殺，國內也有不少學者做調查和分析研究，但是對於自焚，研究的人很少。這背後的原因也很簡單。因為自焚幾乎都是表達對當局的抗議；研究自焚等於就是揭露當局批判當局，所以當局要把它列為禁區。

二、絕望者不會自焚，癡迷者不會自焚

自焚是一種特殊方式的自殺。一般的自殺，當事人總是會選擇那種較少臨終痛苦，更快速見效的方式，如服毒、開槍、割腕、跳樓、上吊、投河等等。

一個悲觀厭世、萬念俱灰的人要自殺，絕不會採取自焚這種極端痛苦的方式。不少論者認為自焚是出於極端的絕望。這種解釋缺少說服力。一個人出於極端的絕望，例如身患不治之症而且很痛苦，或者是生活中處處碰壁陷入絕境，或者是精神高度抑鬱，對生命毫無眷戀，都有可能選擇某種方式的自我了斷即自殺；但是他們都不會選擇自焚。

因為自焚這種自殺方式，不但極其痛苦極其慘烈，而且還極其引人注目，具有極其強烈的新聞效應，因此，一個人選擇自焚，那必定表明他有話要說，而絕望卻是無話可說。自焚者必定是懷

有某種想法某種願望，要訴諸社會訴諸公眾。恰恰是那些對生活懷抱信念，對同胞對人類懷抱希望的人，才可能會自焚。

　　絕望者不會自焚，癡迷者也不會自焚。10年前，天安門廣場有法輪功學員自焚，當局說這是因為自焚者癡迷於法輪功這門邪教，走火入魔，一心追求「圓滿升天」。這種說法顯然是錯誤的。因為那些真的由於癡迷邪教而自殺的人都不會採取自焚的方式，例如美國的人民聖殿教集體自殺，採用的方式是服毒和開槍。畢竟，自焚這種自殺方式，太勞神費力了，太慘烈太痛苦了。如果僅僅是為了結束此世的生命以便進入另一個世界，當事人必定會選擇那些簡單省事、最少痛苦的自殺方式，誰會去自焚呢？

　　一個人當眾自焚，就是要死給大家看；要死得轟轟烈烈，震撼人心；就是要表現出超人的毅力，從而表現出為理想、為信仰、為尊嚴而寧死不屈的精神。我們知道，有些自殺是捨生取義，是以死抗爭。用艾未未的話：「生命用結束肉體的存在形式來證明精神的存在，或是意志的抗爭。」抗議性自殺最著名的做法就是自焚。當眾自焚必定屬於抗議性自殺。自焚是控訴，是抗爭；或者，是吶喊，是呼籲。

三、抗暴力拆遷而自焚不是「人為財死」而是為了尊嚴

　　文革初期，西安附近法門寺的主持良卿法師，為了保護佛門聖物而自焚；現在，17名藏人為西藏自由而自焚。這些自焚無疑

是出於理想，出於信念。對此，一般人沒什麼爭議，無須多論。那麼，我們又該怎樣看待那些反抗暴力拆遷的自焚行為呢？

有人說，為了反抗暴力拆遷而自焚不是什麼理想主義，因為自焚者只是為了更多的物質賠償，因此屬於「人為財死」。

這種說法顯然站不住腳。人都死了，錢財還有什麼用呢？強盜搶劫銀行，被員警開槍打死，你可以說這是人為財死。在這裡，強盜是死於他殺而不是自殺，強盜自己並不想死，強盜的主觀目的是自己活著享用；強盜若事先得知銀行有重兵把守，去搶劫必死無疑，他就不會去了。這就和自焚者相反，自焚者是主動去死的。

不錯，因拆遷而引起的衝突，十之八九都是因為補償偏低。用某位中共官員的話說，這類衝突都屬於人民內部矛盾，而人民內部矛盾就是可以用人民幣解決的矛盾。這種說法很膚淺，根本無法解釋拆遷戶的自焚行為。

實際上，對拆遷戶而言，問題不在於錢多錢少，問題在於公道不公道，問題在於自己的正當權益是否得到應有的尊重。合理的補償費不僅僅是滿足了當事人的物質要求，更重要的是，他感到他作為一個人的尊嚴得到了承認。

拆遷戶不是說：我貪財，我想要更多的補償。拆遷戶堅持的是：我的家園我做主，你們不顧我的意願強拆，擺明了是欺負人；或者是，你們給出的補償太低，不合理，不公道，你們搞強拆，

其實就是搶劫，就是明目張膽地踐踏我的權利我的尊嚴，就是不把我當人看。

俗話說：「人活一口氣，佛爭一柱香。」唐福珍們決意自焚，不是因為少不了那幾個錢，而是因為嚥不下那口氣。他們不是為財而死，他們的死是出於血性、血氣；是為了捍衛自己的價值、自己的意志和自己的尊嚴。

四、關於「協助自焚」

面對頻繁發生的自焚事件，中共當局非但毫無愧疚悔改之意，反而對自焚的一方大肆攻擊，說自焚是「暴力行為」，「違反佛教教義」；更有甚者，當局竟然還對自焚者的親友橫加指責，乃至妄加罪名。以下是兩個突出事例。

2009 年 11 月 13 日，成都市金牛區女業主唐福珍因反抗暴力拆遷，自焚身亡。事後，現場指揮者，金牛區城管執法局局長鍾昌林在接受記者採訪時表示，他對唐福珍不存在歉意。鍾昌林強調他是執法者，只是在細節上不力，「沒想到消防人員滅火過程中，所有的通道都灑滿汽油，阻撓和延誤了消防人員的營救。」鍾昌林還指責唐福珍的親屬，說：「更不可思議的是，她的兒子和姐夫就在旁邊，不阻止她倒汽油，連一點親情都沒有。」

去年 3 月，一位名叫彭措的年輕藏僧自焚。其後，中共當局竟然把他的叔叔和姑姑等三人逮捕，以「協助自焚，故意殺人罪」

起訴，分別判處 13 年、11 年和 10 年重刑。去年年底，中共統戰部副部長朱維群發表講話，提到這三個人的事。朱維群說：「當自焚發生的時候，他們不但不予以救援，而且阻止我們的幹部去救助受傷者，他們還把自焚現場拍攝下來，迅速發給達蘭薩拉。」

我相信，大多數人讀到上述報導，都會對當局的顛倒是非和倒打一耙憤慨異常。不過在這裡，也引出了一個十分重要的問題，那就是，在類似的自焚事件中，自焚者的親友在做什麼？事前他們是否知情？事發時他們是否從旁協助、有所參與？如果是的話，我們應該如何看待？

有些自焚是自焚者獨自完成的，事前無人知道，事發時也無人參與。但也有一些自焚，事前就有一些親友知情，事發時還有人從旁協助。南越和尚釋廣德的自焚（1963 年 6 月 11 日）即為一例。

釋廣德的自焚是歷史上影響極大的一次自焚。根據《維基百科》的記述，其過程如下：

事件前一天，一個佛教組織的發言人悄悄地告訴美國特派員，說翌日早上會有一件很重要的事發生在西貢柬埔寨大使館門口對面的大街上。當天上午，在現場，附近的寺院已有大約 350 名僧人排好了隊，準備參與示威。釋廣德是乘坐轎車到現場的，他和兩個和尚一同步出轎車。之後，他們一個在路中央放置坐墊，另一個拿出五加侖汽油。在示威的僧人圍繞著他排成一圈後，釋

廣德坐在坐墊上，他的助手往他身上淋汽油，然後點火。員警們想接近自焚中的釋廣德，但卻無法衝破和尚們圍成的圈。之後，一個僧人拿著麥克風用英語和越南語大聲說：「一名僧人自焚而死了！一名僧人成了殉教者！」大約十分鐘後，被燒焦的釋廣德遺體倒在街上，一些和尚用黃色的罩袍蓋住了冒煙的屍體，然後試圖把它放進棺木中。

由此可知，釋廣德自焚不是他一個人獨自完成的，而是「有組織有預謀」，在很多人的協助與配合下完成的。按照中共，這些人豈不是都犯下了「協助自焚」、「故意殺人罪」？

中共這套妄加罪名不值一駁，無須多論。問題是，這些人不但不去勸阻、不去制止釋廣德自焚，反而去配合、去協助他完成自焚，並且阻攔員警去救助，這是合乎人情合乎道德的嗎？

我們知道，非暴力行動涵蓋很廣。有些非暴力行動很溫和，行動者要付出的代價也很低；有些非暴力行動很激烈，行動者要付出的代價非常高；例如絕食，尤其是自焚。所以，甘地要把某些非暴力行動比作戰爭，把行動者稱為戰士。在這種非暴力行動中，自我犧牲常常被當事者認為是必要的。

事實上，每當出現極其嚴峻的形勢，就可能有人下決心以死相爭，並採取例如自焚一類的十分慘烈的方式。在這時，不只是決心自焚的人自己，他的親友或他所屬的群體，都處於同樣強烈的激情或悲情之中。即便其中有人出面勸阻，那通常都不是從道

義的立場去反對。在這種情勢下，當某人決定自焚，其他人不去阻止，並且願意協助配合（比如準備在現場拍照或錄影，事後發消息），實在是可以理解，可以想像的。這絕不表明他們之間缺少情義。相反，只有在他們之間有著相當深厚的信任和感情時，這種事才可能發生。

五、我們應當如何看待自焚

面對自焚，我們應當採取什麼態度？

有人說必須反對自焚，因為生命高於一切。

這話未必正確。因為人之為人，人之所以不同於動物，就在於人不是為了活著而活著，人有著比單純的活著更高的追求。如果一個人甘願犧牲一己的生命，為了自由，為了尊嚴，為了信仰，為了「大我」，我們是沒有理由從道義上予以反對的。

有人說，出於人道，我們應該勸阻。但問題是，對於自焚，我們總是事後方知，勸阻從何談起？因此在這裡，勸阻的意思是勸阻那些可能在今後採取自焚行動的人。既然我們不能從道義上譴責自焚，那麼，所謂勸阻，就只能從功效上著眼，指出自焚無用，自焚是與虎謀皮。這樣就不會再有什麼人去自焚了。

不過，我懷疑這種說法有多大作用。因為自焚者往往就是痛感缺少有效的抗爭手段才去自焚的。再說，自焚的目的不只是為了打動統治者的良知，它更是面向社會，面向公眾。畢竟，自焚

慘烈而罕見，在這個意義上，自焚幾乎總是或多或少地起到了喚起更多公眾更多關注的作用。不能說自焚沒用。

你也許會說，正因為一旦有人自焚，大家就都去擴散都去議論，這就助長了自焚的作用，從而也就起到了鼓勵和慫恿別人去自焚的作用；所以，為了減少自焚，我們就不要去擴散去議論。

這就不對了。只有強權才願意這麼做。因為強權懂得，自焚是控訴，是抗議，所以它會竭力掩蓋，竭力降低其衝擊效應。如果你也去幫著掩蓋幫著降低，那就是正中強權的下懷。自焚是表達。通常，人只有在表達權利受到很大限制，社會很難聽到自己聲音的困境下，才會選擇以自焚的方式表達他的訴求和他的意志。如果我們去掩蓋去降低他自焚可能產生的效應，那豈不是有助紂為虐之嫌？

可是——也許有人會說——我們總不該去鼓勵去慫恿自焚吧？

什麼叫鼓勵？什麼叫慫恿？當 21 歲的捷克大學生帕拉赫自焚後，布拉格 50 萬民眾為他舉行葬禮，向這位以自焚方式獻身於祖國自由事業的年輕人致敬，並把他自焚的地方命名為帕拉赫廣場。你能說捷克民眾這種做法是鼓勵自焚慫恿自焚嗎？

有網友說：「世界上只有一種反對自焚的方法，那就是讓人不再需要自焚抗爭。」這話說得很對。突尼斯一位小販自焚，引發茉莉花革命，結束了專制統治，那以後就再也沒發生自焚。可

惜的是，自焚未必總是能引發這樣的效果。帕拉赫是在 1969 年 1 月自焚的，直到 20 年後捷克才爆發天鵝絨革命。

不久前，王力雄寫文章〈除了自焚，還能做什麼？〉王力雄提出將自焚的勇氣轉為基層自治的行動。儘管我對這一建議的可行性仍有某種保留，但我堅決支持王力雄的這一思路，那就是盡可能地摸索出其他的抗爭方式。

最後，我要說的是，正因為自焚是向我們發出的吶喊和呼籲，那麼，我們盡其所能地對此作出我們的呼應，讓更多的人來關注並且發出我們的聲音，形成盡可能強大的社會壓力，這就是在實現自焚者的遺志，就是在實現自焚者的目的，從而也就是在減少更多自焚的發生。

2012 年 1 月 29 日

5、中共當局為何如此敵視自焚？

12 月 3 日，甘肅省甘南藏族自治州黨報《甘南日報》發表評論員文章，透露了中國最高法院、最高檢察院和公安部聯合下發的有關《依法辦理藏區自焚案件的意見》。

《意見》認為，「自焚案件中的自焚者不同於一般的厭世自殺者，普遍具有分裂國家的動機，其自焚行為屬於違法犯罪行動。」

根據《意見》，組織、策劃、煽動以及幫助他人實施自焚，本質上是故意剝奪他人生命的嚴重犯罪行為。

　　《意見》指出，對實施這類犯罪行動的人以故意殺人罪依法追究刑事責任，並要作為打擊重點予以嚴懲。

　　這份文件說，對自焚者本人也要依情節嚴重程度，對造成重大危害的，依法追究法律責任。

　　不過，文件沒有說明，如何才能追究已經死亡或重傷的自焚者的「法律責任」，只是說「在自焚現場起哄鬧事，抬屍遊行、阻礙民警醫護人員施救的，都要依法追究刑事責任；對糾集多人為自焚者送葬、募捐，經制止拒不服從的，依法追究法律責任。」檔沒有說明如何或根據什麼標準為上述「人員」量刑。

　　這份文件說，藏區的自焚案件是「境內外敵對勢力相互勾結，有預謀有組織策劃，煽動分裂國家、破壞民族團結，嚴重擾亂社會秩序的重大惡性事件」。

　　中共當局的這份檔實在荒謬絕倫。自焚只是傷害自己，並沒有傷害別人，怎麼能算犯罪呢？當局還大搞株連，把幫助自焚，乃至於為自焚者送葬募捐都打成犯罪。這是對法的精神的肆意踐踏。

　　自1976年毛澤東去世四人幫垮臺以來，中共在法制建設方面好歹還是有一點進步的，然而這份最高法院，最高檢察院和公安部聯合下發布的檔案則是一次令人震驚的大倒退。

有人說，是的，這份文件確實荒謬絕倫；不過，它是否在客觀上能起到一定的遏制自焚的作用呢？本來，一個人下決心自焚，是誰也攔不住的；但如果他考慮到自焚非但於事無補，反而會給親友帶來危害，或許就不得不打消主意，不敢自焚了吧？既然生命高於一切。當局這麼做，說不定也有它的道理。

　　這使我想起文化大革命。

　　眾所周知，文化大革命是一場大清洗、大迫害。一方面，文革造成了人類歷史上罕見的大規模的自殺現象；另一方面，在文革期間，中共當局對自殺的態度和處置又格外殘酷格外嚴厲：沒罪的，自殺了就成了有罪；有罪的，自殺了就罪加一等，並且還會給親友帶來麻煩。因此我們有理由推測，假如不是共產黨對自殺行為嚴加譴責並株連深廣，只怕文革中自殺者的數量還要大得多呢。

　　李志綏醫生在他的回憶錄裡寫道，1966 年 5 月，毛澤東把中國攪得天翻地覆，又開始隱居起來，住進了湖南韶山的滴水洞。一次談到傅連璋的問題。

　　傅連璋是衛生部副部長，專門負責中央領導的醫療保健。毛澤東說：「傅連璋告訴我，有人鬥他，自殺一次，救回來了。他讓我救救他。其實，傅連璋這個人是好人，已經退休不管事了，還有什麼鬥頭，這個人要保一保。」毛又說：「這次恐怕又有千把人自殺。」

毛澤東這段話說明，毛自己很清楚，政治高壓必將導致大量的自殺行為。可見，毛根本不在乎別人的生命。再有，毛自己也很清楚，在自殺者中，至少是有些自殺者，例如傅連璋，即便按照他的標準，也是好人不是壞人。既然如此，毛澤東為什麼又要對自殺者統統扣上更重的罪名呢？

　　我們知道，在文革中，有些人自殺是表示反抗，表示抗議。但也有不少人自殺並不是表達抗議。有不少人自殺是以死明志，以死辯冤，以死證明自己的清白，以死證明自己絕非「反對黨反對毛主席」。例如自殺身亡的鄧拓和自殺未遂的羅瑞卿，在遺言裡都高呼「共產黨萬歲！毛主席萬歲！」都叮囑家人要跟著毛主席幹一輩子革命。

　　這種自殺的特點是，自殺者熱烈地認同共產黨和偉大領袖，他們在先前也曾經得到過黨和領袖的承認，被視為自己人。可是現在黨和領袖卻指控他們是敵人，他們感到無比冤枉無比委屈。可是他們又不能直接批評黨批評領袖說你們搞錯了，因為那樣做很容易被理解為對黨和領袖的懷疑甚至反對，那等於是落實了強加給自己的罪名。他們處在既不能接受黨的指控又不能反對黨的指控的尷尬境地。於是，他們選擇了自殺，用死來表明自己的清白，表明自己的忠誠。

　　在古代，也有過忠臣含冤自殺，以死明志的情況。在古代發生了這種情況，皇帝通常都會有所醒悟，知道自己先前冤枉了別

人，因此感到歉疚，所以對自殺身亡的忠臣總是會表示某種尊重。然而共產黨卻不同，共產黨遇到這種情況反而會震怒。

在你看來，自殺是為了證明自己的清白；在黨看來，你的自殺卻是在證明黨的過錯，證明黨把你整錯了。這就有損於黨的不容非議的權威，這就有損於偉大領袖明察秋毫的英明。共產黨不關心你的清白你的冤屈，黨只關心它自己的權威不容批評、不容懷疑。所以，黨對你的自殺格外生氣，還要對你鞭屍，給自殺者扣上更重的罪名。至於那些本來就是用自殺來表示反抗表示抗議的人，黨惱羞成怒咬牙切齒就更是不在話下了。

惡名昭著的羅馬暴君提　貝里烏斯聽到他的囚徒在獄中自殺，恨恨地說：「此人逃脫了我的手掌。」

這就是暴君對別人自殺十分痛恨的原因。因為暴君要的就是對受害者為所欲為，要的就是對受害者徹底控制，要的就是受害者任由擺佈，完全屈服，而自殺卻意味著擺脫控制，自殺卻意味著說不；所以暴君感到惱火。出於無處發洩的惱怒，所以暴君甚至要對自殺者再加上更重的罪名。

中共的革命文藝作品，一向以美化自己、醜化敵人為能事。但即便如此，我們仍然可以看到，無論是北洋軍閥，國民黨還是日本侵略者，在槍斃共產黨人時，至少還允許受刑人自己走上刑場，站直身體，並高呼口號。也就是說，他們至少還讓一個英雄死得像個英雄。

共產黨槍斃政治犯就不這樣了。尤其是在文革期間，受刑人總是五花大綁，押著架著推上刑場，到了行刑處，狠狠地打擊受刑人的膝彎，迫使受刑人跪下，為了避免受刑人喊口號，或者用鐵絲勒住喉嚨，在嘴裡塞進毛巾木塊，甚至乾脆割斷喉管。

總之，共產黨就是用一切殘忍的手段，使得受刑人沒有一絲一毫的機會表現他的從容，表現他的慷慨赴義，表現他的視死如歸，表現他的寧折不彎，寧死不屈。你縱然是天下第一英雄，共產黨也要讓你死得比狗熊還難看。

我們知道，這些年來，在中國的監獄裡，一方面，經常發生離奇的死亡，如躲貓貓死、喝涼水死等等，另一方面，如果你絕食抗爭，獄方會對你強行灌食，絕不讓你餓死。在這時，他們又好像比你自己還更珍惜你的生命。

我好幾位朋友都坐過共產黨的牢房，他們告訴我，每當他們絕食抗爭，獄方必定強制灌食；還說這是人道主義。

這真的是愛護你的生命，是人道主義嗎？當然不是。

本來，在監獄裡，囚犯要抗爭，手段很有限，絕食便是其中僅有的幾種之一；但獄方若有權強制灌食，那就是廢掉了絕食之功，那就是剝奪了囚犯們僅有的反抗權利。這才是當局要給絕食者強行灌食的目的所在。

幾年前，在美國關塔那摩監獄，有犯人絕食抗議，獄方對絕食者強制灌食。2006 年 3 月 9 日，來自英國和美國等 7 個國家

的 260 多名醫生，在世界著名醫學雜誌《柳葉刀》上發表了一封聯名信指出，用強制灌食的方式來解決在押犯人絕食抗議的問題「無疑是錯誤的」。聯名信呼籲美國關塔那摩監獄管理部門准許在押犯人絕食而死。

聯名信要求，對絕食犯人進行強制灌食的軍醫必須受到懲罰，因為他們違反了禁止強制灌食的國際醫學協議。醫生們在信中說，對絕食者如此做法，醫生的最基本職責是要承認犯人有權拒絕飲食。

聯名信裡提到的國際醫學協議，是指在 1975 年 10 月於東京召開的 29 屆世界醫學大會通過的《東京聲明》。該聲明在 2005 年和 2006 年兩次理事會會議上又分別修訂。其中第六條是：「當囚犯拒絕食物／飲水，且醫師認為他（她）的自願絕食出於自主、充分理性的判斷時，不得對其進行人工餵食。囚犯作決定的能力應經過一位以上獨立醫師的確認。醫師應該向囚犯解釋絕食的後果。」

醫生的使命是救死扶傷，可是在這封聯名信裡，醫生們卻要求准許別人絕食而死。乍一看去十分荒謬，其實，這反映出兩個價值的尖銳衝突：一個是愛護他人的生命，另一個是尊重他人的意志（這不等於贊同他人的訴求，例如那 260 多名醫生就未必贊同關塔那摩囚犯的訴求）。這兩個價值都十分重要。然而當二者發生衝突，只能選擇其中一個的時候，我們必須承認，尊重他人

的意志更重要。

先前我講過，中國最高法院、最高檢察院和公安部聯合下發的有關《依法辦理藏區自焚案件的意見》，居然把自焚定為犯罪，把幫助自焚，乃至於為自焚者送葬募捐都打成犯罪。這毫無疑問是對法的精神的肆意踐踏。不過也有人認為，既然當局的做法在客觀上能起到一定的遏制自焚的作用，而生命的價值當然是高於一切，因此當局這麼做也有它的道理。

可是，正如《紐約客》一篇講自焚的文章所說：「自焚是表達絕望與反抗的終極行為，是在鬥爭無望的情況下自我犧牲的英勇行為。」深受中共當局壓迫的藏人，因為沒有言論自由結社自由，沒有集會遊行的自由，迫不得已，一些人只好選擇自焚這種「表達絕望與反抗的終極行為」，寧可犧牲自己，也要表達他們的心聲。中共當局的做法，實際上是剝奪他們最後的抗爭權利，是把藏人的反抗聲音全面「和諧」，徹底消除。

這絕不是尊重他人的生命。因為真正的尊重他人的生命，必須以尊重他人的自主意志為前提，首先是尊重他人的表達自由。在否認他人自主意志的情況下說什麼尊重他人的生命，無非是把他人當作奴隸，而且是當作任由擺佈的，逆來順受的百分之百的奴隸，無非是徹底消滅人的精神。中共當局為何如此敵視自焚？僅僅是因為，用艾未未的話，那是「生命用結束肉體的存在形式來證明精神的存在，或是意志的抗爭。」

其實，中共也不是不分青紅皂白地一概反對或一概敵視包括自焚在內的抗議性自殺。

例如，1963 年南越和尚釋廣德因反對吳庭琰政府迫害佛教，在西貢街頭自焚。當時的《人民日報》就給予了正面報導。1969 年捷克大學生帕拉赫為抗議蘇軍入侵自焚，《人民日報》也給予了正面報導。1966 年 7 月，西安法門寺主持良卿法師反對革命小將破壞佛門聖物而點火自焚，當時自然被視為反對文化大革命反革命，可是到了四人幫垮臺，文革也被官方定性為十年浩劫予以否定後，良卿法師的骨灰不但被迎回法門寺安放，還舉行了莊重的儀式；官方媒體也把良卿法師稱為「偉大的殉教者」。

周恩來也寫詩，不過流傳下來的很少。其中流傳最廣的是周恩來 1917 年 19 歲時赴日本留學前寫的那首七絕《無題》，「大江歌罷掉頭東」。這首詩的最後一句是「難酬蹈海亦英雄」。蹈海，引的是留日學生陳天華的故事。陳天華（1875 ～ 1905）是革命家，同盟會成員，著有《猛回頭》、《警世鐘》、《中國革命史論》等作品，膾炙人口，風行一時。

為了抗議日本政府對中國留學生的歧視，為了抗議日本報紙對中國人的侮辱，也為了激勵人心，陳天華在 1905 年 12 月 7 日留下《絕命書》萬餘字，次日蹈海自盡。蹈海和一般的跳海不同。蹈海是從海邊下水，一步步向大海深處走去，直到沒頂直到被淹死。蹈海和自焚很相似，如果沒有超常的決心和意志，人走到沒

頂處就會本能地打退堂鼓往後縮了。

周恩來把這樣一位蹈海自盡的人稱為英雄。後來的中共歷史書中也把陳天華當作英雄來歌頌。陳天華的遺體和另一位投黃浦江自盡的同盟會會員姚宏業合葬於長沙嶽麓山，他們的陵墓被中國政府於 1983 年列為湖南省重點文物保護單位。

由此可見，中共當局並不是不理解自焚的意義，並不是不分青紅皂白地一概反對或敵視包括自焚在內的抗議性自殺。問題只在於你抗議的對象是誰。如果自焚者抗議的對象是中共也不喜歡也反對的當權派，中共就會對自焚者大加讚頌。這時候它就不擺出什麼珍惜生命的樣子去譴責自焚，主張給自焚定罪了。

請問中共當局，請問中國最高法院檢察院和公安部負責人，你們敢搗毀陳天華姚宏業的合墓和紀念碑嗎？你們敢譴責良卿法師是違反佛法，死有餘辜嗎？

越南和尚釋廣德是在很多人幫助下自焚的，有人專門打電話通知西方記者，當釋廣德乘坐小汽車到達現場時，一位和尚給他鋪上坐墊，另一位和尚往他身上澆汽油並點著火，還有三百個和尚圍成圓圈組成人牆不讓員警靠近。你們敢說他們是犯了「故意殺人罪」嗎？

1969 年 1 月，捷克大學生帕拉赫為抗議蘇軍入侵而自焚，隨後，布拉格 50 萬民眾為他舉行葬禮，你們敢說這些民眾應該承擔刑事責任嗎？

諒你們也不敢。這就證明你們毫無原則，毫無法的概念；你們無非是以自己為中心，「順我者昌，逆我者亡」而已。

查閱歷史可以發現，在對待包括自焚在內的抗議性自殺的問題上，就數中共當局的態度和做法最為惡劣。

陳天華蹈海自盡後，靈柩送回家鄉湖南，安葬於長沙嶽麓山麓山寺後，送葬隊伍綿延十餘裡，多達數萬人，當時軍警未加干涉，不少軍警還為之感動。當 50 萬民眾為帕拉赫送葬時，蘇軍士兵也只是在一旁靜觀，沒有干涉，更沒有追究送葬者的什麼刑事責任。

像中共當局這樣，給自焚者還要扣上罪名，對幫助自焚的人甚至給自焚者送葬的人都要追究刑事責任，在歷史上即便不是絕無僅有，也是極其罕見的。而這一切居然發生在 21 世紀的今天。這不是平庸惡，這是根本惡，是明知其惡還要一意孤行之惡。

藏人自焚無疑是由中共高壓引起的；因此唯一的出路是中共改弦更張，不過眼下還看不到有這種跡象。我們該做的事。就是讓更多的人關注這個問題，形成更大的壓力。

不錯，歷史上，確實有過強權通過高壓，通過強制，經過漫長的時間，最終消弭少數民族的反抗並進而將其同化的，但問題是，在當代世界，我們還能夠認同那種殘暴的做法嗎？那種殘暴的手段還有可能持續那麼漫長的時間嗎？我們可以斷言，目前中共的做法絕不可能持續很久，必定會半途而廢，必定行不通，必定要失敗。

2012 年 12 月 17 日

中共當局無權插手達賴喇嘛轉世

9月23日，達賴喇嘛在流亡駐地達蘭薩拉的一個宗教大會上，就轉世問題發表聲明和講話。

達賴喇嘛以宗教領袖的權威身份，扼要地說明了轉世的觀念、轉世制度的來源和轉世靈童的尋訪方法。他強調：達賴喇嘛的轉世問題是宗教事務，任何政治權威都無權干涉。

不錯，在清代，有幾個皇帝用金瓶掣籤的方式介入了達賴喇嘛的轉世認證；但實際上也只有一兩位達賴喇嘛真正經過金瓶掣籤認證，多數達賴喇嘛，包括現在這位達賴喇嘛，即十四世達賴喇嘛，都是沒有經過金瓶掣籤程式就得到確定的。

退一步講，清朝皇帝那麼做，好歹還有點道理，因為這些皇帝都信奉佛教，並且尊奉達賴喇嘛為上師。中共一不信仰佛教，二不尊奉達賴喇嘛為上師，憑什麼也要來干涉達賴喇嘛的轉世呢？

達賴喇嘛語帶幽默地說：「現在的中共是批評宗教的無神論者，尤其將佛教視為愚昧、落後的表現，而且總是不遺餘力的指責我是魔鬼，如果他們說不允許魔鬼轉世倒還說得過去，但現在是中共吵著要自己找魔鬼的轉世。我總是說，如果中共政府想要插手達賴喇嘛的轉世問題，必須先成為宗教信徒，承認輪迴，然後先把毛澤東和鄧小平的轉世找出來，那樣再來插手我的轉世，就比較合理了。總之，這是我的轉世，當然除了我之外，誰都沒

有理由來插手。」「除此之外，任何政治權威，包括中華人民共和國的政治領導人，因政治需要，選出所謂達賴喇嘛轉世靈童的時候，誰也不需認可和信仰其孩童。」

9 月 26 日，中共當局對達賴喇嘛的聲明和講話作出回應。外交部發言人洪磊說：「達賴喇嘛的稱號是中央政府冊封的，否則就不具備合法性，十四世達賴喇嘛也是經當時民國政府批准認定的。達賴喇嘛轉世有一套完整的宗教儀軌和歷史定制，從來沒有上一世達賴認定下一世達賴的作法。」

中共的說法不值一駁。是的，在清代，滿清皇帝確實插手過達賴喇嘛的轉世。且不說藏人對此多有不滿；更重要的是，滿清皇帝這麼做是基於他們與西藏的特殊關係，即施主與上師的關係。一旦這種供施關係不存在，政府就沒有理由再插手了。

其次，所謂「十四世達賴喇嘛是經民國政府批准認定」一說不是事實，是謊言。1989 年 7 月 31 日，時任全國人大副委員長的阿沛·阿旺晉美在第五屆西藏自治區人大第二次會議上講話明確指出：實際上，並沒有吳忠信主持第十四世達賴喇嘛登基典禮的事。

再有，達賴喇嘛轉世的制度已有 600 多年的歷史，期間不是沒有改變，今後仍然可以改變。而決定變不變和如何變的權力當然在達賴喇嘛本人，在藏傳佛教的機構和信眾，與中國政府無關。

這裡，我們不妨看看西方羅馬教皇的繼承問題，或許對我們

理解達賴喇嘛的轉世問題有幫助。

我們知道，在 11 世紀前，羅馬教皇是經世俗君主或義大利貴族遴選或認可的。教皇尼古拉二世登基後於 1059 年決定教皇由樞機主教選舉產生，但須得到法蘭克王亨利一世及其繼位者的認可。直到 1179 年第三次格拉特會議和 1274 年第二次里昂會議兩次確認後，又正式規定教皇可以單獨地由樞機主教選舉產生，不過仍須承認法、西、奧三國君主對教皇候選人具有否決權。20 世紀初，教皇庇護十世廢除了這種世俗君主的否決權。1914 年，本篤十五世就成為沒有世俗權力介入而單由樞機主教選為教皇的第一人。

從羅馬教皇繼承制度的演變可以看出，早先，世俗權力對教皇的繼承有很大的發言權，以後隨著歷史的發展，世俗權力對教皇繼承問題的影響力越來越小，最後歸零。

早先，世俗君主之所以對教皇的繼承有發言權，是因為當時實行政教合一，君主們都信仰基督教，尊奉教皇為精神領袖。在那時，教權與王權之間關係密切，干預也是相互的。一方面，新教皇的產生要經過世俗君主的參與和認定，另一方面，世俗君主登基，要由教皇加冕，以體現君權神授。

以後政教逐漸分離，教皇繼承制度也多有改變。教皇繼承制度的改變是由教皇決定的，是由教會決定的，不是世俗君主決定的。

現在的歐洲，政教已經徹底分離，教皇由宗教機構單獨產生，無須世俗君主的任何介入；世俗君主登基也不再需要教皇加冕。

這就叫政教分離。所謂政教分離，意思就是，國家機器對宗教機構沒有權威，不予干涉；反過來，宗教機構對國家機器也沒有權威，不予干涉。

由此可見，達賴喇嘛關於轉世問題的聲明和講話，不論是從藏傳佛教本身的傳統，還是根據政教分離的原則，都是十分合理的，完全正確的。簡而言之：達賴喇嘛轉世，是人家達賴喇嘛的事，是人家藏傳佛教的事，和中共這個無神論政權根本無關。

2011 年 9 月 26 日

解讀靳薇教授講話

無論你怎樣能言善辯，巧舌如簧，面對一百多個藏人的自焚，你也不能說中共當局的西藏政策是成功的。

那些涉藏的中共官員，學者，只要他／她還良心未泯，面對當前西藏的現狀，他／她不能不感到不安，不能不感到焦慮。

其中必定會有一些人力圖公開講出自己的不同意見。他們需要表明他們並不認同當局的做法，他們希望當局改弦更張。他們也許知道他們無力改變現狀，但是他們至少想表明：我們和他們不是一夥的，我們和他們還不一樣。

不久前，香港的《亞洲週刊》發表了一篇專訪：〈中共中央黨校社科教研部靳薇教授：重啟談判解決涉藏問題。〉這篇專訪很值得認真解讀。

不錯，靳薇教授有很多觀點和當局的說法一樣，這不新鮮；新鮮的是，靳薇教授也有很多觀點和當局的說法不一樣。

不錯，靳薇教授那些與當局說法不一樣的觀點，和我們的觀點仍然有很大的距離；但我們更需要考察的是，她的那些觀點，和當局的說法有多大的距離。

靳薇教授主張當局和達賴喇嘛談判。這總是值得肯定的。因為這正是達賴喇嘛一貫的主張；畢竟，主張談判總比反對談判好。

靳薇教授說，根據她在西藏歷次考察所知，普通民眾說得最多最直接的一句話是：「今生靠共產黨，來世靠達賴喇嘛。」

我們知道，在高壓維穩下的藏區，說共產黨不好是有風險的，說達賴喇嘛好是有風險的。因此我們可以合乎邏輯地推斷，這句話的前一半很可能有灌水，後一半則是實打實。

中共當局總是誇耀它在藏區的經濟建設上作出了多麼了不起的成就，使藏人的物質生活獲得了多麼巨大的改善，以此證明它的政策有多麼成功，藏人過得有多麼幸福。但是靳薇教授告訴人們：「共產黨在經濟建設和物質增加方面的工作做得再多，給予的財富和幫助再多，也不可能抹殺達賴喇嘛在普通民眾心目中的地位，更不可能改變藏族民眾對達賴喇嘛的崇拜和依賴。」

再聯繫到靳薇教授講的藏人「重精神輕物質、重來世輕今生」的民族特性，由此得出的結論就是：只要當局還在把達賴喇嘛妖魔化，不准藏人崇拜達賴喇嘛，不准達賴喇嘛回到自己的家鄉，那麼，無論它在發展經濟和改善藏人物質生活上做了多少好事，也無論它恢復興建了多少寺院，都不足以抵消它在敵視蔑視藏人心目中的神聖，從而踐踏藏人宗教信仰，侵犯藏人精神生活上所犯下的罪過。對一個重精神重來世的民族來說，當他們的精神被剝奪來世被侵犯，他們的生活就絕對談不上幸福了。

靳薇教授說：「力爭只產生國內達賴喇嘛靈童。十（應是十四——引者註）世達賴喇嘛年事已高，按照藏傳佛教的儀軌轉世的問題，已經迫在眉睫。目前的局勢，將出現『雙胞達賴喇嘛』，即在海外和國內各認定一個靈童，導致問題更為複雜，對藏區的穩定和安全影響甚大。若『達賴喇嘛僵局』得到破解，應爭取讓達賴喇嘛轉世靈童產生於國內。雖然我們可以用『金瓶掣籤』限制靈童產生於國外，但歷史上也有由活佛自行指定接班人的先例。『雙胞班禪』的尷尬應當盡力避免。」

靳薇教授主張「力爭只產生國內達賴喇嘛靈童」，無非是當局歷來的如意算盤，而她所說的「用『金瓶掣籤』限制靈童產生於國外」，也無非是當局一向的策略。無須多論。值得關注的是，靳薇教授還講了一句話。靳薇教授說「但歷史上也有活佛自行指定接班人的傳統」。

這句話非同小可。這句話非常重要。歷史上有活佛自行指定接班人的傳統，這是個事實的問題，不是觀點的問題。凡是對藏傳佛教的歷史有所瞭解的人都知道確有其事。

長期以來，中共當局編造謊言，混淆視聽，硬說什麼在確定達賴喇嘛轉世的問題上，金瓶掣籤是必須的程序，中央政府擁有最高的權威，「從來沒有上一世達賴認定下一世達賴的作法」。但只要我們記得在歷史上也有活佛自行指定接班人的傳統，上述種種說法的謬誤就昭然若揭。

結論很清楚，達賴喇嘛轉世的問題純屬宗教事務，容不得世俗政府插手。達賴喇嘛完全有權指定自己的接班人。其他任何方面，在撇開達賴喇嘛的情況下指認所謂轉世靈童都是非法的、無效的。現在這位達賴喇嘛就沒經過什麼金瓶掣籤，他的接班人自然更不需要。

前年，我曾發表評論「中共當局無權插手達賴喇嘛轉世」，專門分析了這個問題，請讀者和聽眾參考，這裡就不再重複了。

重要的是，一旦世人都瞭解到達賴喇嘛轉世是人家達賴喇嘛自己的事，和世俗政府，尤其是和一個無神論政府毫不相干，那麼，中共當局試圖製造兩個達賴喇嘛的計畫就徹底破產了。

靳薇教授講話的這一層意義，我以為我們應當給予充分注意。

2013 年 6 月 24 日

簡評中共當局《西藏發展道路的歷史選擇》白皮書

今年 4 月 15 日，中共當局發布《西藏發展道路的歷史選擇》白皮書。讀這部白皮書，我想起近日網上看到的兩則消息。

1、藏人在北京住旅館被拒。因派出所有令，包括藏人等少數民族不得開房。據悉，藏人在中國很多城市租房也常被拒。

2、西藏以外地區的藏人，包括四大藏區即四川、青海、甘肅和雲南四省的藏人，要進入西藏，要到拉薩，必須上交身份證，必須住在指定的旅館，必須填寫個人情況包括要有擔保。這還是政策放寬後的情況，前兩年，外地藏人進藏必須持有當地公安局開具的進藏許可證。2012 年 10 月，定居北京的藏族女作家唯色一行開車沿青藏公路到拉薩，進入西藏後就被攔截，同行的漢人都順利通過檢查站，只有唯色因為她的藏族身份被盤查，長達八小時。

和五年來一百三十幾位藏人連續自焚這一驚天動地的事件相比，上述兩則消息實在只能算「小」消息。但就是這樣的兩則「小」消息，也足以把中國政府在《西藏發展道路的歷史選擇》白皮書編織的彌天大謊撕得粉碎。

中共這部關於西藏問題的白皮書，通篇老調重彈，了無新意，其重點是攻擊達賴喇嘛的中間道路；無非是說達賴喇嘛的中間道路是「搞分裂」、「鬧獨立」，是「復辟農奴制」等等。上述謬

論早就被駁得體無完膚，我先前也寫過很多文章反駁，這裡不再重複。

　　眼下我只重申一點。那就是，認識西藏問題，我們首先要問的就是，今日西藏是真正的由藏人自治的嗎？答案顯然是否定的。別的不說，單單說五十多年來（從 1959 年算起），西藏地區的第一把手即黨委書記總是由漢人出任，連找個藏人當傀儡，裝一裝「藏人自治」的門面都不幹。這還能叫藏人自治嗎？有藏人當第一把手並不等於就有了藏人自治，但要是連第一把手都一直不讓藏人來當，那就跟藏人自治相距實在太遠了。

　　1992 年，臺灣清華大學校長沈君山在北京會見江澤民，談到一國兩制問題。沈君山說：「西藏倒是應該行一國兩制。」江澤民回答道：「說法是對的，不過現在路已經走過來，不能再回過頭在西藏搞一國兩制了。」由此可見，中共領導人其實心裡也明白，西藏是應該真正自治高度自治的，可是這種自治已經被被共產黨取消，現在就不好再恢復了。由此可見，達賴喇嘛提出的中間道路即在西藏實行真正自治的主張，即便按中共自己的憲法和法理，也是完全正當的。

　　記得上個世紀六十年代，中蘇論戰，中共一連發表九篇大塊頭文章批判蘇共中央公開信即「九評」。那時的中共還有一定的理論自信，敢於把它批判的對象蘇共中央公開信全文發表。可是如今中共批判達賴喇嘛的中間道路，卻從來不敢把藏人這一方的

文件文章公開發表，不敢讓國內的民眾看到，只敢斷章取義，外加憑空誣陷，毫無理論自信、制度自信。僅此一點，我們就不難判斷，在這場爭論中，真理究竟在哪一邊。

2015 年 6 月 1 日

西藏問題答客問

1. 幾十年來，藏人堅持非暴力、堅持中間路線，但似乎並沒有取得什麼成果。這是否說明藏人的努力是徒勞的呢？

答：藏人的努力絕不是徒勞的。堅持非暴力，堅持中間路線，不但在道義上是正確的，而且在現實中也是可行的。

當年波蘭人搞團結工會運動，就有西方人問：「你們為什麼用非暴力？」米奇尼克回答：「我們沒有槍。」所以說，堅持非暴力，不只是因為非暴力在道義上更好更純淨，也是因為我們沒有槍。

達賴喇嘛說，有次他會見一個激進藏人，對他說：「假如現在我們假設決定用武力來達到我們的目的，那我們首先要有槍，還要有彈藥，幾支槍是不夠的，要幾千支，但誰會賣給我們呢？印度？美國？好像沒有人會賣軍火給我們；那時候從阿富汗或巴基斯坦那裡也許會買到前蘇聯的軍火。槍的來源有了，但錢從哪裡來呢？上述那些國家不會給的。就算有了錢也買好了槍，但如

何運進中國呢？通過哪個國家邊境運進去呢？沒有國家會同意的。過去 CIA 幫我們空投過，但那是過去了，現在絕不會了。所以說，用武力是無法解決我們問題的。」

達賴喇嘛還指出，有不少歐美人士明白無誤地對他說過，如果藏人用暴力來解決問題，他們就不會再支持藏人了。

中間路線具有兩大優點：第一、它在道義上是正確的，因為中間路線保障了藏人的基本權益，而且是互利的，對藏人和對中國都有利。第二、中間路線在政治上是可行的，是務實的。

中間路線是務實的，可行的；如果改成要求獨立，那很可能會導致藏人在國際上活動空間的萎縮。現在，達賴喇嘛訪問美國，和美國總統見面，訪問德國，和德國總理見面，中共當局抗議，指責達賴喇嘛是分裂分子，西方政府首腦理直氣壯地反駁，說達賴喇嘛不是分裂分子，達賴喇嘛是主張真正自治，他們還可以反過來呼籲中國政府和達賴喇嘛對話、認真落實西藏的真正自治。如果藏人放棄中間道路了，改成主張獨立了，而西方各國政府都是承認北京政府的，都是和中華人民共和國有正式外交關係的，那麼他們還方便和達賴喇嘛會見嗎？另外，中間路線也更容易贏得廣大漢人的贊同。

2. 迄今為止，藏人的努力取得了什麼成果？

答：自 1959 年達賴喇嘛率眾出走拉薩，流亡印度，至今已經 58

年了。換成其他的流亡群體，人恐怕早就散了，聲音恐怕也早就聽不見了。可是藏人不但一直堅持下來，而且還贏得了廣泛的國際關注以及越來越多的漢人的同情、理解與支持。近些年來，由於專制中國的崛起和壓迫的強化，漢人的抗爭——包括海外民運——在萎縮，國際社會的批評也在降低。在如此艱難的形勢下，藏人的抗爭仍然保持著自己的規模和聲勢，尤其難能可貴。面對巨大的逆流，我們不能指望抵抗者取得多少進展，能夠屹立不退就是了不起的成就。

3. 在藏人的抗爭中，達賴喇嘛起到了怎樣的重要作用？

答：達賴喇嘛的作用是無與倫比的，也是獨一無二的。

達賴喇嘛是藏人的宗教領袖和政治領袖，是藏人無可爭議的象徵。世俗的流亡群體，雖然菁英薈萃，由於其世俗性，卻難以產生這樣無可爭議的象徵。

達賴喇嘛既能以宗教領袖的名義頻繁會見各國政要及文化領袖，又能以精神導師的名義吸引成千上萬的不同膚色不同信仰的民眾。作為西藏的象徵，人們從達賴喇嘛身上看到了西藏。五十多年的流亡，成全了達賴喇嘛，使之成為世紀性的人物，使得藏傳佛教走向世界，並使得西藏問題成為國際性的問題。

一般的流亡者最擔心自己被本土的人民所淡忘，不管你原來在本土多有名多重要，隨著時間的流逝，更由於專制當局的刻意

封鎖，你的影響力都可能日趨衰落。達賴喇嘛則不然。既然有如此眾多的藏人依然尊重他們的傳統，信仰他們的宗教，他們就會順理成章地認同達賴喇嘛。儘管現今西藏境內的藏人，大部分都是在達賴喇嘛離開西藏後才出生的，但是這並不妨礙達賴喇嘛在他們心中的崇高地位。

2006 年 1 月，達賴喇嘛在印度南部小鎮舉辦的一場法會上，用感性的語言呼籲藏人不要再穿戴和買賣動物毛皮。在場的藏人當即立誓，境內更有成千上萬的藏人聞風而動，將價值不菲的皮毛製品付之一炬。有中共官員私下驚呼：「我們嚴厲的法規和打擊行動，還頂不上達賴喇嘛的一句話。」達賴喇嘛對藏人有多大的感召力，這便是一個證據。

國王失去了王國，就不再是國王，然而達賴喇嘛永遠是達賴喇嘛。就連他的對手也不得不承認他是達賴喇嘛。專制政權對流亡者的一貫策略是，故意無視他們的存在，絕不肯和流亡者的代表人物坐到一起來。因為他們知道，和流亡者的任何公開接觸都是在增加流亡者的政治分量。但是中共當局卻不得不好幾次公開地和達賴喇嘛的代表會談。在這幾次會談中，達賴喇嘛的代表是代表流亡政府，所談的問題是西藏問題，但是中國政府對外否認他們是和流亡政府的代表會談，也否認談的是西藏問題；中國政府只說他們是和達賴喇嘛的私人代表會談，談的只是達賴喇嘛的回國問題。這就表明，儘管中國政府可以不承認流亡政府，不承

認有所謂西藏問題，但他們也不能不承認，達賴喇嘛就是達賴喇嘛；而一個沒有達賴喇嘛的西藏總歸是不正常的。

2013 年 6 月，香港的《亞洲週刊》發表了一篇專訪：〈中共中央黨校社科教研部靳薇教授：重啟談判解決涉藏問題〉。靳薇教授主張當局和達賴喇嘛談判。靳薇教授說，根據她在西藏歷次考察所知，普通民眾說得最多最直接的一句話是：「今生靠共產黨，來世靠達賴喇嘛。」我們知道，在高壓維穩下的藏區，說共產黨不好是有風險的，說達賴喇嘛好是有風險的。因此我們可以合乎邏輯地推斷，這句話的前一半很可能有水分，後一半則是實打實。中共當局總是誇耀它在藏區的經濟建設上作出了多麼了不起的成就，使藏人的物質生活獲得了多麼巨大的改善，以此證明它的政策有多麼成功，藏人過得有多麼幸福，但是靳薇教授告訴人們：「共產黨在經濟建設和物質增加方面的工作做得再多，給予的財富和幫助再多，也不可能抹殺達賴喇嘛在普通民眾心目中的地位，更不可能改變藏族民眾對達賴喇嘛的崇拜和依賴。」

達賴喇嘛宣布退出政治，就是鼓勵流亡藏人獨立自立，不再依賴於達賴喇嘛，靠自己的力量支撐起局面；同時也是促進國際社會學會和沒有達賴喇嘛的流亡藏人打交道。簡而言之，達賴喇嘛完成了只有達賴喇嘛才能完成的工作，然後又留下了一個沒有達賴喇嘛也能持續存在與發展的事業。

4. 中國人民的思想改變會導致中國政府改變它的西藏政策嗎？

答：在現階段，贏得中國人民的同情、理解與支持，尚不足以改變中國專制政府的政策，但是從長遠來看則是一定能的。在中共一黨專制下，藏人不可能得到真正的自治。唯有中國實現了民主轉型，藏人也才可能得到真正的自治。

5. 今天，中國的自由派遭到嚴厲打壓，在世界的其他地方，自由主義似乎也在退潮。在這種形勢下，藏人的抗爭還有意義嗎？

答：自由主義在全世界的退潮，主要原因就是專制中國的崛起。中國的問題不只是中國的問題，也是世界的問題。

　　二十幾年前，蘇聯東歐發生巨變，國際共產陣營土崩瓦解。美國成為世界唯一超強。自由民主的力量取得了有史以來最輝煌的勝利。在那時，人們普遍相信，中共專制政權的垮臺指日可待。然而，二十幾年過去了，中共專制政權並沒有垮臺；它站住了，而且變得比以前更強大。嚴重的問題是，中共政權並沒有因為經濟上的巨大成功而變得更柔和更寬容，而是變得比以前更專制更蠻橫，並且在國際事務中也不再韜光養晦，變得更高調更咄咄逼人。就在短短的二三十年間，我們目睹了整個世界發生了人類歷史上極其罕見的驚人逆轉。專制中國的崛起無疑是當今世界的第一大問題，它構成了迄今為止對普世價值的最嚴重的威脅。我們希望，自由世界拿出更大的勇氣和智慧，面對這一關係人類命運

的挑戰。

6. 有些西方人對藏人抗爭的前景很不樂觀，畢竟，在中國，漢人有 13 億，藏人的聲音猶如滄海一粟，太微弱了。

答：不，藏人的主張是可以贏得漢人的贊同的。其實，中國人是很容易接受達賴喇嘛的中間路線的。

從歷史上看，當中原政府很強大的時候，它常常把周圍的少數民族地區也納入它的勢力範圍。但一般來說，中原政府對邊疆少數民族滿足於統而不治，只要你臣服納貢即可；中原政府容忍不同層次政治實體的相對主權，也就是允許當地的少數民族實行程度不等的自治。

說到納貢，其實往往是中原政府倒貼（「厚往薄來」）。為什麼要倒貼？因為要籠絡人心。為什麼要籠絡？因為中原政府知道讓別人放棄獨立別人是不爽的。要讓人家放棄得心甘情願，你就要讓人家知道歸屬你對他自己也有好處。以清帝國為例，按照歷史學家許倬雲在《萬古江河》（這本書在大陸也很流行）一書裡的解說：清帝國是二元體制，漢地體系與滿蒙藏體系。在這種體制下，西藏即便不是事實獨立，起碼也是相對獨立、高度自治的。

1992 年，臺灣清華大學校長沈君山會見江澤民，談到一國兩制問題。沈君山說：「西藏倒是應該行一國兩制。」江澤民回答道：「說法是對的，不過現在路已經走過來，不能再回過頭來在西藏

搞一國兩制了。」可見，就連江澤民這樣的中共領導人也都很清楚，西藏是應該實行真正的高度自治。只不過因為「現在路已經走過來」，也就是說，中共已經在西藏搞了「民主改革」、「平叛」等等，已經在西藏建立起一黨專制，因此「不能再回過頭來在西藏搞一國兩制了」。如果讓藏人自治，共產黨對西藏的一黨專制就保不住了，這才是中共拒絕達賴喇嘛關於西藏實行真正自治的最根本的原因。

據我所知，有不少漢人不肯接受西藏獨立，但是對西藏實行高度自治都能夠接受。主張聯邦制的《零八憲章》能夠贏得大多數漢人異議人士和自由派知識份子的認同，就是明證。

7. 達賴喇嘛曾經兩次在推特上和中國的年輕人交流，也曾和中國的律師們交流。對此，中國的年輕人有何種回饋？

答：據我所知，那些參加了推特上交流的漢人，或者是以其他方式瞭解到藏人主張的漢人，大部分人的回饋都是正面的。眼下的困難在於，大部分漢人對西藏問題不關心，其中不少人是不敢關心。因為他們知道，如果他們去傾聽達賴喇嘛的講話以及和藏人交流，會招致中國政府的反感，因而會給他們帶來麻煩。

8. 漢藏交流會促使中國變得更開放、更寬容嗎？

答：毫無疑問，漢藏交流對於促進中國成為更開放、更寬容的社

會是有很大幫助的。尤其是，很多嚮往開放與寬容的中國人擔心，一旦中國變得更開放更寬容，可能會導致動亂和分裂，而藏人的中間路線則有助於打消他們的這種顧慮。

9. 川普總統在對華關係上更強調貿易和就業，而不大強調人權與民主，這會對中國產生何種影響？

答：我認為，川普的對華政策不重視人權問題是一個大缺陷。且不說人權問題本身的意義，即便單從貿易的角度看，人權問題也是十分重要的。美國要打好貿易戰，必須打出人權牌。

正如中國學者、清華大學教授秦暉所說，所謂中國奇蹟，靠的是低人權優勢。正是憑著低人權優勢，中國成了世界上最大的血汗工廠，它造成了連美國都難以匹敵的競爭力，好資本主義比不過壞資本主義。如果中國依然能保持它的低人權優勢，那麼中國就會繼續保持比美國更強的經濟競爭力，美國的貿易赤字和工作流失等問題就不可能得到根本的扭轉。雖然川普的口號是「美國第一」，但是很可能，就在川普總統任期之內，中國就會超過美國而成為世界第一大經濟體。

不錯，在現在，美國的經濟實力仍然勝過中國。美中之間打貿易戰，美國手裡的牌更多，但是中國的承受力更強。因為中國是專制國家，政府可以把內部的不滿與異議強力打壓下去；而美國是民主國家，只要川普的若干措施在短期內不能見效還招致一

些群體的利益受損，美國人就可以用這種那種方式投下反對票，使得這些措施半途而廢，難以為繼。因此，美國打貿易戰，未必能打出預期的規模和預期的效果，但要是打出人權牌，情況就不一樣了。

打出人權牌還有一個好處：如果你只打貿易戰，中共當局很容易給美國扣上「亡我之心不死」、「損害中國人民利益」的罪名，在國內煽動起所謂愛國主義和反美情緒幫自己解困；如果你還打出人權牌，突顯出你也是為了促進中國人的權利、尤其是為了中國的勞工和底層民眾的利益，中共當局就很難做文章了。

最後，也是最重要的，只有促進中國人權的改善，才能使得崛起的中國不會成為世界的威脅。

10. 你認為川普總統的這種外交政策對習近平治下的中國能產生預期的效果嗎？

答：除非川普重視人權問題，否則，川普的對華政策不可能取得預期的成功。

11.「藏漂」是些什麼人？他們如何看待西藏？「藏漂」究竟是一些中國年輕人的短暫的流行時尚，還是一種可能長期持續的現象？

答：「藏漂」大概有三種人。一種是有「西藏情結」的人：他們

喜歡西藏的自然環境和純樸民風——在西藏，他們可以放下在內地生活的那些沉重的緊張和焦慮，使心靈得到寧靜。另一種則懷有宗教或類似宗教的追求，他們到西藏有如朝聖。這兩種人對西藏都很有好感，他們希望西藏能保持自己的特色。在未來，這兩種藏漂都不會消逝，而會繼續下去。還有一種藏漂，是有專業技能的人，他們到西藏主要是為賺錢，通常是工作一段時間後就會到內地。

12. 有一些年輕的、受過教育的中國人對藏傳佛教很有興趣，你認為這會有助於他們以更加正面的態度看待西藏嗎？

答：當然。那些對藏傳佛教感興趣的人必定對西藏的文化、對藏人更有好感，因此在西藏問題上，他們常常會比別人更同情藏人的主張。

2017 年 3 月 31 日

鄭重推薦《1959：拉薩！》

我鄭重向讀者推薦這本書《1959：拉薩！》。作者李江琳原先在紐約市皇后區圖書館工作，主持過多次大型講演和講座活動；兩年前，李江琳辭去圖書館的工作，全力投入西藏問題的研究與寫作。一年半後，李江琳就把這本《1959：拉薩》呈現於讀者面前。

李江琳著《1959：拉薩！》由香港新世紀出版社於 2010 年 7

月出版，正文前有原中國佛教協會副會長，現居美國的阿嘉仁波切寫的序言。全書分 23 章，共 361 頁，並附有幾十幅珍貴的歷史圖片。

為什麼要選擇 1959 年拉薩事件作為切入點呢？作者說，因為這個事件的重要性，瞭解了這個事件的來龍去脈，很多相關的事情就有了答案。作者查閱了大量中外文獻資料，包括中共官方出版物以及漢藏雙方親歷者的第一手資料，經過細心的梳理和獨立的研究，為這一段歷史提供了也許是迄今為止最完整的敘述。凡欲瞭解西藏問題者不可不讀。

1959 年 3 月 10 日上午，拉薩成千上萬的藏民圍住了達賴喇嘛居住的夏宮羅布林卡，阻止達賴喇嘛按照原計劃去西藏軍區司令部觀看文藝演出，隨後民眾舉行和平的集會遊行，喊出了要求解放軍撤出西藏和西藏獨立的口號。接下來的幾天，藏人和中共西藏工委、解放軍之間的敵意越來越強烈，形勢越來越緊張。3 月 17 日深夜，達賴喇嘛率領家人和噶廈政府部分主要官員離開羅布林卡，經過兩周跋涉，翻越喜馬拉雅山，前往印度尋求政治庇護。兩天後，駐藏解放軍和西藏工委領導下的機關民兵向拉薩藏人發動猛烈攻擊。如李江琳所說，自 1949 年中共建政以來，有兩次解放軍進城殺人，一次是 1989 年 6 月的北京，另一次就是 1959 年 3 月的拉薩。

乍一看去，1959 年拉薩事件是被一件偶然的事情引發的，那

就是達賴喇嘛要去軍區司令部觀看文藝演出，藏人前去阻止，於是釀成一起大規模的群體事件。那麼，為什麼藏人要阻止達賴喇嘛去軍區司令部呢？因為他們擔心那是一場鴻門宴，擔心達賴喇嘛會被劫持被綁架。為什麼藏人有這樣的擔心？因為自 1956 年以來，中共在西藏周邊的四川、雲南、甘肅和青海等省的藏區推行暴力土改和以宗教改革為名的宗教迫害，激起了藏人的強烈反抗，然後遭到中共的殘暴鎮壓，在這些地方，很多藏人首領就是被中共邀請開會或赴宴，結果一去不返。

長期以來，中共的宣傳機器都說，1959 年的拉薩事件是「西藏上層反動分子有預謀、有計劃、有步驟」地進行的一場「叛亂」；但李江琳通過她的研究指出，迄今為止，公開的和內部的資料都沒有提出支援這一結論的確鑿證據。

根據作者的研究，拉薩事件的主要參與者實際上是普通藏民和少數藏人中下層官員，在抗議活動的高潮期，噶廈政府陷於癱瘓，達賴喇嘛也控制不住局面。換言之，拉薩 3.10 事件本來是一次突發性的群體事件。

倒是中共方面，早就在尋找藉口，打破十七條協議中「不改變西藏現狀」的約束，放手把在內地推行的那套社會改造推行於西藏。3.10 藏人的集會遊行給了中共西藏工委和軍區一個開打的理由；又由於中共方面經過長期策劃，早已具備打的條件。再加上當時坐鎮拉薩主持工委工作的譚冠三將軍先斬後奏，擅自下達

開打命令，在藏人的聖城進行了一場慘烈的大屠殺。

拉薩之戰結束後，中共即派出大量野戰軍進入西藏各地平息「叛亂」，大開殺戒；與此同時，又憑藉暴力，對西藏社會進行徹底改造，給藏人帶來深重的災難。西藏的歷史從此改變，漢藏關係從此改變。

51 年過去了，今天我們可以看得很清楚，在毛時代，中共推行的所謂社會主義革命和改造，從根本上就是錯誤的。因此，1959 年拉薩事件的是非曲直，應該說已經一目了然。鄧小平上臺後，著力糾正毛時代的種種錯誤。

1979 年，當局與西藏流亡政府開始接觸，流亡印度 20 年的達賴喇嘛派出第一個訪問團來到西藏。訪問團所到之處，成千上萬的藏人湧上街頭，慟哭著呼喚他們的領袖達賴喇嘛。這一幕再清楚不過地告訴我們，藏人的心是在哪一邊。不久前，海南大學傳播學研究中心主任畢研韜先生發表了他在今年 6 到 7 月第三次去藏區考察學習後的報告，其中提到，目前西藏的常住居民和軍警的人口比例是 1：1。這就是今日西藏的「穩定」，這就是今日西藏的「和諧」。

那天，李江琳對我說，她準備寫一部流亡藏人史。我當即拍手叫好。自 1959 年 3 月 17 日達賴喇嘛率眾出走印度，51 年來，藏人譜寫了當代歷史上最偉大的一場集體流亡。其艱苦卓絕、英勇悲壯、可歌可泣與燦爛輝煌不亞於古代以色列人的出埃及記。

我殷切地期待李江琳的新著早日問世。

2011 年 1 月 5 日

達賴喇嘛退休不是垂簾聽政

今年 3 月，達賴喇嘛正式宣布退休，即不再擔任政治領導職責。我們知道，自 2001 年民選首席部長以來，達賴喇嘛便處於半退休狀態，除了在一些文件象徵性的批示之外，全部實權都交給首席部長，形同虛位總統。現在則是交出全部世俗權力。

達賴喇嘛這一宣布引起各方面的關注。輿論普遍認為，此舉意味著藏人在民主化上的重大推進，是政教的徹底分離，意義十分深遠。

中國政府說這是「欺騙國際的把戲」。這種指責毫無道理，因為達賴喇嘛的退休不但見之於公開的宣示，而且還體現在有關規章制度的改革與權力的實際運作。中國政府提出這樣的指責，要麼是故意誣陷，要麼就是想起了自家的故事，想起了當年鄧小平的退休，以為人家達賴喇嘛的退休也和他們的鄧小平退休一樣，只是場騙局而已。

有人分析說，退休後的達賴喇嘛在政治上仍然是藏人的最高領袖；只不過他從幕前退到幕後，以垂簾聽政的方式繼續領導藏人。

我以為這種說法不準確。首先，對所謂垂簾聽政，有必要先解釋幾句。

現在人們一談起垂簾聽政，往往把它當成一套潛規則。其實，垂簾聽政本來是一套明規則。垂簾聽政是中國古代，因為皇帝有病或年幼，而由皇后或太后臨朝，代為執政的制度；因古時男女有別，須在殿上用簾子遮隔，故得名。

在這裡，皇后或太后代為執政是公開的，人所共知的，名正言順的。這和我們現在說的垂簾聽政很不一樣。

譬如在八九民運期間，人們說鄧小平垂簾聽政，那不僅僅是說，趙紫陽雖然是總書記，名義上是第一把手，但實際上，按照中央的一個內部決定，遇到大事還是要聽鄧小平的；而且還說這種關係是不公開的，是秘而不宣的。趙紫陽無非是在和戈巴契夫的會談中把這件事說出來了，就引起鄧小平等一班保守派震怒。可見這和古代的垂簾聽政並不是一回事。

現在我們說垂簾聽政，常常是指某人不在其位，也沒有任何公開的乃至於秘密的協定，實際上卻手握大權；在其位者反而要受制於他。

不難看出，這種意義上的垂簾聽政，只能發生在權力缺少明確規範，其運作缺少透明度，其來源不是選民的專制制度。在民主制下不可能出現垂簾聽政。流亡藏人既然已經採用了民主制，所以，退休後的達賴喇嘛不可能垂簾聽政。

這當然不是說，達賴喇嘛退休後在政治上就沒有影響力了。我相信，退休後的達賴喇嘛在政治上對藏人仍然會有很大的影響力。在這裡，我們務必要把影響力和權力區分開來。政治影響力和政治權力的關係很複雜，在很多時候，兩者是交織的；但是確實存在著獨立於權力之外的影響力，例如知識份子在政治上的影響力是來自其言論的說服力而和權力無關。影響力的典範莫過於印度的甘地。甘地沒有公職，沒有軍隊，也沒有自己的政黨，但是對印度人民擁有很大的道義感召力，從而對印度的政治擁有很大的影響力。我想，就此而言，退休後的達賴喇嘛和甘地是很類似的。

　　不久前，達賴喇嘛接受《星島日報》總編輯王寧採訪時表示，即使他全面退休後，如果有必要，他還是會出來參與同北京的對話。達賴喇嘛強調，過去十年，與北京官員的對話是由藏人民選官員準備和決定的，然後他們來問我。我當然支持他們。過去十年主要的責任是由他們承擔的。根據具體情況，如果藏人民選政府決定要通過他參加對話，他一定會繼續承擔這個使命。

　　注意！在這裡，達賴喇嘛談到他在今後仍然可能繼續承擔與北京的對話。但是和過去有所不同。在過去，和北京對話是由流亡政府決定的，但事先要諮詢他，要徵得他的同意；今後和北京的對話也是由政府決定的，但無須再向他諮詢和徵得他認可，而是直接委任他去做這件事。達賴喇嘛說過：「身為藏人，只要有

廣大人民的信任和託付，我將永不會捨棄政教公眾事務。」顯然，這和「垂簾聽政」是不相干的。

2011 年 4 月

十世班禪喇嘛對漢人的特殊意義

今年 1 月 28 日，是十世班禪喇嘛逝世 30 周年。

1989 年 1 月 9 日，十世班禪喇嘛乘專機從北京動身前往西藏日喀則扎什倫布寺，主持班禪東陵扎什南捷開光典禮，在精神飽滿地參加了一系列活動之後，卻在 28 日猝然離世。官方說死於心臟病突發，然而班禪喇嘛的醫生證實，班禪喇嘛的身體很健康。班禪喇嘛最親近的經師和侍從，也從未證明過班禪喇嘛的健康有問題。在當時，很多藏人就對班禪喇嘛的猝然離世感到疑點重重。不少藏人懷疑，班禪喇嘛是被中共當局害死的。

班禪喇嘛去世第二天，1989 年 1 月 30 日，《紐約時報》發表記者紀思道（Nicholas Donabet Kristof）的文章〈中國西藏政策的關鍵人物班禪喇嘛去世，享年 50 歲〉（The Panchen Lama Is Dead at 50; Key Figure in China's Tibet Policy）。文章寫到：「雖然他有時被嘲笑為順從者，但是班禪喇嘛也經常為藏人的利益大聲疾呼。就在一周前，他對中共當局的西藏政策提

出了激烈的批評。據官方報導，班禪喇嘛說，中共治理西藏三十年來，西藏付出的代價超過了發展帶來的好處。他還說，一些官員正在重複舊的錯誤——這顯然是指中共當局最近對藏人示威者的嚴厲打壓，包括去年12月員警向抗議者開槍。」另有消息報導，班禪喇嘛在去世前一天曾講到達賴喇嘛，說他和達賴喇嘛都是宗喀巴弟子，他很想念他的教友達賴喇嘛。

在當時，由於消息封鎖，境內的藏人對達賴喇嘛的情況知之甚少，班禪喇嘛就成了他們能聽得見、看得見的最崇敬、最信奉的領袖。可以想見，班禪喇嘛的這些言論在廣大藏人中會造成何等強大的影響。中共當局必定對此十分驚恐，十分惱怒，而對於這樣一個「富貴不能淫，威武不能屈」的宗教領袖，當局無法消除他的聲音，唯有暗中奪去他的生命。

有人說，中共要封班禪喇嘛的口，消除他的影響，把班禪喇嘛撤職就行了，用不著下毒手。不對，中共可以撤銷班禪喇嘛的全國人大常委會副委員長的職務，但是卻無法撤銷他的班禪喇嘛的稱號，正如它無法撤銷達賴喇嘛的達賴喇嘛稱號。總統被趕下臺就不再是總統，國王失去了王國就不再是國王，然而達賴喇嘛永遠是達賴喇嘛，哪怕他離開西藏已經六十年，達賴喇嘛依然是達賴喇嘛。中共可以否認有西藏問題，但是卻不能否認達賴喇嘛是達賴喇嘛。同樣的，班禪喇嘛也永遠是班禪喇嘛。班禪喇嘛在藏人心目中的地位和影響力，是無可取代的。唯其如此，所以我

也認為，班禪喇嘛很可能是被中共當局害死的。

對於我們廣大漢人來說，班禪喇嘛具有特殊的意義。

有關西藏問題，現在有兩套對立的說法。中共有一套說法，達賴喇嘛和流亡藏人有另一套說法。於是不少漢人感到困惑：我們怎麼知道誰的說法真實可信呢？有人說，我們知道中共的說法不可信，但我們又怎麼能知道達賴喇嘛和流亡藏人的說法就是可信的呢？

在這裡，十世班禪喇嘛為我們樹立了一個參照系。

班禪喇嘛一直在境內，在體制內。他擔任過全國政協副主席、西藏自治區籌委會副主任、代主任，去世前是全國人大副委員長。中共當局在十世班禪喇嘛逝世的訃告中，稱他是「偉大的愛國主義者，著名的國務活動家，中國共產黨的忠誠朋友，中國藏傳佛教的傑出領袖」。

然而，就是這樣一位元中共高級統戰對象，班禪喇嘛早在1962年5月就寫下《七萬言書》，通過列舉大量事實，指出中共在1959年「平叛」以來犯下的一系列嚴重的錯誤和造成的嚴重問題。班禪喇嘛強調：這些問題和錯誤若不認真加以糾正，藏族將面臨滅族滅教的嚴重危險。

毛澤東把這份七萬言書稱為「無產階級敵人的反攻倒算」，班禪喇嘛遭到內部批鬥並被軟禁。1964年2月在拉薩舉辦的一次萬人宗教祈福大會上，中共要班禪喇嘛上臺發言，本來是要班禪

喇嘛批判達賴喇嘛，殊不知班禪喇嘛卻在臺上公開講出「西藏曾經是一個獨立的國家，達賴喇嘛是西藏的國王；現在，西藏人民有獨立的權利；西藏必將恢復獨立。」中共當場把班禪喇嘛抓走並關押，其後又接連舉行批鬥會。班禪喇嘛始終不服。

　　文革爆發，班禪喇嘛處境更加惡化，被關進秦城監獄達 10 年之久。文革結束後，班禪喇嘛逐漸恢復了自由和名譽，後來又擔任全國人大副委員長。在此期間，班禪喇嘛曾出訪澳大利亞、紐西蘭、尼泊爾和玻利維亞，多次收到來信勸他在海外自由國家避難，他都沒接受。班禪喇嘛在歷經劫難之後復出，並沒有放棄初心，他不但為恢復西藏的文化傳統做了大量工作，而且還屢次仗義執言，包括前面提到的在日喀則的講話。

　　一方面是榮華富貴的巨大誘惑，一方面是批鬥坐牢的巨大恐怖，班禪喇嘛在這種情況下講出的那些批評言論——從《七萬言書》到日喀則講話——只可能是出自良知，發自肺腑，具有無庸置疑的可信度。

　　十世班禪喇嘛通過他的遭遇和言論，有力地揭穿了中共當局的謊言，給達賴喇嘛和流亡藏人的西藏敘事提供了最權威的印證。這就是班禪喇嘛對漢人的特殊意義。

2019 年 2 月 10 日

達蘭薩拉觀訪小記

從 3 月 14 日到 24 日，我和蘇曉康應邀前往印度的達蘭薩拉流亡藏人社區，進行了為期一周（除去旅途時間）的參觀訪問。此行收穫很大，感受良多，且讓我一一道來。

行程簡介

首先，我將此次的行程做一番交待，順便講幾件有關的事情，可供後來觀訪者參考。

和曉康一樣，我也是第一次去達蘭薩拉。本來定下的日期是 3 月 4 日到 11 日，由於我的簽證遲遲沒批下來。負責安排這次觀訪的貢嘎扎西先生就把日期順延，因此，我們就錯過了 3 月 10 日的西藏抗暴 52 周年紀念活動，不過卻趕上了流亡政府的選舉日（3 月 20 日），也很好。

動身前，我特地向李江琳請教此行有何注意事項。李江琳叮囑說，到了那裡，別喝生水，要喝瓶裝水；要預防腹瀉、咳嗽；3 月的達蘭薩拉，氣候適宜，早晚涼一些；從新德里到達蘭薩拉，有段路要坐汽車，另外，到了達蘭薩拉，去各處參觀也要坐汽車，山路盤桓，路況不算好，有暈車毛病的人要當心。我遵循她的囑咐，帶上了好幾種藥片，有備無患；不過還好，到頭來一片也沒用上。

14 日下午，我們乘坐印度航空公司班機，從紐約甘迺迪機場

直飛新德里。機上服務不錯，乘客少，可以佔用三個位子躺下睡覺。15 日下午抵達新德里，新修建的機場高大敞亮。旺貞拉姆女士前來接機，旺貞操一口臺灣國語，一問，果然在臺灣上過學。旺貞拉姆帶著我們乘計程車穿過新德里到老德里的藏民村。公路上很擁擠，大汽車小汽車，摩托車尤其多，爭先恐後，隨意穿插，還有自行車和人力三輪車，偶爾還能見到馬車。我們下榻於旺登旅館（Wangdhen House）。我帶了電腦，但旅館裡不能上網，於是我們就上了街上的網吧，忙著看信和給家裡報平安。

　　次日，我們自己乘計程車（司機是頭晚旺貞拉姆約好的），走馬觀花地遊覽了古德蔔尖塔、國家博物館、巴哈伊禮拜堂（又稱蓮花寺）等，然後來到印度門，經國家大道，到總統府——這一帶開闊，街道筆直，建築宏偉，頗有氣勢。新德里很熱，最高溫度攝氏 32 度。晚上，旺貞拉姆送我們上火車。印度的硬臥車廂和中國的不一樣，另一邊也有兩個座位，但一到夜間就拉下來成上下兩個鋪位。車上滿員，沒空位。我和曉康有時差，睡不著覺的時候找不到地方坐，只好躺在鋪上翻來覆去，所以我們決定，等回來時乾脆坐大巴士算了。清晨，火車到了巴坦高特站（Padhankot）。接我們的是身穿絳紅色袈裟的益西丹增，他是《北京之春》的熱心讀者，一眼就認出我們。我們乘車前往達蘭薩拉，途中在一印度餐館小憩，吃了頓早午餐，中午時分抵達目的地，安置在綠屋（Green Hotel）。

接下來幾天活動很多。我們先後參觀了兒童村、學校、圖書館、博物館、難民接待中心、藏醫藥研究所和人權與民主中心，還參觀了議會、流亡政府的一些部門以及好幾處寺院，聽他們介紹，和他們交流，並且和前政治犯團體、西藏婦女會、西藏民主黨等幾家非政府組織舉行座談。拜會了達賴喇嘛、流亡議會會長平巴次仁和政府首席部長桑東仁波切等負責官員，流亡政府外交部長格桑‧塔可拉和兩位秘書長還設宴招待我和蘇曉康。

在這一周的活動中，外交與新聞部中國科負責人桑傑嘉全程陪同。他既是導遊，又是翻譯，很健談，對西藏問題如數家珍。我們也去了十七世噶瑪巴的臨時住所，噶瑪巴正在印度南方，我們沒見到噶瑪巴本人。來自紐約的《星島日報》總編輯王寧恰好也在這段時間訪問達蘭薩拉，有幾次觀訪活動我們三人一道。

拜會達賴喇嘛

我和蘇曉康是在達賴喇嘛官邸拜會達賴喇嘛的。在候客室，我們巧遇來自臺灣的林中斌夫婦和蘇嘉宏教授。林中斌原住美國，我和蘇曉康在 92 年洛杉磯的一次會議上和他相識；後來他在華盛頓的美國企業研究所工作，其後回到臺灣，擔任過國防部副部長，現在淡江大學任教。蘇嘉宏是高雄輔英科技大學的教授，對兩岸關係問題和西藏問題都很有研究，著有《流亡中的民主：印度流亡藏人的政治與社會（1959-2004）》，曾多次來紐約參

加我們《北京之春》組織的研討會。

在林中斌夫婦和蘇嘉宏教授與達賴喇嘛會見之後，輪到了我和曉康。我們和達賴喇嘛交談了大約 40 分鐘。現場由我們的老朋友才嘉做翻譯。達賴喇嘛身體和精神都很好。那天下午，他已經會見了好幾批來客，但仍然興致盎然，毫無倦意。首先，我們感謝他向諾委會推薦劉曉波作為 2010 年和平獎得主，然後我們就中國政局及其他一些問題交換了看法。

在會談結束後，我和曉康分別拿出一本達賴喇嘛的文集請他簽名。曉康還拿出一串藏式腕鏈，是剛給他妻子買的，請尊者加持。然後，達賴喇嘛和我們分別合影留念。

我們這次訪問達蘭薩拉，趕上兩件大事：一是達賴喇嘛正式退出政治活動，一是流亡議會與行政首長舉行選舉。20 日是投票日，上午，我和曉康來到達賴喇嘛所在的大乘法苑，這裡是一個投票所，只見選民們排著長長的隊伍，手裡拿著綠色的小本子——流亡藏人自願繳稅本，等候著領票、圈票和投票。這次選舉意義非凡，藏人參與熱情很高，各地來參觀的人也很多，還有國際性的觀選團。三名首席部長候選人中呼聲最高的洛桑也來到這個投票所，受到鼓掌歡迎。洛桑發表了簡短的講話，回答了記者的提問，在投票箱前投下了他的一票，然後離去。洛桑今年 43 歲，算來和王丹、吾爾開希等天安門一代是同齡人。

作家朱瑞在達蘭薩拉小住，邀請我和曉康到她的住所，親自

下廚，還送給我們她新出的書《拉薩好時光》。挪威《西藏之聲》電臺的德吉美朵也到我們的旅館和我們聊天。我在這裡的旅館和德里藏人村的旅館裡看電視，發現有個頻道，沒有影像，有聲音，正是他們《西藏之聲》的中文廣播。

記得多年前，項小吉就告訴過我，他在達蘭薩拉訪問時，走在街上聽到有藏人叫他的名字，原來他們是看《北京之春》雜誌上的照片認出他來的。我這次在達蘭薩拉也幾次遇到過同樣的情況。在達蘭薩拉流亡藏人社區，《北京之春》大概是影響最大的中文刊物。不少藏人朋友，如達瓦才仁、桑杰嘉，都是我們的作者。早先薛偉來過幾次達蘭薩拉。這裡好幾個朋友要我轉達對薛偉的問候。

達蘭薩拉給我們留下很好的印象，市面熙熙攘攘，街道乾淨，秩序良好。雖然還沒到旅遊旺季，來自世界各地的遊人已經不少，有觀光的，有朝聖的。流亡政府「麻雀雖小，肝膽俱全」，各種工作都很上軌道。據說有家國際組織做過考察，認為在世界上十幾個流亡政府中，以西藏流亡政府的制度建設和行政管理最出色。

22 日傍晚，桑傑嘉送我們坐上長途巴士，第二天上午到達德里的藏民村。旺貞拉姆在那裡等候，領我們在另一家旅館住下。回紐約的飛機是 24 日深夜 12 點多起飛，次日白天我們又進城遊覽。泰姬陵是印度最熱門的觀光景點，可惜太遠，我們沒去。看

北明的書，他們去過甘地陵，於是我們也去甘地陵。司機沒弄清楚我們的意思，把我們帶到了甘地紀念館，也好，我們參觀了紀念館，然後又請司機把我們帶到甘地陵。

飛機正點起飛。不料在快飛到冰島的時候，機上說有一位 80 歲的老太太病重，飛機又折回去降落在芬蘭的赫爾辛基，停留了兩三小時才又起飛，到紐約甘迺迪機場已是 25 日中午一點多鐘，比預定抵達時間晚了將近 8 個鐘頭。出機場我們發現，紐約還是那麼冷。

這趟旅行，開銷不大。以美國居民的眼光，印度的東西都很便宜。例如我們住的綠屋旅館，設備齊全，景觀甚佳，有網吧，也可以無線上網，一天才 800 印度盧比，折合美元不到 20 美元；叫一輛帶空調的計程車在德里逛半天，車費不過一二十美元（哪像在挪威的奧斯陸，計程車一啟動就十美元）；兩三美元就是一頓飯。我和曉康都是飲食上的保守主義者，淨撿中餐吃；換上我太太，那還不趁此良機好好嚐幾頓地道的西藏餐印度餐。

了不起的民主實踐

這次觀訪達蘭薩拉流亡藏人社區，正好趕上流亡藏人舉行人民議會和政府首席部長的投票選舉。

一個團體怎樣實行民主原則，怎樣實行民主選舉，這個我們大體都知道。一個國家怎樣實行民主原則，怎樣實行民主選舉，

這個我們大體也知道。可是,一個流亡社區怎樣實行民主原則,流亡政府怎樣實行民主選舉,這個恐怕一般人就不大知道了。我不妨就我所知道的情況,向大家,尤其是向漢人朋友做一番簡單的介紹。

首先,在流亡政府的選舉中,誰是選民?什麼人有資格投票?條件有兩個:一、要是藏人;二、要認同流亡政府,具體來說,就是要自願地給流亡政府繳稅。在藏人投票的照片裡,你可以看到很多人手裡拿一個綠色的小本子,那個本子就是流亡藏人自願繳稅本。要憑這個本子才能領取選票。稅金的標準在各地不一樣。在北美,有工作的人每年繳 96 美元,沒工作的(包括學生)繳 46 美元,18 歲以下的繳 36 美元。據瞭解,在上一年度(2010/4/1 ~ 2011/3/31),北美地區繳納的稅金有 989,048 美元。這筆錢是納入流亡政府的預算的。

關於人民議會。流亡藏人實行一院制;現在,議會共有 44 個議員名額。這 44 個名額首先是按地區分配。藏人習慣於把整個藏區分成三部分:衛藏(前藏後藏),多朵(康區)和多麥(安多)。每個區有 10 個名額。其次,再按教派分配名額。有五大教派,紅教(寧瑪派)、白教(噶舉派)、花教(薩迦派)、黃教(格魯派)、黑教(苯教),每個教派有兩個名額。為什麼在按地區分配議員名額之外,還要有個按教派分配的名額呢?這是為了避免小的教派,由於人數少,在議會中發不出聲音。再有,北美和歐洲各有兩個名額。總共 44 個名額。議員是由選民直接

選舉產生。

關於流亡政府即行政班子的選舉。早先，流亡社區草創之初，由於條件不具備，流亡政府不是選舉產生的，流亡政府的各個部長（通常是 7 個，包括首席部長）都是由達賴喇嘛任命的。其後，由達賴喇嘛提出 14 名人選，經議會投票選出 7 名。再後來，首席部長改由選民直接選舉產生；然後由當選的首席部長組閣，提出其他部長的人選，經議會表決批准。這次首席部長的選舉分兩階段進行，先是預選，然後決選。在預選中，候選人多達十幾位。經過預選投票，產生三名正式候選人。

3 月 20 日舉行正式決選投票。由於選民居住分散，統計票數的工作比較麻煩，需要較長時間，選舉結果定於 4 月 27 日揭曉。

綜觀整個選舉過程，相當開放，相當民主。

首先，候選人不是由「上面」指定的，而是由「下面」自己推出的。各地區、各教派、各寺院、各非政府組織乃至個人，都可以提出自己的議員候選人和首席部長候選人。其次，選舉很富於競爭性。有演講會、辯論會、答辯會、研討會；尤其是三位首席部長的正式候選人，不僅走訪各社區，還在自由亞洲電臺舉行了電視演講和辯論。一批知識份子還創辦了報紙專門報導選舉盛況。我們這次去參觀訪問，已經過了競選高潮，但是在達蘭薩拉流亡藏人社區和德里的藏民村，還可以看到很多競選的海報。在選民方面，參與熱情非常高，投票率創紀錄。據瞭解，北美地區的投票率高達 78%。考慮到選民居住是那麼分散，投票並不方便。

這個數字的意義更不容低估。

碰巧的是，這次三位首席部長候選人，洛桑桑蓋（美國哈佛大學法學院客座研究員）、丹增特桑（前流亡政府首席部長，現美國史丹佛大學 研究員）和扎西旺迪（流亡政府宗教與文化事務部部長，達賴喇嘛駐歐洲代表），都不是僧人；當選呼聲最高的洛桑桑蓋是平民出身，今年才43歲，和王丹、吾爾開希等天安門一代是同齡人。

按說，在民主制度下，僧人當首席部長或貴族出身的當首席部長沒什麼不好，那和政教合一、和貴族統治都不相干。但既然這次三位候選人都不是僧人，既然洛桑是平民出身，中共當局還硬要說藏人搞神權統治、政教合一，搞奴隸主貴族專制和復辟農奴制，就更見其荒謬了。

與桑東仁波切談中間路線

在為期一周的參觀訪問中，我們拜會了達賴喇嘛尊者和流亡政府官員與議會會長，參觀了兒童村、學校、寺院、藏醫藥研究所、難民接待中心和圖書館、博物館，和藏人的人權與民主中心及其他非政府組織舉行座談，還在選舉日即20日那天，前往投票場所觀看了藏民的投票選舉等等。在這裡，容我簡單介紹一下我們和流亡政府首席部長桑東仁波切的交談。

桑東仁波切今年72歲了，出生於雲南迪慶，5歲那年被認定

為四世桑東仁波切的轉世靈童，7 歲受戒，12 歲開始學習佛學。1959 年 3 月，他隨同達賴喇嘛流亡印度。在途中，達賴喇嘛任命他給隨眾僧侶當老師，那時他才 20 歲。桑東仁波切對藏族文化、宗教和歷史都頗有研究，梵文功底相當深厚，曾獲得藏傳佛教最高學位，擔任印度瓦納拉斯西藏文化學院院長和高級顧問近30 年；是國際公認的藏學大師。桑東仁波切是西藏民主先驅，他是第一部《西藏流亡憲章》起草人之一，擔任過達賴喇嘛辦公室秘書長、議會議員和議長，2001 年當選為第一任民選首席部長，2006 年連任，到今年兩屆任滿，即將退休。

會談是在流亡政府首席部長的會客室進行的。桑東仁波切身穿絳紅色袈裟，神態儒雅，舉止莊重。我們的交談從一開始就直奔主題。

蘇曉康問道：據說有不少藏人主張獨立，現在達賴喇嘛宣布退出政治，議會要改選，首席部長也要改選，民主就是要遵從多數人的意見，那麼在今後，達賴喇嘛宣導的中間路線會不會改變呢？

桑東仁波切明確回答：不會。主張獨立的藏人是少數，多數藏人是支持中間路線的；這次三位競選首席部長的候選人就都主張中間路線，因此，不論誰當選，都會繼續中間路線。桑東仁波切說，他認為至少在今後十幾二十年內，中間路線都不會改變。

我提出，達賴喇嘛的中間路線是務實的，可行的；如果改成

要求獨立，那很可能會導致藏人在國際上活動空間的萎縮。現在，達賴喇嘛訪問美國，和美國總統見面，訪問德國，和德國總理見面。中共當局抗議，指責達賴喇嘛是分裂分子。西方政府首腦理直氣壯地反駁，說達賴喇嘛不是分裂分子，達賴喇嘛是主張真正自治；他們還可以反過來呼籲中國政府和達賴喇嘛對話，認真落實西藏的真正自治。如果藏人放棄中間路線了，改成主張獨立了，而西方各國政府都是承認北京政府的，都是和中華人民共和國有正式外交關係的，那麼他們還方便和達賴喇嘛會見嗎？

桑東仁波切表示我的分析是有道理的。他說流亡政府對中間路線有深入的討論和共識。

我接著說，在中共一黨專制下，西藏獨立不可能，真正的自治也不可能。只有在結束一黨專制，民主轉型後，西藏才可能實行真正的自治。到那時，藏人會不會要求獨立呢？

桑東仁波切說，既然在現在我們都主張自治，主張留在中國，主張在中華人民共和國的框架內解決問題，到了民主轉型時自然更不成問題。

我覺得桑東仁波切的回答合情合理。我又做了一些補充。我說，伴隨著民主化，很多原先被壓制的矛盾和問題可能會浮出水面。也許，有些藏人會要求獨立，而有些漢人會熱衷於大一統而不惜使用武力。如果雙方都急於實現自己的主張，那就有可能導致嚴重的衝突。溫和派可能得不到足夠的支持無力主導大局，強

硬派則可能訴諸武力，弄不好還可能給反民主的力量提供藉口捲土重來。因此，我們的主張，一是要堅持用和平方式解決爭端，二是要規定一個過渡期、緩衝期。在這段時期，一方面鞏固自由民主，一方面加強各族各地區人民的對話和溝通，增進彼此的瞭解，消除誤會與隔閡。這才有利於我們用和平的方式，找出一種能讓各方都接受的解決方案。

桑東仁波切對我的觀點表示贊同，尤其對我強調用和平方式處理爭端這一點給予了很高的評價。

在這次會見中，蘇曉康還對達賴喇嘛退出政治以及流亡藏人社區建設等問題和桑東仁波切交換了觀點；桑東仁波切則徵詢了我們對中國大陸政經形勢的看法。

通過這次交談，我對達賴喇嘛的中間路線更有信心。達賴喇嘛多次表示，他對中國政府越來越不抱希望，對中國人民越來越抱希望。有人說，中間路線推行這麼多年，毫無進展。這話不對。因為中間路線的主張，並不只是講給中共當局聽的，更是講給中國民眾聽的。近些年來，由於各方人士的推動，特別是過去兩年多達賴喇嘛的親自推動，漢藏對話取得了非常積極的效果。

正如桑東仁波切早就講過的那樣：藏漢民族幾千年來一直和睦相處，作為鄰居，將來不可能由於一些政治問題而分離，成為仇敵，我們還是要一起存在下去。

2011 年 4 月

流亡藏人社區的民主建設

著名的奧地利作家茨威格說過：「流亡的艱辛，必須要自己經歷過，才能理解。」我們也是流亡者，我們對流亡藏人的境遇及艱辛，感同身受。我們比別人更清楚地知道，流亡藏人能堅持這麼多年，發揮這麼大的影響，流亡社區的民主建設和其他方面的建設能取得這樣的成就，是多麼的不容易，多麼的了不起。

（一）

應該說，流亡藏人能取得如此成就，那是和藏人的文化傳統以及其特有的達賴喇嘛制度分不開的。

藏人是篤信宗教的民族，而宗教信仰是連絡人們的有力紐帶。今年 3 月 7 日，我參加了大紐約地區流亡藏人舉辦的藏曆新年慶祝活動。與會的藏人竟然有兩千多。漢人的類似活動都很少能達到如此規模，而此地的漢人數目應是藏人的幾十倍。可見流亡藏人的認同感有多強。不錯，在藏人中也有世俗化的傾向或趨勢。然而，即便是那些不信教的藏人，對於他們的宗教也是尊重的。

古老的達賴喇嘛制度，和很多傳統一樣，有優點也有缺點，而流亡狀態則把其缺點大大弱化，把優點發揚光大。

按說，達賴喇嘛從小就生活在十分特殊的環境中，搞不好就

很容易不食人間煙火，不知民間疾苦；以達賴喇嘛至高無上的地位和不受制約的權力，也很容易陷入這種或那種形式的腐敗，然而流亡生涯使得十四世達賴喇嘛遠離這些弊害。與此同時，流亡又使得達賴喇嘛制度的優點發揮到極致。

達賴喇嘛是藏人的宗教領袖和政治領袖，是藏人無可爭議的象徵。世俗的流亡群體，雖然菁英薈萃，由於其世俗性，卻難以產生這樣無可爭議的象徵。

由於達賴喇嘛的尊貴，他可以不像一般流亡者那樣為生計為瑣事操心，而把全副精力放在事業上。由於達賴喇嘛是終身制，不可替代，他不必為保住權力而煞費心機。由於達賴喇嘛的超脫，超然，他不必違心地遷就一時的流行意見而比較容易堅持自己的立場。這對於在非常時期發揮精神領袖和政治領袖的作用都是利大於弊——當然，那也有賴於十四世達賴喇嘛本人的優異資質和歷經滄桑的智慧。

達賴喇嘛既能以宗教領袖的名義頻繁會見各國政要及文化領袖，又能以精神導師的名義吸引成千上萬的不同膚色不同信仰的民眾。作為西藏的象徵，人們從達賴喇嘛身上看到了西藏。五十年的流亡，成全了達賴喇嘛，使之成為世紀性的人物，使得藏傳佛教走向世界，並使得西藏問題成為國際性的問題。

一般的流亡者最擔心自己被本土的人民所淡忘，不管你原來在本土多有名多重要，隨著時間的流逝，更由於專制當局的刻意

封鎖，你的影響力都可能日趨衰落。達賴喇嘛則不然。既然有如此眾多的藏人依然尊重他們的傳統，信仰他們的宗教，他們就會順理成章地認同達賴喇嘛。儘管現今西藏境內的藏人，大部分都是在達賴喇嘛離開西藏後才出生的，但是這並不妨礙達賴喇嘛在他們心中的崇高地位。

2006 年 1 月，達賴喇嘛在印度南部小鎮舉辦的一場法會上，用感性的語言呼籲藏人不要再穿戴和買賣動物毛皮。在場的藏人當即立誓，境內更有成千上萬的藏人聞風而動，將價值不菲的皮毛製品付之一炬。有中共官員私下驚呼「我們嚴厲的法規和打擊行動，還頂不上達賴喇嘛的一句話。」達賴喇嘛對藏人有多大的感召力，這便是一個證據。

國王失去了王國，就不再是國王，然而達賴喇嘛永遠是達賴喇嘛。就連他的對手也不得不承認他是達賴喇嘛。專制政權對流亡者的一貫策略是，故意無視他們的存在，絕不肯和流亡者的代表人物坐到一起來。因為他們知道，和流亡者的任何公開接觸都是在增加流亡者的政治份量。

但是中共當局卻不得不好幾次公開地和達賴喇嘛的代表會談。在這幾次會談中，達賴喇嘛的代表是代表流亡政府，所談的問題是西藏問題。但是中國政府對外否認他們是和流亡政府的代表會談，也否認談的是西藏問題。中國政府只說他們是和達賴喇嘛的私人代表會談，談的只是達賴喇嘛的回國問題。這就表明，

儘管中國政府可以不承認流亡政府，不承認有所謂西藏問題，但他們也不能不承認，一個沒有達賴喇嘛的西藏總歸是不正常的。

（二）

今年 3 月，我和蘇曉康應邀到印度的達蘭薩拉流亡藏人社區參觀訪問，正好趕上兩件大事：一是達賴喇嘛宣布退出政治，一是流亡藏人舉行人民議會和政府首席部長的投票選舉。

一個團體怎樣實行民主原則，怎樣實行民主選舉，這個我們大體都知道。一個國家怎樣實行民主原則，怎樣實行民主選舉，這個我們大體也知道。可是，一個流亡社區怎樣實行民主原則，流亡政府怎樣實行民主選舉，這個恐怕一般人就不大知道了。我不妨就我所知道的情況，向大家，尤其是向漢人朋友做一番簡單的介紹。

首先，在流亡政府的選舉中，誰是選民？什麼人有資格投票？

條件有兩個：一、要是藏人；二、要認同流亡政府。具體來說，就是要自願地給流亡政府繳稅。在藏人投票的照片裡，你可以看到很多人手裡拿一個綠色的小本子，那個本子就是流亡藏人自願繳稅本。要憑這個本子才能領取選票。稅金的標準在各地不一樣。在北美，有工作的人每年繳 96 美元，沒工作的（包括學生）繳 46 美元，18 歲以下的繳 36 美元。據瞭解，在上一年度

（2010/4/1～2011/3/31），北美地區繳納的稅金有989,048美元。這筆錢是納入流亡政府的預算的。

有人問，在西藏也有漢人和其他民族的人，為什麼流亡政府要規定只有藏人才能成為選民呢？

我想，這裡有很多具體的困難。我們問過負責接待難民的藏人官員，每年都有很多藏人來投奔流亡社區，共產黨也一定會派特務來，你們是怎樣鑒別怎樣防範的呢？當然，他們有很多經驗很多辦法，但也有不少困難。

例如臺灣。臺灣的中華民國政府自稱是全中國的政府。按照他們的法律，大陸人也是中華民國的公民。然而，很多大陸人發現，他們想取得中華民國國籍和選舉權卻極其困難。因為根據臺灣的規定，大陸人要取得中華民國國籍，先要取得中華民國戶籍；而取得中華民國戶籍的手續很複雜，一般大陸人很難達到其要求。不少大陸人對此嘖有煩言。

我想，這恐怕和臺灣與大陸大小懸殊有關。南韓和北韓，人口與面積都勢均力敵。西德的面積是東德的兩倍，人口是東德的三倍半。所以南韓和西德都是敞開大門接納北韓人和東德人。我相信，如果臺灣若是和大陸差不多大小，他們在接納大陸人的問題上一定會更積極。流亡社區，從結構上講就有其脆弱的一面。因此，他們對接納漢人和其他民族時的保守態度應是特定情境下的權宜之計。我注意到，在藏人的「未來政體與憲法要旨」裡就

明確規定，西藏的公民不分種族不分信仰。

另外，有人說，把投票權和繳稅捆綁在一起不合理，不符合民主原則。在美國，一個公民不繳稅，政府也不會剝奪他的選舉權嘛。問題是，在美國，政府可以對不繳稅的人罰款，甚至判刑，流亡政府沒有這種制裁能力。在這一點上，流亡政府類似於民間社團。很多社團都規定會員不交會費就停止會員資格，或者是停止在會員大會上的投票權。

順便說明，流亡藏人社區實行三權分立。我們被告知，他們的最高法院實際上只處理一些民事案件，刑事案件由所在國當地政府處理。就此而言，流亡政府的法院在現階段的功能，和民間社團的監事會比較接近。

（三）

流亡政治很難，難就難在它面對一系列兩難的問題。

例如「在地化」與「流亡性」的問題。由於流亡歲月漫長，流亡者必須解決好在地化的問題，努力使自己在所在國安家立業，落地生根。然而流亡者畢竟不是移民，也不是純粹的難民，流亡者之為流亡者，就在於他們執著地關切故鄉，關切故鄉的同胞，並始終把在故鄉實現其理想當作自己的使命。加強在地化和保持流亡性不是一回事，有時還是彼此衝突的。流亡者必須同時做好這兩件事，但搞不好就很容易顧此失彼。應該說，到目前為

止，流亡藏人在兼顧兩者方面做得還是比較成功的。

另一個兩難的問題是流亡政府的民主化與合法性的問題。

我們知道，達賴喇嘛領導下的西藏流亡政府之所以堅稱自己是流亡政府，其法理依據是，它本來就是西藏的合法政府，只是因為發生在 1959 年 3 月的非法事變，失去了對本土的統治權力，其主要人員被迫流亡境外；但是他們認為並相信，他們依然是得到境內藏人的認同的，他們的合法性依然是有效的，故而他們繼續以政府自稱。所謂流亡政府，就是政府在流亡的意思。在這裡，有沒有外國政府的承認固然很重要，但是從原則上並不影響他們自己對自己的定位。

可是，隨著時間的流逝，流亡政府的合法性就會出現問題。

第一、隨著時間的流逝，流亡政府的人員就可能發生更換，新上來的人怎麼證明他們是有合法性的呢？

第二、很多形式的政府，其合法性是有時效的。例如民主政府，民主政府的合法性不是一勞永逸的，而必須建立在定期改選之上。問題是，在流亡狀態下，本土的人民無法參加改選，流亡政府的改選勢必只能是流亡社區的人民的改選，由此產生的新政府只得到了流亡社區人民的授權，得不到本土人民的授權，這樣，它就變成了流亡社區的政府，而不再是本土地區的政府。也就是說，如果它繼續聲稱是本土地區的政府，其合法性就成了問題。

臺灣的中華民國政府就遇到過類似的問題。臺灣的中華民國

政府不是流亡政府，因為中華民國政府沒有失去全中國。但由於臺灣（加上澎湖、金門、馬祖）只是全中國的很小一部分，其人口只占全中國人口的 1／50，因而，中華民國政府要聲稱自己是全中國的政府也會面臨類似的問題。

　　起初，中華民國政府可以聲稱它在統治全中國時期曾經得到過全中國人民的授權，可是接下來怎麼辦呢？你要不要定期改選呢？如果你不改選，那就是不民主；如果你改選，因為改選只能在臺灣地區進行，由此產生的政府只得到臺灣地區人民的授權，得不到大陸地區人民的授權，因此你若是繼續聲稱你代表全中國、你是全中國的合法政府就很勉強了。關於這個問題，我在〈和大陸朋友談台獨〉（《北京之春》2000 年 5 月號）一文裡有較多論述，此處不贅。

　　我們知道，西藏原來的制度是政教合一，達賴喇嘛既是宗教的最高領袖，又是政治的最高領袖。對此，中國政府也是承認的，有《十七條協議》為證。這就為流亡中的西藏政府保持其合法性提供了法統依據——只要流亡政府是以達賴喇嘛為其最高領袖，它就可以聲稱它是西藏的合法政府。原來西藏流亡政府的正式英文名字是：Central Tibetan Administration of His Holiness the DalaiLama。這個名稱突出地顯示該政府是達賴喇嘛的政府，並由此而將自身表述為西藏合法代表的政府。

（四）

　　早在五十年代，達賴喇嘛開始親政，就有改革傳統體制的願望，但限於當時的條件無法推行。1959 年 3 月拉薩事件後，達賴喇嘛率眾流亡印度。在這一年年底舉行的法會上，達賴喇嘛就提出要建立民主制度。第二年 9 月 2 日，西藏歷史上第一個人民議會（流亡）宣告成立。流亡藏人實行一院制。第一屆人民議會共有議員 13 名。此後，議會又進行了多次改革，增加了議員名額，擴大了議會權力。

　　今年 3 月我和蘇曉康應邀訪問達蘭薩拉，正趕上第十五屆流亡議會的選舉。這一屆議會共有 44 個議員名額。這 44 個名額首先是按地區分配。藏人習慣於把整個藏區分成三部分：衛藏（前藏後藏）、多朵（康區）和多麥（安多）。每個區有 10 個名額。其次，再按教派分配名額。有五大教派，紅教（寧瑪派）、白教（噶舉派）、花教（薩迦派）、黃教（格魯派）和黑教（苯教），每個教派有兩個名額。議員均由流亡藏人直接選舉產生。為什麼在按地區分配議員名額之外，還要有個按教派分配的名額呢？這是為了避免小的教派，由於人數少，在議會中發不出聲音。再有，北美和歐洲各有兩個名額。總共 44 個名額。議員是由選民直接選舉產生。

　　關於流亡政府即行政班子的選舉。早先，流亡社區草創之初，由於條件不具備，流亡政府不是選舉產生的，流亡政府的各個部

長（通常是 7 個，包括首席部長）都是由達賴喇嘛任命的。其後，由達賴喇嘛提出 14 名人選，經議會投票選出 7 名。2001 年，首席部長改由選民直接選舉產生，然後由當選的首席部長組閣，提出其他部長的人選，經議會表決批准。第一屆民選首席部長是桑東仁波切；2006 年連選連任，今年任滿下臺。桑東仁波切是僧侶，也是學者，今年 72 歲，在年齡上和達賴喇嘛是一代人。

今年 3 月是第三屆首席部長選舉。由於候選人多達十幾位，選舉分兩階段進行，先是預選，產生三名正式候選人，然後決選。整個選舉過程相當開放，相當民主。

首先，候選人不是由「上面」指定的，而是由「下面」自己推出的。各地區、各教派、各寺院、各非政府組織乃至個人，都可以提出自己的議員候選人和首席部長候選人。其次，選舉很富有競爭性。有演講會、辯論會、答辯會、研討會；尤其是三位首席部長的正式候選人，不僅走訪各社區，還在自由亞洲電臺舉行了電視演講和辯論。一批知識份子還創辦了報紙專門報導選舉盛況。在選民方面，參與熱情非常高，投票率創紀錄。據瞭解，北美地區的投票率高達 78%。考慮到選民居住是那麼分散，投票並不方便，這個數字的意義更不容低估。

在這次首席部長選舉中，三位正式候選人洛桑桑蓋（美國哈佛大學法學院客座研究員）、丹增特桑（前流亡政府首席部長，現美國史丹佛大學研究員）和扎西旺迪（流亡政府宗教與文化事

務部部長，達賴喇嘛駐歐洲代表）都不是僧人。當選的洛桑桑蓋是平民出身，今年才43歲，和王丹、吾爾開希等天安門一代是同齡人。

按說，在民主制度下，僧人當首席部長或貴族出身的當首席部長沒什麼不好，那和政教合一、和貴族統治都不相干。但既然這次三位候選人都不是僧人，既然洛桑是平民出身，中共當局還硬要說藏人搞神權統治、政教合一，搞奴隸主貴族專制和復辟農奴制，就更見其荒謬了。

（五）

今年3月，達賴喇嘛正式宣布退休，即不再擔任政治領導職責。這一決定意味著藏人在民主化上的重大推進，是政教的徹底分離。

有人批評說，既然達賴喇嘛到現在才退出政治，既然此前的流亡藏人仍然實行的是政教合一，那麼，說藏人早就在實行民主就是站不住腳的──一種政教合一的制度怎麼可能是民主的制度呢？

不然。例如英國，英國至今仍然是君主制，但這並不妨礙英國早就是民主制；直到今天，英王在名義上仍享有很大權力，但實際上英王的權力早就虛化。達賴喇嘛就很像是一個虛位的君主。他的權力早就在弱化、虛化。事實上，自2001年民選首席

部長以來，達賴喇嘛就已經處於半退休狀態，除了在一些文件上作象徵性的批示之外，全部實權都交給了首席部長，現在則是把那份名義上的權力也交出來了。倘若未來某一天，英王宣布退位，那便意味著君主制在英國的徹底終結，但你能因此就否認此前的英國早就是民主的嗎？

綜觀流亡藏人社區民主化的過程，我們可以發現，在其中，達賴喇嘛發揮了很大的主導作用。像這樣，由最高統治者自己主動推行民主改革，在歷史上是不多見的。

亞里斯多德在《政治學》一書裡提出，政體可分為三類：1、由一人實行統治的君主制；2、由少數人實行統治的貴族制；3、由多數人實行統治的共和制。亞里斯多德認為，相比之下，君主制最優，貴族制次之，共和制再次之。不過他又指出，如果原政體蛻化變質，情況就正好倒了過來：君主制就變成僭主制，最壞；貴族制就變成寡頭制，次壞；共和制就變成平民制，最不壞。

在流亡藏人的政治裡，達賴喇嘛猶如一位賢明的君主。但是，再好的君主制，由於它不利於培養人民的主動性和獨立精神，因此還是不好的。只有民主制最有利於發揚人民的主動性和獨立精神。畢竟，民主參與的意義不但在於其結果，更在於其過程。人是政治的動物，參與政治本身就是好事，有參與勝過不參與，勝過無參與。達賴喇嘛在向藏人說明他退出的理由時也講到過這一點。

正像我前面提到的那樣，達賴喇嘛退出政治，勢必會對流亡政府的合法性造成重大影響。後來，西藏流亡政府已經改名為「藏人行政中央」（Central Tibetan Administration），「西藏流亡政府網站」也改名為「藏人行政中央網站」。其實，早在去年5月，達賴喇嘛在接受採訪時就講過，「流亡政府」主要是別人叫出來的，並不是他們自己的正式官方稱謂。

　　桑東仁波切先前則說過，如果流亡藏人能夠回到西藏，行政班子和議會都將解散，新的政府和議會將由包括回去的流亡藏人在內的全體西藏人民選舉產生。這表明，名稱並不那麼重要，重要的是他們是不是得到境內藏人的認同。而在這一點上，達賴喇嘛和流亡藏人是很有自信的。

　　不過，現在的流亡藏人的行政部門和人民議會雖然不再叫流亡政府，但它和一般的流亡政治組織還是有所不同的，至少，它確實對流亡藏人社區這一實體起到了某種政府的功能。另外，它所體現的民主理念和實際運作能力，想必會對境內的藏人產生很大的感召力。

　　按說，達賴喇嘛未嘗不可以像過去一樣，繼續擔任名義上的政治最高領導職務，這就是為什麼達賴喇嘛在提出退出政治後，很多流亡藏人都表示不贊同。為此，達賴喇嘛做過不止一次的說明。我以為達賴喇嘛的這一決定是深思熟慮的。它既是對一個古老制度的徹底民主化，也是對其未來可能面臨的政治困境的一種

破解。

　　我們知道，中國政府迄今都沒有妥善處理好西藏問題的意願，它只想拖延時日，等待十四世達賴喇嘛圓寂之後，流亡藏人群龍無首，衰落下去。它還可以在轉世靈童的問題上製造麻煩，自己也搞出一個來。再說，下一世的達賴喇嘛從確認到親政，總還要十幾年。這就是說，假如流亡歲月還很漫長，藏人就不能不考慮如何因應未來的一個沒有達賴喇嘛的時期。

　　達賴喇嘛在現在宣布退出政治，就是鼓勵流亡藏人獨立自立，不再依賴於達賴喇嘛，靠自己的力量支撐起局面；同時也是促進國際社會學會和沒有達賴喇嘛的流亡藏人打交道。正因為達賴喇嘛還健在，這段期間出了什麼問題，他還可以提供幫助。有這樣一段過渡，可以在很大程度上克服達賴喇嘛不在後形成的真空。

　　簡而言之，達賴喇嘛完成了只有達賴喇嘛才能完成的工作，然後又留下了一個沒有達賴喇嘛也能持續存在與發展的事業。

　　當然，達賴喇嘛做出退出政治的決定，並非只是基於現實的政治考量，而且也是出於對西藏命運的深謀遠慮。因為達賴喇嘛清楚地認識到，政治民主化和社會世俗化都是趨勢，因此，古老的達賴喇嘛制度是必須要改革的。

　　毫無疑問，退休後的達賴喇嘛在政治上仍然會有很大的影響力。在這裡，我們務必要把影響力和權力區分開來。政治影響力

和政治權力的關係很複雜，在很多時候，兩者是交織的，但是確實存在著獨立於權力之外的影響力，例如知識份子在政治上的影響力是來自其言論的說服力而和權力無關。影響力的典範莫過於印度的甘地。

甘地沒有公職，沒有軍隊，也沒有自己的政黨，但是對印度人民擁有很大的道義感召力，從而對印度的政治擁有很大的影響力。我想，就此而言，退休後的達賴喇嘛和甘地是很類似的。

賴喇嘛表示，即使他全面退休後，如果有必要，他還是會出來參與同北京的對話。達賴喇嘛強調，過去十年，與北京官員的對話是由藏人民選官員準備和決定的，然後他們來問他，他當然支持他們。過去十年主要的責任是由他們承擔的。根據具體情況，如果藏人民選政府決定要通過他參加對話，他一定會繼續承擔這個使命。

注意！在這裡，達賴喇嘛談到他在今後仍然可能繼續承擔與北京的對話，但是和過去有所不同。在過去，和北京對話是由流亡政府決定的，但事先要諮詢他，要徵得他的同意；今後和北京的對話也是由政府決定的，但無須再向他諮詢和徵得他認可，而是直接委任他去做這件事。達賴喇嘛說過：「身為藏人，只要有廣大人民的信任和託付，我將永不會捨棄政教公眾事務。」

（六）

以色列開國總理大衛 · 班 · 古里昂 說：「在以色列，為了當一個現實主義者，你必須相信奇蹟。」

五十多年來，流亡藏人在民主建設上付出了巨大的努力。你只有知道他們的處境是多麼艱難，你才能知道他們的成就是多麼輝煌。

2011 年 8 月

為什麼中間道路？為什麼非暴力？

今年 4 月 14 日，正在瑞士訪問的西藏精神領袖達賴喇嘛在接見居住瑞士的藏人時，向藏人再次講述了中間道路和非暴力原則。

達賴喇嘛說，要解決西藏問題，遲早要和中國政府對話，除此沒有其他選擇，在這種情況下，如果提西藏獨立，是無法對話的，只能走向對抗，這樣不好，沒有希望。如果西藏能獲得名符其實的自治，對中國政府有利，對藏人也有利。

在我看來，中間道路具有兩大優點：第一、它在道義上是正確的，因為中間道路保障了藏人的基本權益，而且是互利的，對藏人和對中國都有利。第二、中間道路在政治上是可行的，是務

實的。

這第二點也很重要。一方面，只考慮現實而放棄理想，屈服於眼下的現實而放棄基本權益的爭取，無疑是錯誤的。但另一方面，只是高調地談理想而不顧及現實，不考慮現實的可能性與操作層面上的可行性，也是不正確的。

前年（2011年）3月，我和蘇曉康觀訪達蘭薩拉，恰好《星島日報》北美版總編王寧先生也在達蘭薩拉觀訪。回到美國後，王寧先生在《星島日報》上發表了一組相關報導，其中有一篇是他對達賴喇嘛的專訪。

專訪中，達賴喇嘛對為何藏人無法用暴力達到自己目的做了實際分析。

他說，有次他會見一個激進藏人，對他說，現在我們假設決定用武力來達到我們的目的，那我們首先要有槍，還要有彈藥，幾支槍是不夠的，要幾千支，但誰會賣給我們呢？印度？美國？好像沒有人會賣軍火給我們；那時候從阿富汗或巴基斯坦那也許會買到前蘇聯的軍火。槍的來源有了，但錢從哪裡來呢？上述那些國家不會給的。就算有了錢也買好了槍，但如何運進中國呢？通過哪個國家邊境運進去呢？沒有國家會同意的。過去CIA幫我們空投過，但那是過去了，現在絕不會了。所以說，用武力是無法解決我們問題的。

達賴喇嘛還指出，有不少歐美人士明白無誤地對他說過，如

果藏人用暴力來解決問題，他們就不會再支持藏人了。

　　達賴喇嘛在專訪中談到，海外藏人中有些人，身不在其位時，往往對執政當局批評得很厲害，但讓他們自己去做那些工作時，他們才發現事情不像他們置身事外時那麼簡單。

　　前年3月，我和蘇曉康觀訪達蘭薩拉，和即將卸任的藏人行政中央首席部長桑東仁波切會談，也談到中間道路的問題。我們問，隨著達賴喇嘛的退休和流亡藏人行政中央的改選，藏人會不會改變中間道路呢？

　　桑東仁波切明確回答：不會。桑東仁波切說，大多數藏人是支持中間道路的，這次三位競選首席部長的候選人都主張中間道路，因此，不論誰當選，都會繼續中間道路。

　　我提出，達賴喇嘛的中間道路是務實的，可行的；如果改成要求獨立，那很可能會導致藏人在國際上活動空間的萎縮。現在，達賴喇嘛訪問美國，和美國總統見面，訪問德國，和德國總理見面。中共當局抗議，指責達賴喇嘛是分裂分子。西方政府首腦理直氣壯地反駁，說達賴喇嘛不是分裂分子，達賴喇嘛是主張真正自治；他們還可以反過來呼籲中國政府和達賴喇嘛對話，認真落實西藏的真正自治。如果藏人放棄中間道路了，改成主張獨立了，而西方各國政府都是承認北京政府的，都是和中華人民共和國有正式外交關係的，那麼他們還方便和達賴喇嘛會見嗎？

　　桑東仁波切表示我的分析是有道理的。他說流亡藏人對中間

道路有深入的討論和共識。

　　也許有人會說，中間道路和非暴力確實很好，但問題是行得通嗎？面對冥頑不靈的中共當局，中間道路有實現的可能嗎？

　　對於這樣的問題，達賴喇嘛早就講過，他不是寄希望於中共當局，而是寄希望於中國人民。在今年 3 月 29 日於西孟加拉邦弘法時，達賴喇嘛再次重申了他的這一觀點。

　　達賴喇嘛說：儘管到目前為止，對於中間道路，中國政府方面還沒有做出任何正面的回應，但是，政府和人民哪個重要？當然人民更重要。雖然在專制政權下政府很有權威，但從長遠看，還是人民更重要。

　　達賴喇嘛告訴我們，在過去二十多年，特別是在 2008 年之後，我見了很多華人，其中有知識份子和學生數千人。他們之中，有的是在美國和歐洲留學的人，還有許多著名的中國知識份子，也組織了一些專門的會議，在向他們介紹中間道路的時候，都非常歡迎。總之，支持中間道路的華人力量很大。

　　達賴喇嘛說，當今中國有著巨大的變化，國內敢講真話的人越來越多，漢人間支持「中間道路」的人也越來也越多，因此百分之百地相信這一互利雙贏的解決西藏問題方案終將取得成果。

　　我想，達賴喇嘛對中間道路和非暴力的闡述，不僅對藏人的事業具有指導意義，對我們漢人爭取自由民主也深有啟發。

2013 年 5 月 6 日

再為「中間道路」辯護

據自由亞洲電臺 6 月 15 日報導，近日，印度達蘭薩拉的西藏流亡社區分別召開了兩場有關「中間道路」和「西藏獨立」的國際性大會，引起不少中國境內藏人關注。其中一位拉薩前政治犯作為代表，透過自由亞洲電臺介紹了他們的看法。

我把他們的看法概括為以下 3 點：

1、過去他們參加抗暴活動，一致高呼「西藏獨立」的口號，但是這一訴求被中共當局視為「分裂主義」而遭到無情鎮壓。

2、面對中共的殘酷鎮壓，越來越多的境內藏人、百分之九十的境內藏人認識到唯有中間道路政策才是給西藏帶來陽光的最佳之道，在認同中間道路的藏人當中，有共產黨員、政府領導、公務員和普通民眾。

3、其實，中共當局最害怕的是中間道路，它擔心一旦實現西藏真正的自治，緊接著就會走向獨立。

這位拉薩前政治犯反復強調，獨立也好，中間道路也好，不管選擇走哪條路，重要的是應該拿出應對問題的具體策略。

我認為這位拉薩前政治犯講得非常好。畢竟是來自抗爭第一線，有切身體會，他的感受和領悟是最實在的，他提出的問題是真正的問題。

胡適早先就講過：「我常說中國人（其實不單是中國人）有一個大毛病，這病有兩種病徵：一方面是『目的熱』，一方面是『方法盲』。……只管提出『涵蓋力大』的主義，便是目的熱；不管實行的方法如何，便是方法盲。」馬克斯韋伯指出，在政治家必備的三項品質——判斷力、熱情和責任感——其中，責任感一項最為重要。政治家不能只強調自己的良好意願而不顧自己主張與作為的客觀效果。他必須考慮自身行動在現實世界中的意義，必須願意為其行動的後果承擔所有的責任。這就叫責任倫理，與之相對的是意圖倫理（或曰信念倫理）。意圖倫理強調當事人的主觀意圖或信念，不考慮、不重視其言行的客觀後果。

在主張西藏獨立的人士看來，西藏獨立這個訴求更徹底，因此更好。但問題是，主張西藏獨立勢必遭到中共當局更為嚴厲的打壓。達賴喇嘛的中間道路則有較為廣闊的活動空間。不少主張藏獨的人士說，他們之所以不同意達賴喇嘛的中間道路，是因為他們認為中間道路沒有取得任何成果。

我認為這種說法不合乎實情。事實上，中間道路取得的成果相當大。藏人的聲音能夠得到如此廣泛的國際關注和越來越多的漢人的同情、理解與支持，那都是和中間道路分不開的。如果藏人放棄中間道路，改成要求獨立，那不但得不到那些認同中間道路的藏人的支持，而且必然會導致藏人在國際上活動空間的急劇萎縮，必然會導致那些漢人同情者的流失。一旦境內藏人的認同

減少了，在國際社會的活動空間減少了，來自漢人的同情和理解也減少了，那只會使得藏人——不論是境內的藏人還是境外的藏人——的處境更加惡化。

另外，正像這位拉薩前政治犯所說，其實，中共當局最害怕的是中間道路，它擔心一旦實現西藏真正的自治，緊接著就會走向獨立。這就是說，即便你想追求西藏獨立，那麼在現階段，你也應該首先追求真正自治。因為只有實現了真正自治，獨立才可能提上議程。

道理很簡單，既然我們都承認，在今天的情況下，藏人不可能通過武裝革命即「槍桿子裡面出政權」的方式實現獨立，那麼就只有通過民主的方式追求獨立：要麼以公民投票的方式、要麼以民選的西藏政府的名義。而要這樣做，前提是要實現真正的民主，真正的自治。沒有真正的民主和自治，就不可能有公民投票，也不可能有民選政府，因此當然也就不可能有獨立。

可見，只有實現了真正民主和自治，獨立才可能成為真選項；只有在真正民主的自治的平臺上，獨立才可能提上議程。因此，作為藏獨派，在當前也應該支持中間道路，也要把實現民主和真正的自治當作現階段的目標，當作第一階段的目標，而把獨立的目標放在下一個階段。在現階段，主張西藏獨立的人士應該和主張中間道路的人士站在一起，首先為爭取真民主真自治而共同努力。

2018 年 6 月 20 日

（二）新疆

解析新疆 7.5 事件

1、小引

新疆事件，觸目驚心。在此，我們謹向此一事件中所有的無辜受害者表示沉痛的哀悼。中共當局宣布已經控制局勢，然而人們都知道，事情絕沒有到此結束。它還在以另外的形式蔓延。在未來很長一段時間內，還會有許多暴力與迫害發生。這不能不使人更加憂慮不安。

2、從韶關事件談起

新疆事件的真相是什麼？目前各家眾說紛紜。不過即便按照官方版本，我們也可以發現，中國政府是首要的責任者和最大的責任者。

人民設立政府，本來目的就是保障秩序，防止人民彼此傷害。6 月 26 日，廣東韶關發生一起嚴重的漢人與維族人的群毆事件，傷者多達 120 人，其中 89 人是維族人，還有 2 名維族人被打死。這件事的起因究竟如何，也有不同版本，那固然是很重要的。但更重要的是，在此一事件中，政府遲遲不出面，在場或附近的員警也不作為，聽任群毆持續數小時之久並造成嚴重傷亡。

後來政府出面了，卻只是讓人群自行散去，不把疑似帶頭者

和凶嫌帶走。此後數日，雖然有官員去醫院看望傷者以及把死者遺體空運回新疆，但是卻遲遲未對肇事者拘留審理。直到 7 月 5 日新疆烏魯木齊事件發生後，當地政府才宣布逮捕 13 名嫌犯（其中漢人 10 名，維族人 3 名）。事後有關方面辯稱，由於群毆場面混亂，要確認帶頭者和主要凶嫌不容易，所以沒有當場處理。這種說法明顯站不住腳。正因為群毆事件難以確認帶頭者和凶犯，所以才尤其需要在事發現場就把嫌疑者帶走，要是等到曲終人散，好幾天後再去確認嫌疑人，那不是更難了嗎？

如今人們都說韶關事件是導火線，這話也對也不對。因為如果政府及時出面制止，韶關事件就不會產生這麼嚴重的後果。或者，即使政府沒能在第一時間出面制止，因此沒能防止嚴重後果的發生，但只要政府能亡羊補牢，及時地出面處理，事態也就不會進一步緊張了。

所以，與其說韶關事件是導火線，不如說政府對韶關事件的嚴重失職瀆職才是導火線。在這裡，政府的責任是首要的，是最大的。道理很簡單：任何時候，任何國家，都可能發生某種群毆事件，但絕不是任何群毆事件都會產生嚴重後果，也絕不是任何產生了嚴重後果的事件都會成為更大的騷亂的導火線。這就是好政府與壞政府的區別，這就是仁慈幹練的官員和昏庸殘暴的官員的區別。

3、種族衝突與文革武鬥

韶關事件發生時，有人在現場錄影，然後把錄影放上了互聯網。7月3日，我收到朋友發來的這段視頻，看後很是震驚。腦子裡閃出的第一個問題就是：員警哪裡去了？又不是深山老林。打成這樣子怎麼政府也不出來制止？

韶關的武鬥具有種族衝突的性質。在這種衝突中，一個人，本來沒有做出任何傷害對方的事，僅僅因為他屬於某一種族，就成為對方攻擊的對象。這種衝突與仇殺會產生滾雪球式的效應，它不但會使很多無辜者成為犧牲品，而且也會使一些普通人變成打人兇手甚至殺人犯。

我不曾經歷過這種種族間的武鬥，但是我在文革期間經歷過群眾組織間的武鬥。從一開始的拳打腳踢，然後發展到木棒鋼條，最後一直到動槍動炮。有多少人，過去一直很正常的，一夜之間就變成了暴徒，變成了亡命之徒，出手越來越狠，膽大妄為，忘乎所以，明知是犯法的事也敢去做，常常是連自己的性命也不顧惜。有人甚至殺紅了眼，連婦孺老人都不放過。

四川作家鄭光路著有厚達 600 頁的《文革武鬥》一書，其中記敘了全國武鬥的若干極端表現，諸如剮皮抽筋，火燒活埋，還有半夜突襲，集體屠殺等。在武鬥中，受攻擊者絕不限於對方的所謂壞頭頭、黑幹將和武鬥人員，而且常常還針對那些從未參加過武鬥的人，甚至他們的家屬，只因為他們被認為屬於對立的派

別。那時候國人沒有「恐怖主義」、「反人類罪」等概念，否則，這類帽子一定滿天飛。

文革武鬥的一大特點是以派別劃分「我們」和「他們」。在武鬥最厲害的地方，只要你是某一派的人，你就有可能被對立派視為敵人，成為對立派攻擊的對象，弄不好甚至成為對立派刀槍下的冤魂。這就很容易把那些本來沒有參加武鬥的人也捲入武鬥之中。當你的親友或者你本人平白無故地成為對方武鬥的受害者時，你就很可能一怒之下參加到你這派的武鬥行列，你也可能不問青紅皂白見對立派就開打。這就叫滾雪球。好在當年是打派仗，派別標識沒有寫在臉上。如今的武鬥卻是發生在外貌迥異的不同民族之間，躲都很難躲。雪球滾得更快更大。

文革中有個口號，叫「文攻武衛」。早先是河南一家群眾組織提出來的，江青在一次講話裡表示支持這個口號，於是這個口號便傳遍全國。這也是文革武鬥一大特點：雙方都堅稱自己是自衛，都說第一盆水是對方潑出來的。問題是，到底是誰潑的第一盆水，往往是一個爭不清楚的問題。甲派說是乙派先開的槍，乙派說是甲派先動了刀棍，甲派又說是乙派最先大打出手，乙派則說是甲派第一個抄家搶東西，甲派又指責是乙派先惡意辱罵，乙派再指責是甲派先口出狂言，如此這般。

且不說事情真相很難還原，就算有了真相往往也於事無補，因為在這種你來我往的武鬥中，雙方都很難堅持公平報復的原則

（就算你公平報復，由於沒有權威的協力廠商公證，常常也沒有什麼效果），自衛往往還帶上反擊，因為誰都不願意示弱，誰都想證明自己不是好欺負的，你打我三拳我至少要回敬你五拳。於是乎，在自衛的口號下，雙方武鬥逐步升級，愈演愈烈。就這樣，搞到後來，第一盆水已經變得不重要了。

文革武鬥的惡性發展和當時特殊的權力結構有關。文革期間，地方政府基本上都癱瘓掉了，只剩下軍隊。於是軍隊就扮演起維持秩序的角色。軍隊先是奉命支持左派。可是，什麼是左派？並沒有一個各方都認可的衡量標準和程式。所以，軍隊支持左派，到頭來就只是支持軍隊心目中的左派，或者是被中央承認的左派。這樣自然會引出若干問題，姑且不論。

更大的問題是，當互相爭鬥的兩大派都被定性為革命組織時，彼此間的爭執就更難裁決了。毛要求軍隊要「一碗水端平」。可是，怎麼算平，怎麼不算平，同樣缺少公認的標準和程式，各方的判斷很可能不一樣。再說軍隊在介入兩派事務後也很容易產生自己的傾向性，不同的軍隊對同一地區群眾組織的評價還會有所不同，事情就更複雜更難辦了。到最後，要麼是軍隊強壓下其中一派，要麼是乾脆兩派都壓下去。全國武鬥差不多是靠全國軍管來結束的。

大多數平民百姓只覺得他們終於等來了渴望已久的秩序，至於說在平息武鬥的名義下，官方又製造了多少冤假錯案，受害者

既無表達的機會，其他人也就很容易淡忘了。不少人還會從武鬥
災難中得到這樣的教訓，以為有政府、哪怕是壞政府，也比沒政
府強。於是，那個壞政府，正是那個造成災難的罪魁禍首的壞政
府，到最後反而成了許多人心目中的大救星——這看上去那麼自
然，但又那麼荒誕。

順便一提，文革時我在成都。四川武鬥，全國有名。我始終
反感武鬥，曾經一度，我還和一批成都市的志同道合者為停止武
鬥、促成聯合而奔走呼籲。其中一位是現今中國社科院哲學所的
研究員徐友漁，一位是後來的北大同學、現在的香港城市大學教
授張隆溪。我們三個是同級不同校，又分屬三個不同的派別。不
消說，我們的努力只是杯水車薪。而且還免不了在本派內部被一
些鐵桿分子批為「右傾」。

文革之後，照理說國人痛定思痛，起碼也該建立起保障言論
自由的機制和確立司法獨立。從 79 到 89，各界人士也為此做了
大量工作。六四槍響粉碎了此前人們的一切努力。政府成了黑社
會，民間則瀰漫暴戾之氣。公權力毫無公信力，老百姓之間有了
紛爭也常常靠拳頭解決問題。如果你問韶關事件中動手的漢人為
什麼不到法院控告調戲乃至強姦漢族女工的那幾個維族人，他們
一定會振振有詞地告訴你官府不公，官府偏袒維族人。不幸的是，
這種說法並不是毫無根據。

4、新疆事件的關鍵是先鎮後暴

不難想像，當韶關事件的消息，借助於現場的錄影，通過互聯網，傳到新疆維族人那裡，會激起何等強烈的反應。肯定會有很多維族人摩拳擦掌：「他們打了我們，我們一定要打回來！」

然而，好幾天過去了，新疆地區並沒有發生什麼維族人用暴力報復漢人的事（在互聯網時代，如果發生了這種事，除非是程度很輕而且零零星星，否則總是會傳出來的）。這是為什麼？是有某位維族領袖秘密號令維族人，幾月幾日幾時幾分一齊動手嗎？不可能。

在「老大哥（註）」無處不在的新疆，維族人不可能擁有如此發達的組織系統和聯絡系統，也沒有具備如此超級號召力的領袖。「老大哥」可不是吃素的（當然，如果確實有維族人在做這種大規模仇殺的佈置，而官府又絕不可能不掌握情況——這種拿刀拿棍棒的原始仇殺可不是像 911 那樣防不勝防啊，那麼以後發生的事，其性質就更惡劣了。那就不只是什麼維族三股勢力的罪惡，而更是政府的滔天大罪了。倘如此，第一個該殺的是政府。誰敢說不是？）

況且，就像我下面還要說明的那樣，面對強大的現代化裝備的中共軍警，沒有人會愚蠢到號令本族人用刀棍去打殺漢人，因為那必然招致官方的無情鎮壓。如果竟然有人發出這樣愚蠢的號令，又有多少人會愚蠢到付諸行動呢？

我們看到的是，7月5日下午，維族人舉行了和平抗議。可見，維族人本無意報復漢人，而希望政府主持公道。按照官方報導，7月5日下午6點20分，一些維族人士聚集廣場遊行，向政府討個說法。據香港的《亞洲週刊》（這可不是什麼「反共刊物」）報導，當時維族遊行隊伍四周都有維族人控制，以避免和鄰近漢人發生衝突。但就是這樣和平理性的遊行，還是立即招來當局的打壓，當場就抓走70多人，整個遊行隊伍也被驅散。接下來的局面勢必就有些混亂了。不過就是按照官方報導，打砸搶主要也是在8點18分以後才開始的。我們可以設想，假如在一開始，當局不是派軍警打壓，而是出面和遊行者對話，後來的事情就不會發生了。

　　你也許會說，由於政府本來就缺少公信力，又由於一些維族人本來就衝動好鬥而且高度亢奮，就算政府及時出面與和平抗議者對話，打砸搶燒殺仍然不可避免。

　　我絕不相信這種假設。我絕不相信在當時，政府無論怎麼做結果都一樣。照你這麼說，好政府和壞政府還有什麼區別？仁慈幹練的官員和昏庸殘暴的官員還有什麼區別？退一步講，我可以承認，在當時的情勢下，即便政府作出積極回應，也未必能讓所有的維族人接受。在這裡，要怪，首先就要怪政府幾十年如一日地為非作歹，以至於公信力全失。這就是孔夫子說的「民無信不立」，于丹居然把這句話解釋成人民要信仰政府而不是政府要取

信於人民。真是糟蹋聖賢。

　　再退一步講，假如政府及時作出積極回應，那麼可以肯定的是，即便不是所有人，至少也是很大一部分人會作出理性的反應。即便還有極少數人會鬧事，起碼不會鬧到如此大的規模和程度，結果總會好出許多許多。這點殆無疑問。另外，政府這麼做，也就是把抗議者中間的理性的力量和純破壞性的力量相區分，米是米，糠皮是糠皮。更何況，政府的理性應對也會催生朝野雙方的良性互動，它所帶來的積極效果又何止於這一時一事呢。

　　如前所說，當廣東韶關事件的消息傳到新疆後，維族民眾的不滿就已經相當強烈。自六四以來，中共當局對任何和平抗議活動一概嚴加打壓，維族人也不會不明白。但就是這樣，有些維族人仍然採取了和平的方式表達他們的意願，而且在將近兩小時的時間裡都基本上維持了和平的方式。你不能不承認，這些維族人已經為堅持和平方式解決問題盡了最大的努力。我必須向他們表示極大的敬意。我們沒有理由不和他們站在一起。

　　然而，當這樣的努力徹底失敗後，一些維族人中的暴力傾向必然猛烈發作，流血衝突就無法避免了。

　　很明顯，這次新疆事件又是先鎮後暴。在這裡，暴是鎮引起的。注意！這並不是說，有鎮在先，暴就有理了。這只是說，一旦有了先前的對和平遊行的鎮壓，只要你對群體的心理和行為特點有所瞭解的話，你就該知道，後面的暴就在所難免了。

平時我們說，人窮不應志短，窮了也不該當盜賊。然而我們又都知道，當社會經濟狀況大幅惡化時，盜賊必將大幅增加。這並不是說，人窮了，當盜賊就有理了；尤其是你偷你盜的又並非貪官污吏為富不仁而只是普通人甚至常常也是窮人（很多盜賊恰恰是如此），當盜賊就更沒理。不過，就像孔子所說：「君子固窮，小人窮斯濫矣。」當經濟狀況惡化時，君子能守得住本分，小人多半就守不住了。而在經濟狀況正常的時候，小人，起碼是多數小人，在財務上也是能守本分的。

　　應當看到，那些和平遊行的人和後來打砸搶的人，即便有交叉重疊，但基本上還是兩撥人。我們知道，在任何族群中都有少數極端分子。這種人就是在平時也愛惹事生非。不過總的來說，如果該族群處於比較正常的狀態，那麼在其中，總是那些比較理性的人會占上風；在這種情勢下，那少數極端分子的行為也會比較收斂。這就是為什麼在和平遊行開始那段時間，旁邊的極端分子們並沒有大打出手的原因。

　　我們完全可以想像，如果政府不是對和平遊行的人迅速打壓，而是積極回應，承認以和平方式表達意見是正當的、合法的，是要受到保護而絕不會鎮壓的，當場宣布和遊行者認真對話，誠懇地呼籲各方保持冷靜，那麼，騷亂就很可能消弭於無形。就算還有些暴徒鬧事，也只可能是極少數，絕不至於釀成大禍。然而，一旦和平的努力遭到重挫，一旦整個族群被推入困境，理性的人

橫遭摧殘，那少數極端分子就如脫韁野馬，恣意妄為了，甚至有些本來不那麼極端的人都有可能捲入這股狂暴的洪流之中。

中共當局鎮壓維族人和平遊行在先，少數維族人打砸搶燒殺在後。這是認識新疆事件的關鍵。我們必須說，中共當局應該為此後發生的一切後果負主要責任。

註、老大哥（英語：Big Brother）一詞是喬治・歐威爾在他的反烏托邦小說《一九八四》中塑造的一個人物形象，為大大小小監控的代名詞，此處的老大哥意指中共當局。

5、暴政的自我實現預言

如前所述，當我說這次新疆事件是先鎮後暴時，我並不是說，有鎮在先，暴就有理了。凡是指向無辜者的暴都是無理的，都是犯罪，都該受到懲罰。實際上，想來大家也都不會懷疑，這次事件中的暴徒是會受到懲罰的。假如說在過去，維族人與漢人發生衝突，政府有時會對維族人從輕處置，那無非是怕把事鬧大，現在事情已經鬧大了，大得不得了了，所以這一次政府在懲罰時絕不會手軟——有官員已經說了，要從重從快。這勢必又引出另一個問題，那就是政府會不會趁機製造新的冤假錯案的問題。根據以往的經驗，對此我們實在無法樂觀。

更嚴重的問題是，假如上面我的分析大體不錯的話，那麼在這次事件中，即便不算上以往幾十年的錯誤，即便我們只考慮在

這次韶關事件和烏魯木齊和平遊行的處置，政府也是首要的和最大的責任者。那麼，誰又來懲罰政府呢？至少在眼下，沒人有能力懲罰政府。政府自己更不會懲罰自己，根據以往的經驗，例如去年西藏事件，政府甚至連摘下一兩個高級官員的頂戴花翎都不大可能。而且正像我多次講過的那樣，專制統治者還很可能把由於它自己的一貫錯誤打壓政策而導致的社會動亂反過來當作加強自己暴政的藉口：「暴政醞釀動亂。相比於動亂，暴政似乎倒是一個較小的惡。於是，暴政自己就給自己製造了最方便的存在理由。」這就叫暴政的自我實現預言。

6、荒謬可笑的指控

烏魯木齊 7.5 事件發生後，中共當局隨即向全中國全世界宣布：「這是以熱比婭為首的境內外三股勢力精心策劃和組織的一場反國家、反民族、反人類的暴力恐怖事件」。

且不說熱比婭是否有那麼大的能量能從境外成功地策劃和組織起這麼大的一場暴力恐怖事件。問題是，假如她想策劃想組織，那又該怎麼策劃怎麼組織呢？假如熱比婭們對新疆的維族人說：7 月 5 日這一天上街打砸搶去，打漢人殺漢人去。對方勢必要問：中共的軍警那麼強大，烏魯木齊離邊境那麼遠，邊境線的防衛又那麼嚴，我們打了殺了以後怎麼辦呢？共產黨抓我們殺我們怎麼辦呢？顯然，除了傻瓜，沒有人會因這樣的策劃而付諸行動，熱

比婭也不可能做這樣的煽動。

其實，中共當局自己很清楚，他們對於熱比婭的指控完全是虛假的。否則，他們幹嘛不要美國政府引渡熱比婭呢？賓拉登東躲西藏，美國政府找不到。熱比婭就住在華盛頓，幾天前還在華盛頓的國際記者俱樂部召開記者會。中美之間雖無引渡條約，但是像熱比婭這樣的突出個案，中美雙方總是可以交涉的。

不久前，美國就把潛逃至美國的中國大貪污犯、前中國銀行廣東開平分行行長余震東遣返回中國。另外，幾年前，中方也曾就引渡關押在關塔納莫的「東突」份子向多次美方交涉，媒體均有報導。

如果中國政府果真掌握有熱比婭策劃組織所謂暴力恐怖事件的真憑實據，它怎麼會容忍一個駭人聽聞的暴力恐怖事件的策劃者組織者在美國逍遙法外呢？很簡單，中國政府之所以沒有要美國引渡熱比婭，就因為它提不出任何像樣的證據。

前幾天，王軍濤在接受多維記者專訪時講到，新疆黨委書記王樂泉提出的 75 事件是由以熱比婭為首的境外三股勢力一手策劃這一說法，估計在中共最高層並未獲得一致同意，溫家寶可能就不同意，因為這種說法明顯站不住腳，王軍濤說：「這是我聽到的說法中最荒唐的說法，用意惡毒，理由愚蠢。」王軍濤的批評完全正確。沒有比這一謊言更拙劣的了，中共高層不可能沒有反對者。但就是這樣一個荒謬可笑的謊言，中共至今仍在堅持。

這至少說明了以下問題。第一、中共堅持要對外一致，話一旦說出去就不改口。因為它害怕一改口會暴露內部有分歧，會被外界認為心虛，所以，哪怕它明知原先的說法不好，也要硬著頭皮堅持下去。第二、儘管中共高層不會不知道把熱比婭指為這次事件的策劃者組織者是荒謬可笑的，但是它需要確立一個具體的攻擊目標，以便掩蓋自身的失誤。哪怕這個目標選得極其荒謬，那也顧不上了。

　　但是，第三、我們也不要以為，中共這一指控既然如此荒謬，因此不會產生任何對它有利的效果？那倒未必。因為中共可以藉著這一指控，再一次把維族人以和平方式表達自己聲音的做法和少數人的暴力行為混為一談。一些漢人可能在憤怒之下，不是去維護維族人和平抗爭的權利——這也是維護漢人自己的同樣的權利，而是為中共對維族人和平抗爭的非法打壓吶喊助威——這實際上也是幫助中共打壓了自己的和平抗爭空間。

7、關於 7.5 事件傷亡數字

　　按照官方公布的數字，7.5 事件傷亡慘重，其中，受害者大部分是被維族人傷害的無辜的漢人民眾。有人說，被政府傷害的維族人數量更大，只不過被官方刻意隱瞞；還有人說，是當局派出特務假扮維族人的模樣搞打砸搶。這種手段被證實在過去就用過。我們不能排除上述可能。不過我要指出的是，即便是按照官

方的說法，事情也遠不是像看上去的那麼簡單。

　　按照官方說法，7.5事件傷亡者大多數是漢族民眾。這是有可能的。根據過去類似的情況看，每當民眾以和平方式向政府抗議時，當局的打壓總是迅速的；而每當一部分民眾暴力攻擊另一部分民眾或相互暴力攻擊時，當局的反應則常常是遲緩的。這就有可能造成這樣的結果，即：當民眾與民眾發生暴力衝突時，現場的傷亡較大；而當政府打壓民眾時，現場的傷亡反而可能比較小。

　　道理很簡單，因為政府壟斷了暴力機器，政府可以有效地制止民眾彼此之間的互相傷害。這也就是說，老百姓要傷害老百姓，只能利用政府出面制止之前的空檔，所以他們造成的傷害，幾乎全部都發生在暴力行為的現場。

　　政府卻不一樣，政府整治人，有很多種方式，現場的打殺只是其中一種，而且常常是最少用的一種，往往是不得已才用的一種。政府要整你，還可以逮捕、判刑，長期徒刑短期徒刑直至死刑，嚴刑拷打、強迫勞動、蹲小號、勞動教養、開除公職、吊銷戶口、停職停薪、監控軟禁、跟蹤、騷擾，黑社會式的綁架毆打、沒收財物，等等等等……舉不勝舉。

　　有這麼多整治手段，為什麼還非要在光天化日下的示威抗議現場開槍殺人不可呢？除非是控制不住現場。擁有現代武器裝備的軍警一開槍，老百姓知道無法抵擋，只好束手就擒或者逃跑。

因此，在遊行抗議的現場，民眾的傷亡可能倒是一個較小的數字。接下來，政府可以有條不紊、一步一步地收拾你。

昔日八九民運，全國有大大小小 300 多個城市捲入，共產黨也只是在六四那一個夜晚、在北京天安門長安街那一個「局部地區」開了槍。你能只用現場被打死打傷的民眾來定義六四鎮壓的規模和程度嗎？當然不能。在衡量六四鎮壓時，難道我們不是必須要把此後遍佈全國城鄉的逮捕、關押、判刑、勞改勞教、酷刑折磨、開除公職、降職降薪、批鬥檢討等等都統統算進去嗎？

8、猜忌與敵意是怎樣造成的

也許，對大多數漢人而言，這次新疆流血事件有如晴天霹靂，令人震驚，更出人意外。但海內外也不乏有識之士，早就預料到這種慘案的發生。這些年來，著名的海外網路作家蘆笛，就像他說的那樣，反覆在網上大聲疾呼，告訴愚昧的漢族，尤其是居住在邊疆民族地區的漢族，趕快放棄那種全民種族歧視態度，停止將少數民族當成異類加以鄙視，否則日後遲早要為此付出鮮血的代價。

幸虧蘆笛是在幾年前發出警告的，要是現在才說這些話，一定會招來很多人的攻擊。他們會責怪他說：明明是維族人打殺我們漢人，你卻還說是我們漢人不對。

如果有人這樣責怪蘆笛，那就是完全誤解了蘆笛的本意。蘆

笛的本意首先是提醒我們漢人，要意識到，長期以來，作為中國主體民族的漢人和一些少數民族的關係日趨緊張，其中，特別是維族人和漢人的相互猜忌、敵意乃至仇恨在迅速地增長。如果我們對此麻木不仁，必將自噬苦果。包括蘆笛和其他一些朋友，也包括我自己，我們力圖說明的是，在這種日趨緊張的關係中，很多漢人同胞的認知實在有太多的盲點與誤區。

也許，在流血事件爆發後的今天，有些人從情緒上就拒絕閱讀這方面的文字。但在流血事件未曾爆發前，他們又對閱讀這種文字毫無興趣。在這個問題上，我們不能不再一次批判政府，因為它長期以來壓制有關問題的公開討論。

人家王力雄自己去新疆深入調研，反倒被當局關押；辛辛苦苦寫成的書又不准在國內出版，致使大多數人無從知曉。首先是政府自己，不說它的自私，單單是它的愚蠢無知，就足以把事清搞砸了。雖說在眼下，我們完全看不出政府有虛心檢討反省的意思，但至少我們要向我們的同胞呼籲，希望有更多的人來深入瞭解中國政府的民族政策以及漢維兩族關係的方方面面。

9、小漢族主義與大漢族主義

有則古代寓言，講的是有家人修房子，一位鄰居見到，對主人說：「你這煙囪有問題，容易失火。」那主人不聽。房子修好後不久，果然失火。幸虧有幾個鄰人幫忙，總算沒把房子全燒光。

事後，主人拜謝那幾個救火的鄰人，但卻把那個一開始就提醒他房子容易失火的鄰居忘得一乾二淨。

我想，這事還好是發生在古代。若在今天，只怕主人和救火的鄰人會一起指著那個鄰居罵：「這火就是你煽起來的！哼，這傢伙唯恐天下不亂，一直在詛咒燒房子呢！」

今日新疆，各種矛盾錯綜複雜，日積月累。漢族民眾和維族民眾和專制政府有矛盾，漢族民眾和維族民眾彼此之間也有矛盾。7.5 事件就是各種矛盾累積的一次惡性爆發。儘管當局至今仍然在竭力否認民族矛盾的存在並壓制有關討論，但是在民間，這個話題已經越來越熱了。這裡，我主要想談一談維族民眾與漢族民眾的矛盾以及這種矛盾和當局民族政策的關係。

我們知道，很多漢人不滿於政府對少數民族的優惠政策，認為那是對漢人的變相歧視；尤其是在一般刑事案件上對少數民族的「兩少一寬」（少捕少殺，一般從寬），更讓他們忿忿不平。不消說，這種種不滿都是有根據的，也很好理解。然而在維族人方面，他們也有他們的不滿，有他們的痛苦；而這些不滿與痛苦常常不為我們漢人所意識，更不被我們所理解。

很多人不贊成對不同民族實行差別待遇。這話按道理當然不錯。不過我們應該看到，所謂差別待遇，不僅有對少數民族有利的東西，也有對他們不利的東西。譬如語言。語言在生活中的作用十分重大，自不待言。所謂中文，實際上是指漢語。當然，在

中國，漢人占90%以上。把漢語規定為官方語言是合理的。然而，這也就意味著把其他語言置於不利的地位，從而也就意味著把母語是其他語言的民族置於不利的地位。一個講漢語的人可以在全中國通行無礙（除了極少數偏遠落後地區），而一個講維語或藏語的人，只要離開自己的家鄉就寸步難行。這不也是一種差別待遇，而且是一種更嚴重的差別待遇嗎？

有漢族朋友說：「中國哪有什麼大漢族主義？中國只有小漢族主義。」作為漢人個體，有這種感受實不為怪。但倘若我們記住，所謂大民族主義，其典型表現之一就是強制同化其他民族；那麼我們就該懂得為什麼維族人藏族人會指責大漢族主義了。

問題就在這裡。在中國，民族區域自治徒有虛名。共產黨一直不論公開或是隱蔽的強制推行漢化政策，近些年來更是變本加厲。在新疆，各級領導的實權（即黨權）幾乎都掌握在漢人手裡。早先還有個賽福鼎當自治區黨委書記，那以後就再也沒有維族人擔任自治區第一把手的了。按說，中共建政 60 年了，自己培養的幹部也很多了，難道就找不出一個能當自治區黨委書記的嗎？這表明中共當局對維族人總還抱有「非我族類，其心必異」的猜忌，不放心。維族人焉能對此沒有感覺？

王樂泉上任以來，加強對維族文化與宗教的限制，當局拆除了喀什葛爾老城等歷史悠久且具有重要象徵意義的傳統文化建築；規定在小學用漢語代替維語，並且禁止或者限制政府工作人

員信奉伊斯蘭教，包括不得留鬍子，不得戴頭巾，不得在工作場所齋戒或者禱告。維族人慶祝自己的傳統節日也受到很大限制；如此等等。這不能不使得具有顯著民族特徵和民族意識的維族人深感被歧視被壓制。

事實上，當局對維族的方針是：大處嚴打，小處放寬。當局採用高壓態勢，不能容許少數民族有任何民族情緒。一個民族幹部，在會議上稍微發點牢騷，就肯定得不到提拔，還有可能被開除。對少數民族而言，上述種種，不是大漢族主義又是什麼呢？

10、當大量漢人進入維族人的家園

在談到新疆問題時，很多西方的學者記者都不約而同地會談到漢人移民的問題。這一點很讓許多漢人不解和不滿：新疆是中國的地方，我們去那裡難道也是問題嗎？況且我們還促進了那裡的經濟和文化的發展。不過從維族人的角度看，事情就很不一樣了。

德國詩人兼哲學家赫爾德曾經對人的歸屬感做過很好的闡發。赫爾德說：「歸屬感是人的一種基本需要。人既需要吃喝，需要安全感和行動自由，也需要歸屬某個群體。人需要使自己成為某個群體的一部分。他需要用這個群體自己的語言、傳統、藝術和想像力來發展自己的情感世界。所謂有人性，就是到某一個地方能夠有回到家的感覺，會覺得和自己的同類在一起。」

這就是說，人只有在他所屬的那塊土地上，和他所屬的群體在一起生活，用母語和周圍的人交流，他才能感到自在。如果他們發現在自己的這片土地上，湧入大量不請自來的外人，說著不同的語言，並不入鄉隨俗，而是把另外一套文化全都帶了進來，喧賓奪主，反而佔據了主導地位；他們就會感到自己的家鄉在淪落，感到自己的文化乃至自己的民族面臨生存危機。他們就會產生強烈的失落感。

據統計，在新疆的漢族人口，1949 年時僅占當地總人口的 6%，現在則高達 40%。這還沒把軍隊及其家屬包括在內，沒把數量可觀的未註冊的流動工人包括在內。與此同時，維族人的比例則相應下降，從 1949 年的 76% 下降到現在的 46%。漢語文化也愈來愈強勢。在大多數重要領域，都是漢人佔據要津；甚至在下面，維族人的位子也在大批大批地被漢人佔領。這就使很多維族人覺得他們在自己的家鄉已經成了少數民族，在文化上淪為邊緣人，在經濟上成了弱勢群體。他們感到自己的家園正在迅速地淪喪，因此，他們不但對當局，也對一般漢人產生了強烈的不滿。

7.5 事件後，網上有兩篇文章流傳很廣。一篇是黃章晉的〈再見！伊力哈木〉，一篇是作者署名「一個兵團二代」寫的〈告訴你真實的烏魯木齊〉。頭一篇主要表達的是一個維族知識份子的看法，後一篇的作者當然是漢人。兩篇文章的觀點有不少區別，但是它們對事實的描述卻相當一致。兩篇文章都揭示出，在今日

新疆，漢人已經全面佔據主導地位。

其實，像伊力哈木這種維族知識份子，本來對漢人和漢文化是很佩服的。他認為落後的維族要進步，需要漢人的說明帶動，就算漢人是殖民者，對新疆也是好的。但是，「你看看西方殖民者，從來都是帶去先進的制度、先進的文化、先進的生產力，他們高高在上，一個英國人從來不會跑到印度和當地人去搶重體力活。可是你們漢人呢？高端的工作你們占了我們不眼紅，但連扛麻袋這樣的苦力都要和我們維吾爾人搶，這算什麼事呀？」維族人到內地去，不懂漢語就吃不開。這點維族人理解，不會抱怨。但要是維族人在自己的家鄉找工作，哪怕是工地挖沙子社區掃地當保安也要懂漢語，懂了還不一定給（新疆很多招工啟事，寫明了只招漢人）。你讓維族人作何感想？

「兵團二代」在文章裡也寫到類似的情況。他講到一個很有意思的現象：在新疆，漢人的節日，維族人也放假；維族人的節日，維族人放假，漢人照樣上班。這看上去對漢人很不公平，但是仔細想一下，才會發現這裡面竟有一個驚人的秘密。因為這個現象說明……在新疆，一切活動都可以不依賴維人的參與而正常進行。可見維族人在自己的家鄉已經落到了什麼地步。

使得問題更糟糕的是，維族人的這種種不滿與痛苦沒有表達的管道。如果他們向當局申訴，當局每每不理睬；如果他們在網上發言，當局還很可能扣上「破壞民族團結，煽動民族分裂」的

罪名抓人。如「兵團二代」說，維族人原本沒有什麼獨立的想法，可是在如今這種情況下，如果再有人宣傳：「說獨立好，漢人拿了我們的地，拿走我們的油，拿走我們的棉花（這些也全有事實依據），你發現自己現在沒有工作，只能在街頭混」，那麼我想，只要是有思想的人，都會生出悲憤之情的。

民族間的怨恨常常是籠統的。維族人覺得「是你們漢人搶了我們的飯碗，是你們漢人在欺負我們，我能分得清是哪個漢人欺負我哪個不欺負嗎？」（出自《再見！伊力哈木》）

在新疆的漢族老百姓當然是無辜的。我們漢人的問題是，在和少數民族交往時，我們很少去設身處地。我們很少去瞭解別人的感受，我們不曾意識到我們的行為給對方造成的困擾和招致的怨恨。這也許是在中國，漢人占絕對優勢。因此很多漢人有一種強者的傲慢，根本不覺得他們有必要去換位思考，去體會維族人的感覺，他們對維族人的不滿乃至敵意熟視無睹，並不放在心上。有些人甚至不掩飾他們對維族的歧視和鄙視，對可能招致的怨恨滿不在乎。這些漢人無非是想：就算維族人很生氣，他們又能怎麼樣呢？他們造不了反。

但問題是，高高在上的統治者可以這樣想，作為普通老百姓的漢人可不能這樣想。那些深懷怨恨的維族人雖然數量很小，手中也沒有現代化的武器，他們的力量不足以攻擊政府，但足以對漢族平民發洩仇恨。王力雄和蘆笛都把在新疆的漢人老百姓比作

人質；一旦有什麼事觸發暴亂，遇上亡命之徒，他們就是首當其衝的犧牲品。

在這裡，我們尤其不要忘記，中國的政府乃是世界上最自私、最不負責任的政府。它不善於化解矛盾，卻極善於製造敵人。在維護專制權力和保護人民這兩者發生矛盾的時候，它總是毫不猶疑地為了前者而犧牲後者。這就使得那些本來就危險的環境變得更加危險，使得那些本來就不安全的群眾變得更加不安全。7.5事件就是明證。

11、7.5 與 911

這就需要再講講 7.5 事件了。

據中共媒體 8 月 5 日報導，中共當局在新疆地區又破獲五起暴力恐怖團夥案件。這已經是第 N 次了。近些年來，當局多次宣稱在新疆地區破獲了暴力恐怖團夥案件。這些案件是否名副其實，其中有沒有冤假錯案？姑且不論。問題是，既然當局有本事能在一小撮密謀分子還沒動手之前就破獲，為什麼卻偏偏對由一大群烏合之眾吵吵嚷嚷了好些天的 7.5 暴亂毫無防範，以至於讓暴徒們行兇長達數小時之久才想起動用軍警去鎮壓呢？這中間沒鬼才怪！

然而有人卻說：美國政府也沒有防止住 911 呀。

把 7.5 和 911 相比，極不恰當。首先，911 恐怖襲擊採取的

方式史無前例，它甚至超出了好萊塢那批專拍反恐片的編劇們的最大膽的想像。7.5 則不然。7.5 暴亂採用的是最古老最傳統的方式，用的是棍棒刀具，磚頭石塊。傻瓜都能想像得到。

其次，911 參與者只有很少一批人，故而可以高度保密，大量的策劃和準備工作又都是在美國境外進行的，美國政府難以知曉。7.5 的參與者至少有幾百人上千人乃至幾千人，從互通聲氣到結伴參與都是在境內，都是在當局的眼皮子底下進行的，而當局又擁有世界第一的對付老百姓——更不用說所謂敏感人士——的監視系統（包括金盾工程和大量的五毛與線民）。海萊特一介平民，尚且能清楚地掌握情況做出準確預報（見下節），何況當局。

再有，911 毫無預兆。911 前夕的美國，阿拉伯穆斯林族群和政府，和其他族群關係正常，國際上也沒有發生有關的特殊事件。在新疆，維族與漢族之間，維族與政府之間，關係本來就緊張；當局對維族人的動態本來就高度關注。更重要的是，7.5 前夕發生了 6.26 韶關事件，消息迅速傳入新疆，在維族人中立即引起波瀾。一個人只要不太遲鈍，他就會知道要出事。

把 7.5 事件和 1992 年美國洛杉磯黑人暴亂相比也不恰當，因為洛杉磯事件是突發事件。1992 年 4 月 29 日，美國洛杉磯一地方法院宣判去年 3 月 3 日毆打黑人青年羅德尼・金的 4 名白人員警無罪。當天晚上，洛杉磯數千名黑人聚集街頭舉行抗議活動，

隨後就局勢失控，爆發了大規模的暴力衝突。從前因到後果，整個過程一氣呵成，令地方政府措手不及。新疆事件不同。新疆事件不是突發事件。眾所周知，6.26韶關事件是新疆事件的導火線；而從6.26到7.5，中間有差不多十天的時間！不論是疏導還是防範，當局都有足夠的時間。然而當局卻偏偏是既不疏導，也不防範；而且還火上澆油，激化矛盾。這和92年洛杉磯暴亂豈能相提並論？

12、追問 7.5 事件

香港《亞洲週刊》7月23日發表文章，提到烏魯木齊一位名叫海萊特‧尼亞孜的維族知識份子，曾於7月4日下午8點，向有關部門提出預警。並於7月5日上午10點左右，面見自治區政府主要領導，當面提出三條建議：第一、新疆維吾爾自治區主席努爾‧白克力在中午12點以前出來發表講話；第二、通知民族聚居區的漢族商人，早點關門回家；第三、能調動多少部隊就調動多少部隊，首先把民族聚居區隔離起來，在一些關鍵路口進行封鎖、巡邏，下班以後戒嚴。這位領導當時表示，要打電話請示，結果是三條建議一條都沒被採納。海萊特說，他不是唯一的向政府提出預警的人，有人比他提的還早。

按說，海萊特提出的三條建議是比較周全的。首先，政府出面講話，可以紓解維族人的不滿，緩和緊張局勢。即便還有極少

數人要鬧事，起碼不會鬧到那麼大的規模和程度。與此同時，政府再調集大量軍警嚴加防範，並告知漢人做好自我保護，就算不能消除暴亂於無形，至少也能減少到較小的程度。然而政府卻偏偏是一條也不採納。這是為什麼？這是我們每一個人都最需要追問，最需要思考的問題。

是政府事先沒有估計到事態的嚴重性嗎？不可能。用不著海萊特7月4日下午來提醒，早在韶關事件的消息傳到新疆後，新疆政府馬上就會想到：1、有維族人會上街，要求政府主持公道給個說法；2、有人會衝擊政府；3、有人會報復，打殺漢人等等。那麼，政府為什麼不積極應對，預加防範呢？

其實，政府絕不是沒有預加防範。根據中新社7月6日的報導：「7月5日下午五點鐘左右，兩百餘人在烏魯木齊市人民廣場聚集，新疆警方按照工作部署和處突預案開展相應處置工作，依法強行帶離現場七十餘名挑頭鬧事人員，迅速控制了局面。」由此可見，在打壓和平抗議方面，政府是早有充分準備，動作神速。「到了九點鐘，有不少維族青年衝到人民廣場自治區常委附近，企圖進入常委機關大院未遂後離去。」由此可見，政府對保護自己也是早有準備，固若金湯。政府唯一沒做的只是沒有派軍警對漢族平民加以保護。這絕不是警力夠不夠的問題，因為你政府至少可以還有多少就派多少嘛。如果擔心警力不足，還可以像海萊特建議的那樣，讓漢族平民自己保護自己嘛。這就不能不讓

人懷疑政府別有用心。

　　有人說，如果政府事先就派出軍警封鎖戒嚴，那豈不是授人以柄，讓「敵對勢力」大做文章，指控你政府要鎮壓維族人嗎？是的。是有這種可能。政府不願意引火焚身，所以它不願意在事先就派出軍警封鎖戒嚴。但政府這樣做，正好說明它只關心自己，不關心民眾；它只在乎自己惹不惹麻煩，不在乎漢人老百姓是不是會遭到無妄之災。再說，海萊特的三條建議是配套的，如果政府不採納第一條，即不站出來發表講話，那麼，只採納後兩條也是沒用的。

　　根據官方報導，暴亂是在八點半以後開始的，大量暴力行為是發生在烏魯木齊南邊的維漢聚居區。然而根據紐約時報 7 月 17 日的報導，在整個暴亂過程中，簡直看不到什麼軍警的影子，即使有，也只是袖手旁觀。一直到半夜一點鐘，暴亂已經接近尾聲時，大量的軍警才出現。

　　紐約時報的報導特地提到，在打砸搶開始不久，一位姓韓的計程車司機被維族人硬從車裡拽出來，旁邊就有一個員警卻沒有上前制止。照理說，員警制止街頭暴力乃天經地義，這難道還要請示上級請示中央嗎？就算你員警擔心自己打不過暴徒，你總該立刻向上級報告吧。在通訊如此發達的今天，那頂多也不過是幾分鐘的事。這就不能不讓人懷疑員警事先是得到指示的，要他們不要採取行動。

問題就在這裡，新疆政府拒絕主動對群眾講話，當別人找上門來，舉行和平抗議討個說法，又立刻打壓。這本身就已經是在激化矛盾，在堵死用和平的理性的方法解決問題或緩和矛盾。這就為暴力犯罪創造了最好的外部誘因。此後，政府又聽任暴徒行兇數小時之久。我想，在 7.5 事件爆發前一刻，當海萊特極其失望地發現政府沒有採納他的任何一條建議時，他就應該料到，那些準備和平抗議的維族人必將被打壓，暴亂已經不可避免，一些漢人已經死定了。

　　為什麼政府寧可發生暴亂，發生暴徒打殺漢人的事呢？我倒並不認為從韶關事件起，政府就在玩弄一個大陰謀。韶關事件可能是突發事件，但是冰凍三尺非一日之寒，當地政府知道這件事涉及由來已久的民族矛盾，涉及政府多年來不得人心的民族政策，它擔心自己出面處理，要麼是按下葫蘆浮起瓢，要麼是兩頭不討好，反而使自己成為維族人或漢族人或者維族人和漢族人共同的攻擊目標，所以乾脆當起縮頭烏龜。

　　然而問題是，躲得過初一躲不過十五，這事傳到新疆後，新疆政府感到自己極其被動。政府明明知道，在這種情況下，政府必須站出來對民眾講話才可能緩和緊張局勢。然而對今日中共各級官員來說，最怕的就是和民眾對話，尤其是面對如此棘手的問題。這個燙手山芋沒人願意接，也沒人敢於接。

　　在拒絕了對話這種緩和矛盾疏導民怨的辦法後，當局只剩下

一種選擇，那就是激化矛盾，等待和促成暴亂發生。因為一旦發生暴亂，用共產黨的話就叫，事情的性質就起了變化，矛盾的性質就變了，問題就簡化了，於是政府就主動了。在這時政府再出來鎮壓，誰敢反對？在這種情況下，公眾的注意力全都被流血暴亂所吸引，暴徒必定成為萬眾譴責的目標，有幾個人還去批評政府？一般也就是抱怨政府出手太慢而已，很少人會深入想到「慢」背後的玄機。在事後，政府可以輕描淡寫地說自己對敵情的嚴重性估計不足。很好，因為這又為趁機進一步打擊各種異己力量提供了最好的口實。

誰要是不接受這種解釋，請給出另外的解釋。

13、和毛時代的比較

今日新疆的形勢相當緊張。那麼，毛時代的新疆是否比現在還和諧一點？當然未必。只是那時當局對訊息的控制更嚴密，很多事情外界無從知曉而已。

不過，倘若僅就民族關係而言，毛時代倒確有可能比現在緩和一些。因為毛時代講的是共產主義意識形態，講的是階級鬥爭。那時候，人們在意的身份認同是革命反革命，是紅五類黑五類。「親不親，階級分；親不親，線上分」。民族身份、民族矛盾則被淡化，故而不顯著。毛時代絕不是一個和諧的時代，而是一個嚴重衝突的時代，但那時的衝突是以另一種面貌呈現的。

今天的情況則不同。隨著柏林牆倒塌，共產黨意識形態徹底破產，原先被掩蓋被沖淡的民族問題，文化問題日益突出。現在，中共為了排拒自由民主，找不出別的理由，就宣稱自由民主只是西方的價值，沒有普適性，否認世上有任何普遍適用的價值，竭力強調特殊性，強調「國情」，大肆鼓吹民族主義。

可是這種做法也是雙刃劍：你鼓吹你的民族主義，那就必然反過來刺激別人的民族主義；你講你的文化傳統，別人也會講別人的文化傳統。你大講特講「炎黃子孫」，大講特講儒家傳統，可是，像維族、藏族，人家不是炎黃子孫，也不屬於儒家傳統，你這樣講，不是刺激人家的疏離感，刺激人家的分離意識麼？官方講中華民族，可是中華民族這個概念是個政治概念，不是民族學上的民族概念，再說，這個概念也只有一百年的歷史，要用這個概念塑造一種共同體的感覺，效果是很有限的。中共拒絕普適價值，它拿不出能夠凝聚各民族人心的東西，只有靠強力，而強力又恰恰是有反作用的。

另外，從經濟上講，今天的中國也和毛時代有很大變化。毛時代是計劃經濟或曰指令經濟。政府包辦一切。它只要在社會資源的分配使用上和社會成員的控制安排上實行均等的或略向少數民族傾斜的政策，各民族彼此之間就不會有太大意見，也就不會有太大的衝突。自從經濟改革以來，上述局面極大改觀，政府已經不可能掌握所有的資源配置和機會分配，即使它依舊做出某些

規定照顧少數民族，但這些規定往往只停留在紙面上。由於漢人佔據大量資源，出於管理的方便和利益的追逐，大量的機會必然被漢人所佔有，維族人的生存空間越來越狹小，與漢人的矛盾也越來越嚴重。

14、餘論

上節提到的問題，很多人都是看到的。不過他們以為這些都是正常現象，是一個多民族國家走向現代化，走向民族融合即同化的必經的陣痛。在他們看來，如果說當局的民族政策有什麼錯，那就是錯在沒有徹底拋棄民族自治那一套。據他們說，所謂民族自治這一套是昔日蘇聯史達林發明的，它既是民族衝突的原因，也是後來蘇聯解體的根源。

我不贊成這種觀點。我先前已經寫過〈談談民族自治問題〉和〈再論民族自治問題〉兩篇短文闡明我的觀點。這裡我要強調的是，首先，民族自治這一套不是蘇聯人發明的，早在蘇聯建立之前就出現了。例如，奧匈帝國的架構就具有民族自治的特點。另外，在第一次世界大戰結束後的 1919 年，美國總統威爾遜提出的民族自決主張，也就包含了民族自治的內容。

這一點伯林早就講到了。伯林說：「新興的民族國家，哪怕只從自己的歷史經驗中認識到某種道理的話，它就會認識到必須滿足境內各種族和文化群體對自治的渴望。」再者，否定民族自

治，就意味著實行更徹底的強制性同化政策。

不錯，歷史上很多民族融合即同化，實際上是靠強制手段才成功的。但問題是，在當代世界，我們還能夠重複那些前人的做法嗎？我們還願意付出他們所付出過的那些代價嗎？過去行得通的那些做法，在當代背景下還行得通嗎？如果你是認同人權民主理念的，你更應該考慮，那種強制性同化的做法是否和人權民主理念能相容不悖。

我以為在上面這幾個問題上，答案都是否定的。

2009 年 9 月 9 日

關注海萊特，揭露大陰謀

在新疆 7.5 事件一周年之際，我籲請各界人士關注維吾爾族記者海萊特 ・ 尼亞孜。

去年新疆 7.5 事件發生後，國內有兩位維族知識份子給我留下深刻印象，一位是在中央民族大學任教的伊力哈木 ・ 土赫提，另一位就是海萊特 ・ 尼亞孜。

海萊特是文革後第一批大學生，1982 年畢業於中央民族大學中文系，是資深記者，擔任過《新疆法制報》總編室主任，《法治縱橫》雜誌社副社長，《維吾爾線上》的編輯和管理員。去年 10 月 1 日，海萊特被當局拘捕，至今未起訴未審判，一直關在烏

魯木齊天山看守所。警方對海萊特的家人說，拘捕原因是海萊特在 7.5 事件後接受了多家境外媒體的採訪，洩露了國家機密。

我以為，所謂「洩露國家機密」，很可能就是指海萊特在去年 7 月 21 日接受香港《亞洲週刊》採訪，談到他曾經在 7 月 4 日向有關方面提出預警，並在 7 月 5 日上午面見自治區主要領導，提出化解民怨、防止暴亂的三條建議，但是新疆政府一條都沒有採納。

海萊特並非異議人士。他以為當局會接受他的建議。事後他發現當局沒有接受他的建議並造成嚴重後果，自然十分失望，因此忍不住要講出這番話。殊不知他的這番話，無意中捅破了新疆政府的一個大陰謀。新疆政府惱羞成怒，為了封口，所以把海萊特拘捕關押。

我在去年 7 月 28 日文章〈追問 75 事件〉裡指出：7.5 事件幕後大有玄機。因為 7.5 事件並非突發事件，自從 6.26 廣東韶關事件傳到新疆後，維族民眾群情激憤。很多人都意識到要出事，不止海萊特一個人向新疆當局提出預警。

在 7 月 5 日這一天下午，大批維族學生在廣場和平請願，當局立即出動大量人馬，當場抓走 70 多位和平請願者，迅速地控制了場面；其後，當部分維族抗議者衝到自治區常委機關大院時，那裡早已有軍警護衛，固若金湯。

可見，當局在打壓和平請願和保護政府機關不受衝擊這兩方

面都做了充分的準備，採取了強硬的應對措施。當局唯一沒做的只是沒有派軍警對漢族平民加以保護。這當然不是疏忽大意的問題。因為在維漢聚居區發生的暴力行為整整持續了4個多小時，大部分地方連員警的影子都看不見，即使有，也只是袖手旁觀。照理說，員警制止街頭暴力乃天經地義，並不需要再去請示上級；就算你員警擔心自己打不過暴徒，你總該立刻向上級報告。在通訊如此發達的今天，那頂多也不過是幾分鐘的事。

因此我推斷，員警很可能事先是得到指示的，要他們不要採取行動。這就是說，新疆政府拒絕用和平方式解決問題，故意刺激事態惡化，促成暴亂發生，等到暴亂發生後，又故意按兵不動，導致平民——主要是漢族平民的大量傷亡，然後新疆政府再以「反恐平暴」的名義殘酷鎮壓維族民眾，並把這一切推到境內外疆獨勢力頭上。

這一年來，我從多種管道獲知，在國內，甚至在中共黨內，也有越來越多的人產生了同樣的懷疑。上個月出版的《明鏡月刊》發表署名文章，說「王樂泉故意引發新疆暴動。」文章說，有一種陰謀論說法在中共內部都流傳：「2009年7.5事件並非海內外疆獨勢力所挑起，而是新疆當局的陰謀。」之所以有大量群眾死傷，卻極少有員警因公殉職，可見這不僅是員警和武警失職、瀆職，更說明王樂泉內部下達了指令（http://www.mirrorbooks.com/news/html/85/n-12585.html）。

應該指出，中國政府並不是第一次玩弄這套陰謀。2008 年西藏 314 事件他們就玩過一次了。通過這種十分陰險狠毒的手段，中國政府極大地激化了漢族民眾和維族藏族民眾的深刻猜忌與仇恨，並以此為藉口進一步加強了對新疆西藏等地區的嚴厲管制。

　　還要看到的是，在未來，中國政府還可能採取同樣的手段。在去年年底出版的政治預言小說《盛世中國——2013》裡，作者陳冠中就寫道，在 2011 年，全球經濟崩盤，中國經濟也發生嚴重危機，各地群體事件層出不窮，政府故意撒手，聽任社會陷入無政府狀態，老百姓惶惶不安，四處逃難，然後解放軍大軍出動維持秩序，受到民眾夾道歡迎，軍隊立即展開全面嚴打，震懾了一切反抗。

　　不消說，作者以上描寫正是基於他對新疆 7.5 事件和西藏 3.14 事件的洞察。我們絕不可排除在未來發生這種情況的可能性。在當前，我們必須對仗義執言的海萊特咸表示關注，大力聲援，並徹底揭露新疆政府製造 7.5 事件的罪惡陰謀。

2010 年 7 月 4 日

中國特色的恐怖主義

　　如今，無論什麼事在中國，就會帶上中國特色。恐怖主義也不例外。那麼，中國特色的恐怖主義到底有哪些特色呢？在中國，

被當局定性為恐怖襲擊的那些事件，究竟有多少真的是恐怖主義？為何在如此的高壓態勢下，還頻繁發生這一類暴力事件？造成這些暴力流血事件的，在多大程度上是恐怖主義，在多大程度上是國家恐怖主義？

1、史上最奇怪的恐怖襲擊案──必須查明新疆和田 7.18 事件真相

新疆和田 7.18 事件，新疆維吾爾自治區新聞辦主任侯漢敏定性曰：「這是一起有計劃、有組織的以派出所為目標的暴力恐怖襲擊事件。」《天山網》《新華網》均刊出報導（http://www.chinaelections.org/Newsinfo.asp?NewsID=210983）然而細讀報導之後，令人疑竇叢生。

(1) 據報導，暴徒襲擊派出所前一天，公安機關已經覺察到他們要對派出所採取行動。

此報導沒有說清楚，他們為什麼要針對派出所呢？通常，民眾對官府不滿，他們會去找政府，找黨委。為什麼在這裡他們卻是找派出所？換句話，那個派出所究竟發生了什麼事，以致成為「暴徒」採取行動的目標？

此外，報導也未說清楚，暴徒們要採取的是什麼行動？是殺人，還是搶錢，搶武器？抑或是來抗議，是來聲援或搶走被派出

所扣押的人？

(2) 報導說，事件發生時，這個派出所的所長「正帶領派出所絕大部分警力在社區大走訪活動，用走訪群眾的方式瞭解社會穩定和群眾的建議和意見」。

這就更怪了。既然早就知道「暴徒」要來派出所，為什麼既不準備對話準備疏導，又不調兵遣將嚴加防範，反而絕大部分警力倒都離開派出所外出走訪去了呢？

(3)「暴徒」到派出所是為了做什麼？

一般的恐怖襲擊，要麼是選取有重大象徵意義的地點作為攻擊目標，以期造成新聞轟動效應。小小的、默默無聞的納爾巴格派出所顯然不是這樣的目標。

如果是為了劫財，也不會去派出所。

如果是為了搶武器，那麼，搶到武器後又如何呢？就地豎起大旗建立革命根據地嗎？顯然不可能。

要麼是為了殺人。殺人又有兩種情況，一是有特定的對象；那麼，這些「暴徒」要殺的特定對象是誰呢？為什麼是他？

如果沒有特定的殺害對象，恐怖襲擊就是以己方最小的代價，最大程度地傷害對方（包括平民），以期造成恐怖效應。為了減少己方的代價，襲擊者會採取偷襲手段，出其不意，攻其不備，打了就跑，要麼躲進深山老林，要麼逃亡境外，要麼再混入

芸芸眾生的汪洋大海。這就要求預先準備好退路，安排好接應，以便襲擊後儘快逃逸。可是從報導看，暴徒們好像連汽車都沒有，殺了人也不急著跑。可見不像是遊擊隊式的偷襲。

那麼，是不是自殺式襲擊呢？也不像。如果是自殺式襲擊，何必去的人那麼多（報導說有 18 個人）？為什麼給對方造成的傷亡又那麼少（相比之下）？

按說，搞自殺式襲擊的恐怖分子都是極端冷血的，對人質絕不會客氣。臨死一定要抓幾個墊背的。可是根據報導，暴徒們綁架了 6 個人質，殺死了兩個；而暴徒自己，14 個被當場擊斃，另外 4 個被抓，18 個人全數被殲。在員警和民眾一方，死了 4 個（1 名聯防、1 名武警、2 名人質），傷了 4 個（1 名特警、1 名聯防、2 名無辜群眾）。這場「反恐之戰」打得太漂亮了，漂亮得令人難以置信。我們不能不質疑：這是恐怖襲擊嗎？這是反恐之戰嗎？

(4)7 月 22 日，國內學者鄭現莉發表網文〈和田派出所事件的處理可否更多些耐心〉（http://www.chinaelections.org/newsinfo.asp?newsid=211227）。作者對和田事件的情況做了幾種客觀的分析和推測。作者注意到，整個和田事件，從事發到結束，只用了 90 分鐘。作者提到 2004 年俄國的車臣武裝分子劫持 1000 多名學生和老師，要求俄羅斯撤軍，允許車臣獨立。普丁總統為了保護人質的安全，在努力嘗試用政治手段解決而無效的情

況下，直到第三天才發動武力解救。相比之下，和田事件從頭到尾只有 90 分鐘，說明其間幾乎沒有什麼現場的溝通和談判。

　　我要補充的是，既然早在事發的前一天公安局就得到消息，他們有足夠的時間請示上級。為什麼不做政治手段解決問題的準備呢？再聯繫到當天派出所絕大部分警力都外出走訪去了，這就使得十來個手持簡陋武器的襲擊者如入無人之境，從而使得在派出所裡的民眾淪為人質，淪為犧牲品。那是否表明，有關當局從一開始就不想政治解決，也不想保護群眾，而是採取欲擒故縱之計，導致事態惡化和無辜民眾受害，以便於師出有名，一戰而全勝？

　　鄭現莉指出：「從襲擊者『在派出所樓頂懸掛極端宗教旗幟』來看，這起事件具有明顯的政治色彩，和單純的劫財、報復行兇有著重大區別。」那麼。襲擊者的政治訴求是什麼呢？考慮到襲擊者只有十來個人，持有的武器很簡陋，能綁架的人質才幾個，又是在默默無聞的小小派出所，按說他們不大可能提出諸如「新疆獨立」或顛覆國家政權一類高調的訴求。那麼，他們的訴求到底是什麼？這個問題很重要，偏偏官方的報導卻隻字未提。

　　根據報導，那個遭受襲擊的納爾巴格派出所所長叫阿不來提・買提尼亞孜，被打死的聯防人員叫買買提・艾里。看名字顯然不是漢人。如此說來，這起事件是維漢衝突的可能性小，是

官民衝突的可能性大。

以上分析和質疑完全是以官方報導為基礎，沒有一條是依據國內線民或境外媒體的報導。

綜上所述，我們可以看出，新疆和田 718 事件的官方報導實在是破綻百出。我們強烈要求徹底查明新疆和田 718 事件真相。

2011 年 7 月 25 日

2、對 12.28 新疆皮山事件的嚴正聲明

2011 年 12 月 29 日，《環球網》以〈新疆恐怖份子殺害我公安……七暴徒被當場擊斃〉為標題，發表了《天山網》公布的如下一條消息：「12 月 28 日 23 時許，在新疆皮山縣南部山區，一暴力恐怖團夥劫持兩名人質。我公安機關根據群眾舉報，立即出警解救人質。在處置過程中，暴徒拒捕行兇，殺害我一名公安幹警，致一名幹警受傷。我公安幹警當場擊斃暴徒 7 人，擊傷 4 人，抓捕 4 人。兩名人質獲救。」

讀罷這則消息，令人疑竇叢生。一個「暴力恐怖團夥」，被當場擊斃 7 人，擊傷 4 人，抓捕 4 人，無一逃脫，兩名人質安然獲救；這場「反恐之戰」打得太漂亮了，漂亮得難以置信。我們不能不問：這些人果真是「恐怖份子」嗎？

次日，《環球網》又發表一篇報導說：新疆維吾爾自治區的

一名官員透露，這夥暴徒共 15 人，他們都是受「聖戰」思想毒害的新疆當地青年。由於皮山縣的南邊與印度、巴基斯坦在喀什米爾的實際控制區交界，他們試圖自皮山縣出境，接受恐怖組織的訓練，參加所謂的「聖戰」。然而，由於皮山縣南部山區地貌複雜，地方也大，他們在找路過程中迷失了方向。28 日晚，兩名當地牧民為尋找走失的羊而進入山區，遭到劫持，後來中途機智脫身，向警方報案。警方迅速趕赴事發地點，但 15 名暴徒仗著人多勢眾，持刀械反抗，造成一名幹警犧牲。在反覆勸說，並且朝天鳴槍警告無效的情況下，警方最終才決定開槍擊斃、擊傷、俘獲這夥暴徒。這名官員還介紹說，受「聖戰」思想毒害的青年人往往企圖通過人跡罕至的邊境山口外逃，所以這起事件並不特別，也沒有其他的特殊背景。

這後一則報導與前一則報導明顯不一致。按照後一則報導，這 15 人只是試圖出境。所謂人質，實際上是他們要其為之指路的兩名放牧人。這兩名放牧人已自行脫身並向警方報警，因此，後來警方開火並不是為了解救人質制止恐怖行動。那 15 人手中僅有刀械並無槍支，當警方趕到現場時，現場已經沒有其他平民，因此，那 15 人根本不存在對平民實施暴力攻擊的任何可能性，那麼，憑什麼把他們稱作「恐怖份子」呢？

2012 年 1 月 1 日，《紐約時報》轉述自由亞洲電臺維語部的報導，被員警擊斃的 7 人中有 2 名女性，被抓獲的 4 名「恐怖分子」

是 7 到 17 歲之間的中小學生。到目前為止，這則消息尚未獲協力廠商證實，也未被中國政府否認。

綜上所述，我們至少可以肯定，中國政府把那 15 人稱作「恐怖分子」是毫無根據的，而將未成年的學童以「恐怖分子」的藉口加以追捕甚至射殺，則是不可饒恕的真正恐怖主義行為。

中國當局這一妄加的罪名非同小可，因為它給警方假借「反恐」之名對民眾肆意虐殺打開綠燈。在此，我們不能不向中國政府提出嚴正抗議，並要求中國政府立即糾正此一嚴重錯誤，嚴肅處置有關責任人，以及對皮山事件真相向公眾公開說明。如果你們拒絕說明拒絕糾正，那豈不是證明皮山事件不是下級偶然的失誤，而是上級一貫的指令嗎？那豈不是證明你們過去就是這麼做的，以後還要繼續這麼做嗎？

胡平、陳奎德、吾爾開希、楊建利、張偉國、武宜三、李恒青、蔡淑芳、周鋒鎖、蔡詠梅、Marie Holzman 侯芷明、馬少方、車宏年、張小剛、呂京花、潘永忠、朱欣欣、王策、盛雪、王巨、高源、劉京生、劉文忠、陳樹慶、田永德、孫寶強、陳新浩、達爾、張銘山、劉中鈞、潘嘉偉、廖天琪、王超華、呂洪來、費良勇

2012 年 1 月 4 日

3、6.29 和田劫機真相探究

中共官媒報導，6 月 29 日，由新疆和田飛往烏魯木齊的一架航班，有 6 名歹徒暴力劫持飛機，被機組人員和乘客制服。飛機隨即返航和田機場並安全著陸，6 名歹徒被公安機關抓獲。

當天，新疆自治區政府新聞辦公室主任侯漢敏在接受 BBC 中文網記者葉靖斯的電話採訪時表示，劫機者企圖利用折斷的手杖砸開駕駛室艙門，但並未成功。侯漢敏說，六名歹徒企圖從駕駛室外部砸開駕駛室門，進入駕駛室艙內實施劫機。她說，歹徒使用的工具是拐杖。後經重新拆卸並組裝成鋼管，從而實施暴力。

世界維吾爾大會發言人迪里夏提說，新疆當地維族社區不相信週五發生的「劫機」事件官方說法。迪里夏提說，根據和田當地兩個消息來源的說法，當時在飛機上的維族旅客因為座位與漢族旅客發生爭吵，維族旅客受到歧視性辱罵，雙方發生扭打。

當天，《財經網》也發表了一篇相關報導：「據知情人士稱，飛機起飛約 10 分鐘後，分布在機艙前部第 6 排至第 8 排的 3 名旅客突然用拐杖毆打其他乘客，他們持有疑似爆炸物品並用民族語言呼喊，這些人的行為得到在機艙中部就座的另外 3 名乘客回應。他們還衝撞了飛行員駕駛艙艙門。」

按照《財經網》的報導，先是幾名維族旅客用枴杖和其他乘客打架，在打架的過程中還「衝撞了飛行員駕駛艙艙門」——這就不像是劫機，倒很像迪里夏提說的打架了。《財經網》報導提到

維族旅客「持有疑似爆炸物品」，按說這條資訊很重要，但奇怪的是，這麼重要的一條資訊先前新疆政府發言人卻沒有提到。

照理說，出了這麼大一件事，一定會有很多親歷者出面講述親身經歷。但在網上只能找到區區兩三篇，有的只是講大家如何制服歹徒，沒講歹徒劫機的具體過程。有的網文倒是講到了歹徒劫機的過程，說有五名男子脫掉上衣，露出紋身走到了機長倉的門口敲門：「開門，我們要劫機。」還說有一名同夥因無法解開安全帶，沒有能參與本次劫機……如網友所說，這些描述太喜劇，一望而知是編的。

直到 7 月 1 日為止，中共官媒有關劫機的報導都含糊不清，並且有些彼此矛盾，不合情理。故而引起多方質疑。等到 7 月 2 日，《環球時報》終於發表了一篇編造得比較完整的報導——〈揭新疆劫機事件真相〉，說恐怖份子欲進行自殺式襲擊，製造機毀人亡的慘劇。

報導說，暴徒先是用拐杖直衝駕駛門，然後還試圖點著爆燃物。是坐在頭等艙的一位乘客，新疆糧食局副局長劉會軍，最先發現，大喊「劫機了！」這才驚醒了機艙內的乘務員、空警和乘客。劉會軍接著還打掉了暴徒手中試圖點著的爆燃物。不過，劉會軍也因此遭到暴徒們襲擊，頭部受重創。

這段報導雖然寫得活靈活現，但是卻充滿矛盾，經不起分析。

首先，按照這篇報導，是劉會軍發揮了關鍵作用，這理當給

所有在場者都留下極深的印象，為何此前的報導卻隻字不提？按照三天前新華社的報導，受重傷的是兩名員警，沒有提到有乘客受重傷。

第二、按照這篇報導，暴徒們不是劫機，而是要發動自殺式襲擊的，那又何苦先去衝擊駕駛門打草驚蛇呢？

第三、如果說暴徒們有兩套計畫，能劫機就劫機，劫機不成就點著爆燃物同歸於盡機毀人亡，那麼這兩套計畫當然是要由兩組人去執行的，根據報導，暴徒是分兩組的，一組在前排，一組在中間。引爆的工作理當由後一組人來幹，怎麼全讓前排一組人去幹，到頭來全讓劉會軍一個人就給破解就給打掉了呢？

更可笑的是，按照《環球時報》的報導，前排的暴徒們「撬不開駕駛艙門，就一邊揮舞金屬棒對著機艙內的乘客和設備亂砸，一邊摸出『遙控器』式的東西，並要機艙中部的同夥丟火柴和打火機過來。」這就是說，帶炸藥的人居然不帶火柴打火機，帶火柴打火機的人身上卻沒炸藥。等開始行動了，等機艙內的員警和乘客都發覺都出來搏鬥後，拿著炸藥的人才臨時當著眾人的面叫在機艙中部的同夥把火柴打火機丟過來，天下有這麼愚蠢的自殺式襲擊嗎？

類似的破綻還有，此處不再一一提及。

還記得在去年 7 月 18 日，新疆和田就發生過一起所謂「恐怖襲擊」事件，去年 12 月 28 日，在新疆皮山也發生過一起所謂「恐

怖襲擊」事件。當時我根據官方自己的報導，分析其中的自相矛盾，就指出這兩起事件其實都不是恐怖襲擊事件。

細心的讀者或聽眾想來也早就發現，每當在新疆發生了有維族人捲入其中的衝突，當局動不動就扣上「恐怖襲擊」的大帽子。而發生在內地的類似事件，哪怕更嚴重更惡劣，當局都不會說成恐怖襲擊。

在內地，有人開車故意衝撞壓死多名路人，有人帶炸藥到公共建築政府機關或私人住宅引爆，造成多人死傷，還有人拿刀衝進幼稚園小學校砍殺幼童，等等。這類針對平民的暴力攻擊，當局從不扣上恐怖主義的罪名，也不懷疑其有組織背景，不追查和境外反華勢力有何聯繫。

與此形成鮮明對比的是，被當局認定為維族人施行恐怖襲擊的很大一部分案例，參與「恐怖襲擊」行動的維族人通常都是好幾個十幾個甚至幾十個，總有若干人被當場打死，其餘也都一網打盡當場抓獲，而他們給別人造成的傷害則相對很少。尤其荒謬的是，這些所謂「恐怖分子」所採用的作案工具和方式都笨拙得不可思議。就是這樣一些很不像樣的「恐怖分子」，當局還總是明示或暗示他們有組織有預謀背後有境外反華勢力等等。

顯然，當局是在反恐的旗號下粗暴地侵犯維族同胞的人權。越來越多的漢人已經看穿了當局的無恥伎倆。在國內的《貓眼看人》網站上相關消息下面，儘管有很多跟貼被遮罩，依然留下了

大量網友的質疑和批判，就有力地證明了這一點。

2012 年 7 月 4 日

4、6.29 劫機案謊言穿幫

7月7日《新京報》報導：民航局說新疆劫機案安檢沒有失職，機上沒有爆炸物。

這一宣布非同小可，它給此前官方就 6.29 劫機案編造的一套說詞戳了一個大窟窿。

此前，當局言之鑿鑿，說這是一起未遂的自殺式恐怖襲擊。按照現場指揮員的說法，嫌犯帶有火柴、打火機等，最可怕的是 6 枚爆燃物。按照官方的報導，嫌犯甚至已經點著火了，幸虧這些爆燃物引燃時間較長，而乘客和公安保衛人員反應迅速，敢於拼命，所以才沒有引發不堪設想的後果。

民航局做此宣布倒並不奇怪，因為它害怕追究自己的責任。如果真有 6 枚爆燃物和打火機等帶上飛機，那必定是機場安檢有內線，光抓幾個維族安檢人員頂罪還不行，還必須追究主管官員的責任，少不了會有人丟掉烏紗帽，民航局的聲譽也必定會受到嚴重損害。起先民航局只顧著參與造謠沒想那麼多，爾後才意識到這是引火焚身，於是就不幹了，就改口了，也顧不得其他方面的臉面了。

讓我們接著分析下去。

既然嫌犯沒帶爆炸物，那他們又是用什麼工具去劫機呢？此前報導提到的唯一的另一樣工具是拐杖。新疆政府發言人說，歹徒使用的工具是拐杖。後經重新拆卸並組裝成鋼管。起先的報導都一口咬定拐杖是鋼管的，後來悄悄換了說法，說是金屬管的。什麼金屬呢？報導就不說了。

這中間大有名堂。

我們知道，現在市面上流行一種鋁合金做的拐杖，可以拆卸可以折疊，尤其適用於外出旅遊。百度上搜索「鋁合金可拆疊拐杖」，有幾十萬條結果。這種鋁合金拐杖是空心的，管直徑 2.5 釐米，大拇指粗細，管壁只有 1.25 毫米厚，整個拐杖淨重 400 克，也就是不到半公斤，比一般的木頭拐杖輕一半以上。用鋁合金拐杖打人，比木頭拐杖還更不給力。要說有人蓄意拿這麼輕飄飄的東西去劫機，鬼才相信。

到此為止，所謂 6.29 劫機案的謊言已經破產。不過，我們還可以再說幾句。

先前好幾篇官方報導都提到，幾個嫌犯用民族語言喊叫。可是他們喊叫什麼呢？飛機上有的是懂維語的人，卻沒有一個說出嫌犯喊叫的內容。

我們知道，通常的劫機事件，劫機者總是要大聲宣布他們要劫機，警告大家不准動，以免機毀人亡。很多國家還有規定，遇

到劫機不要反抗，以免同歸於盡。

我們知道，有嫌犯是會說漢語的（事後當局播放一段視頻，就有一名嫌犯用漢語低頭「認罪」，說他們是為了聖戰而劫機）。既然飛機上的大部分乘警和旅客是漢人，那麼，劫機者理當用漢語大聲宣布他們要劫機，好把大家都震住。在 6.29 事件中，如果有嫌犯喊出劫機，媒體的報導一定會提到。媒體的報導沒提到，可見沒人喊過劫機。在這一點上，當局沒敢造謠。畢竟，飛機上有九十多名旅客，要封住所有人的口很不容易，所以當局不敢編造嫌犯喊出過要劫機的謊言。

那麼，這幾個維族乘客到底喊的是什麼呢？沒有一家媒體的報導引用，沒引用是不敢引用，一引用就沒法栽贓了。這再次證明指控這幾個維族乘客要劫機是沒有根據的。

類似的破綻還很多，不一一列舉。

是的，事後，官方播放了一段視頻，有嫌犯當眾承認他們是要劫機。這又能說明什麼問題呢？據官方報導，有兩名嫌犯在醫院死亡。報導沒有交代死因。在兩個同伴被死亡後，要找個把嫌犯對著鏡頭低頭「認罪」豈不是輕而易舉？

事到如今，我們還不能說已經瞭解到 6.29 事件的全部真相，但是我們完全可以斷言，它絕不是當局所說的劫機。

2012 年 7 月 9 日

5、新疆巴楚 4.23 事件絕非恐怖攻擊事件

一

即便按照中共官方的報導，我也敢斷言：新疆巴楚 4.23 事件絕非恐怖攻擊事件。

道理很簡單：天底下哪有恐怖分子在自家住宅搞恐怖攻擊的呢？那豈不是把正在家裡的親友——一大堆男女老少、至愛親朋——都置於最危險的境地嗎？

4 月 29 日，中國廣播網發表文章引用專家的分析。按照中國現代國際關係研究院反恐中心李偉主任的說法，這次巴楚恐怖攻擊事件有以下幾個特點：家族式團夥作案，使用冷兵器，自殺色彩明顯。

1、家族式團夥作案，父親和兩個兒子以及多位親友共同作案；

2、使用冷兵器——刀具，而不是像大多數國際恐怖分子那樣使用爆炸物；

3、自殺色彩明顯，因為他們是在自家住宅發動攻擊，因此他們的姓名和身份立刻就會被當局掌握，即便不被當場打死，也免不了被捉拿歸案，所以發動這樣的攻擊無異於自殺。

於是，這次巴楚事件就成了：一個家族，父親和兩個兒子齊動手，再加上來訪的多位親戚朋友，在自家住宅，用冷兵器，發動了一場自殺式恐怖攻擊。

太荒誕了！一個人要愚蠢到什麼地步，才會相信世上竟有這

樣的恐怖攻擊，竟有這樣的恐怖分子。

　　我們知道，並不是所有的暴力攻擊都叫恐怖攻擊。恐怖攻擊之所以叫恐怖攻擊，就在於它是針對平民但不限於平民而發動的暴力攻擊，目的是造成恐怖效應，危害社會穩定，因此攻擊者總是選在一般人密集之處發動攻擊，或者是選在那些標誌性的地點或場所，以彰顯其政治性。攻擊者總是力圖以攻擊者一方最少的傷亡，造成對一般平民的最大傷害，並造成最大的新聞效應，以擴大其恐怖效應。

　　像巴楚 4.23 事件這樣，攻擊者是在自家住宅使用刀具對擅自進入住宅的社工和員警發動攻擊，和上述恐怖攻擊的種種特性一條都不符合，所以絕不屬於恐怖攻擊。

二

　　官媒為了說明巴楚 4.23 事件是恐怖攻擊，特地強調攻擊者「殘害無辜群眾」，其施暴對象「不分男女，不分民族」，可見其「反社會，反人類」。

　　然而，正是官媒告訴我們，雖然該團夥攻擊的對象有男有女，有漢族有維族有蒙古族，但都是前來查他們、抓他們（如果查到預謀犯罪的證據的話）的執法人員。

　　官媒公布，遭受暴力攻擊的有公安民警，有社區幹部，還有幾個社會工作人員即社工。

社工是什麼？社工就像戴上紅袖套當義務交通員或治安志願隊的居民老頭兒老太太。這些老頭兒老太太本來只是普通市民，但是當他們戴上紅袖套站在街頭或在社區巡查，他們就成了某種執法人員，成了四川人說的「二員警」。幾位社工的身份本來是平民，但是他們入戶查訪可疑人員卻是在政府的授意下扮演某種執法的角色。這就不同於鄰居串門。社工憑什麼可以隨意進入別人家中並搜查盤問，而屋主卻不敢把這些不速之客拒之門外？就因為在此時此地，社工不是普通人而是某種執法人員。

如此說來，攻擊者攻擊的對象都是執法人員，沒有一個是一般的平民百姓。可見這不屬於恐怖攻擊。

三

早在 4 月 24 日，我讀到官媒對此事的最初報導時，就在推特上寫到，巴楚 4.23 事件根本不是恐怖攻擊，因為恐怖主義是有嚴格定義的。事實上，官媒的報導本身就已經說明它不屬於恐怖主義。你甚至可以說官方破獲了一夥恐怖主義集團（？？），在破獲過程中發生了激烈的戰鬥或暴力衝突，但這場暴力衝突或戰鬥本身並非恐怖主義。

4 月 30 日，中央電視臺播出「新疆巴楚 4.23 嚴重暴力恐怖案，警方披露現場細節」。其中講到：「4 月 23 日 13 點左右，一夥暴力恐怖分子在位於巴楚縣色力布亞鎮的一所民宅中製作火藥，

被當地社區工作人員和民警在入戶走訪時發現。由於害怕罪行敗露，這些暴力恐怖分子一邊向周邊的同夥報信，一邊將聞訊趕來的公安民警和社區工作人員圍困在院內，繼而實施暴行。」

顯然，這不是恐怖攻擊事件。這像是一個預謀進行恐怖攻擊活動的團夥，當其罪惡陰謀敗露，不甘心束手就擒，而對前來執行搜查公務的人員發動暴力攻擊，引發的一場流血衝突。

例如兩個身懷利刃的強盜，潛入銀行正打算偷盜鉅款，被路過的保安發現，這兩個強盜刺死保安，並和隨後趕來的幾個員警格鬥，刺死一名員警，刺傷一名員警；在格鬥中一個強盜被打死，另一個逃跑，隨後被抓住。像這類犯罪活動我們都是比較熟悉的。這叫暴力抗拒搜捕，叫暴力襲警，但不叫恐怖襲擊。

四

可是，進一步研讀官媒的報導，我們發現上面的描述很難站得住腳。

首先，在一開始，入戶查訪的幾個社工似乎並不認為他們碰到了一個要搞恐怖活動的團夥。如果他們認為他們碰到的是一個疑似恐怖主義團夥，他們立刻就會感到很危險很可怕，他們立刻就會轉身逃出險地，跑出宅門，去向上級報告；他們就不會繼續待在屋裡或院子裡，和對方磨嘴皮子，「一邊試圖穩住對方情緒，一邊悄悄向派出所報案。」

再有，幾個聞訊趕來的公安員警和社區幹部，只有派出所所長一個人帶了武器手槍，而手槍裡只有 6 顆子彈。可見他們並不以為他們要打交道的對象很可能是極其危險的恐怖份子。這也說明當社工悄悄打電話向上級報告時，並沒有把事態說得很嚴重。

　　從那家維族人的角度來說，如果他們果真是一個預謀進行恐怖活動的團夥，既然他們知道自己已經是當局的查訪對象、懷疑對象，而且他們也知道執法人員隨時可能闖入家門檢查，他們就不會把那些用來搞恐怖活動的物證（如刀具、火藥、聖戰的錄影帶等）都放在家中，而且還是放在容易發現的地方；也不會把一大批同夥都邀集到自己家裡，毫無警惕地一塊兒做有關恐怖活動的準備工作。如果他們果真是預謀進行恐怖活動的團夥，由於做賊的必定是心虛的，因此當三個查訪的社工進入宅中，他們馬上就會很緊張很害怕，還不等你幾個社工看清楚想明白，他們就會迅速地撲上去把三個社工封口滅口，哪裡還會和他們爭執，還會讓他們有時間、有機會給上級打電話報告呢？

　　換言之，正是根據官媒的報導我們感到，那三個入戶查訪的社工，直到悄悄打電話向上級報告時，都沒有把這家維族人及其親友當作恐怖分子；而那家維族人及其親友當初的反應，也完全不像是預謀恐怖活動者應有的反應。簡言之，根據官媒的報導，我們根本得不出那家維族人和在場親友是恐怖分子或預謀進行恐怖活動的團夥的結論。

五

　　那麼，巴楚 4.23 事件的真相究竟是什麼？根據幾家西方媒體的報導，當地一些維族民眾提供了一些迥然不同的說法。

　　BBC 有記者親臨現場採訪，在發回的報導〈新疆巴楚事件：受害者還是恐怖分子？〉中寫道：

　　色力布亞鎮上的人都不敢跟記者說話，有些人說他們受到當地官員的威脅，警告他們不要跟外人說話。不過，我們很快找到目擊者，他們的敘述讓人對官方的解釋產生懷疑。

　　當地人告訴我們，捲入這起暴力事件的這家人不是什麼「恐怖分子」，長期以來，他們與當地官員有爭執與不和。

　　當地人說，這家人在宗教上很虔誠，當地官員反覆要求這家的男人剃掉鬍子，要求女人停止戴遮蓋整個面龐的面紗。

　　當地人告訴我們，地方政府規定，女性不能佩戴遮蓋整張臉的面紗，而男性只有到 40 歲以後，才能蓄鬍子。

　　我們無法透露這些人的身份，因為他們擔心地方官員會報復。不過其中的一個人說：「社區人員要求這家的女人不要戴面紗，他們沒有同意。」

　　另一人說：「我沒有什麼文化，不過據我所知，他們不是恐怖分子。」

　　現在還不清楚為什麼爭吵會演變成如此血腥的事件，也不清楚為什麼這麼多的員警和政府人員被殺。

又有一人對我們說：「我覺得是政府一再找他們，讓他們很惱火。」

「不過，鬍子和恐怖分子之間沒有什麼關係。要一個女人摘掉面紗是對她和她信仰的宗教的不尊重。」

一名目擊者描述了當時的事件。他的說法，也與官方的解釋不一致。

目擊者說：「我看到員警來了，後來看到一個受了傷的人，拿著一米長的刀，追員警，一直跑到街對面政府院子。」

「這個受傷的男子腿被擊中，倒地，很多員警將他圍了起來，然後用鐵鍬鏟死了他。」

這個目擊者說，前來救助這名男子的三個朋友看到後，逃到旁邊的商店裡。

「員警來抓他們，他們用斧子和刀來反抗，員警朝他們各開了兩槍，他們倒地。」

這些說法讓人至少懷疑其中的一人是怎麼死的，當然，警方朝其他三人開槍是否合法也是個問題。

當地員警後來發現了我們，我們也來不及收集更多的證據，予以核實。

我們無法判定，在 BBC 記者的採訪中，那些維族人講的是否確實可靠。到目前為止，我們還不清楚巴楚 4.23 事件是什麼。但是，單單是根據對中國官媒報導的仔細研讀，我們就很清楚它

不是什麼恐怖攻擊事件，那些維族人也不是什麼預謀進行恐怖活動的團夥。

2013 年 5 月 6 日

6、又見汽車撞向天安門

（一）

10 月 28 日，國內網站發布了這樣一條消息：「今天 12 時 05 分許，一輛吉普車由北京市南池子南口闖入長安街便道，由東向西行駛撞向天安門金水橋護欄後起火，行駛過程中造成多名遊客及執勤民警受傷。據初步統計，事件已造成 5 人死亡，38 人受傷，其中肇事車內 3 人死亡，另有 2 名遊客死亡。相關部門正在對事件開展調查。」

讀到這則消息，我馬上聯想起 31 年前的一件事：同樣是在天安門廣場，同樣是開車撞向金水橋，同樣是撞死撞傷多名遊客路人，肇事者名叫姚錦雲，是個年輕的女司機。

（二）

查百度百科，關於「姚錦雲」是這樣寫的：「1982 年 1 月 10 日 11 時，北京市計程車公司一廠動物園車隊 23 歲的女司機姚錦雲，駕駛一輛華沙牌計程車闖入天安門廣場。繞廣場一周後，她

加大油門，沿廣場西側衝向金水橋，致使在場群眾 5 人死亡，19人受傷。2 月 19 日，姚錦雲被執行死刑，距她 24 歲生日僅 3 天。」

我之所以馬上聯想起姚錦雲事件，不僅僅是因為當時我住在北京，對這件事有很深的印象，更是因為就在一周前我剛在網上貼出了一篇關於姚錦雲的文章。這篇文章的題目是〈姚錦雲和我——1982 年在天安門撞死 5 人撞傷 19 人事件背後的故事〉（http://www.cnd.org/HXWK/column/Recollection/kd081112-1.gb.html），作者沈睿現在美國大學任教，當年是姚錦雲的閨蜜。

文章發表於 2007 年的《華夏文摘》網刊。我早先就看過，這次想起在網上貼出此文是因為我參加了從上周開始舉行的獨立中文筆會的會員網路大會。沈睿是筆會會友，她這篇文章提到一位名叫劉京生的男士是她和姚錦雲中學時一位同學的男友，也是筆會會友。不久前，劉京生還就沈睿這篇文章中有關他的記敘作了一點補充說明。這次兩人又為一件事討論。於是，我就把沈睿那篇文章貼在我們筆會的網路社區上，不少會友都認真地閱讀了這篇長文。

（三）

姚錦雲為什麼要開車衝向天安門金水橋？按照《三聯生活週

刊》後來的報導，事故的原由並不像外界猜測的那麼複雜。

據公開的材料，1981 年 12 月，姚錦雲只完成 15 次調度任務，距公司規定的 52 次差距甚大，她也是動物園車隊 66 名司機中未完成次數最多的。1 月 6 日下午，車隊隊長靳景義在職工大會上對此進行通報，那次大會上新頒布的獎懲辦法規定：每少完成一次調度次數，扣 0.8 元，少完成兩次扣 1.7 元。據此，12 月份應扣除姚錦雲出車公里費津貼 7.4 元之後還欠 23.2 元。車隊領導強調，如果姚錦雲下月能完成或基本完成調度任務，可以不扣。

姚錦雲對這個處理結果非常不滿，她的委屈在於：「今年 1 月份才定的新規定，為什麼要反過頭扣上月的？你們是存心整我，欺負我！」1 月 8 日早上，隊長靳景義、副隊長孫堂一同找她談話，姚錦雲動怒，靳、孫二人當即決定暫不讓她出車。她在事後的口供中透露：「為了急於挽回損失，爭取下月不被扣工資，當時得知領導不讓出車時很生氣。」

1 月 8 日下午，車隊宣布姚錦雲正式停班，此後的領導談話仍未能化解矛盾。10 日，姚錦雲來到車隊要求出車，值班副隊長孫堂對她說：「等隊長回來再談，你帶著思想情緒開車不利於安全。」她雙手揪住孫堂的衣服前襟，被旁人拉開。10 點多，一名司機駕駛華沙牌轎車回隊，把車鑰匙放在辦公室桌子上，姚錦雲抄起鑰匙就把車開走了。

據姚錦雲被捕後交代，她原本想到公司告狀，在想到當日是

星期天不上班後，「沒地方說理去，乾脆不活了，到天安門廣場金水橋撞橋自殺算了！撞不死，掉到金水河裡也會淹死，而且可以製造影響，讓領導重視我的問題，追究車隊領導責任，我死了他們也好受不了！」（http://news.sina.com.cn/c/2007-09-06/141513832054.shtml）

（四）

　　不過，沈睿對事件的敘述略有不同。按照沈睿的敘述，1982年1月10日，姚錦雲和隊長吵架，起因是姚錦雲完成了月行車經濟指標，但沒有完成行車里程指標。也就是她那個月掙的錢夠了，但公里數不夠。因為就在那個月，姚錦雲遇到一個包車的人，那個有錢的包車的人付夠了錢，但是沒有跑足夠的路。姚錦雲也無法彌補這些公里數。她總不能為了滿足這些公里數而無事在公路上開車。即使她可以這樣做，但是包車的人需要她等，因此她也沒有時間去完成公里數。

　　隊長對姚錦雲說：「你沒有完成公里數，所以不給你獎金。」姚錦雲不服氣：「我掙夠了你要的錢，憑什麼扣我的獎金？按理說，你還應該多給我獎金呢！因為我既掙夠了錢，又沒有大的消耗，還為國家節約了汽油呢。」

　　隊長得意地說：「國家規定，就是國家規定，我不但不給你獎金，你來跟我吵架，我還要停你的車，不讓你出車！寫檢查！

批評你自己對領導的不尊敬。」姚錦雲氣得跳起來，衝到辦公室取暖用的火爐旁，順手揀起火通條向隊長扔過去。隊長彎腰躲過，又怕又急：「你說我不講理？你有本事到天安門去講理去！你有本事到天安門去講理去！」

沈睿寫到：姚錦雲開著華沙車從動物園出來，上車公莊，上月壇，轉二環路，穿過西單，上長安街，車速極快。一位交通警察發現，立刻跳上車追趕。姚錦雲踩足油門，小車來到天安門。這時已有 3 輛警車緊緊追趕，警笛尖嘯。姚錦雲的車在天安門廣場的環路上又繞了一圈，從人民大會堂到前門到歷史博物館到天安門，繼續向左拐，再次，第三次來到人民大會堂門口的路上。3 輛警車緊緊追堵。然後，姚錦雲的車突然掉頭，朝北，直衝天安門城樓。

（五）

然後，姚錦雲被捕。在姚錦雲案件中，檢方寫了一份很出色的「公訴詞」。這份公訴詞曾被收入當年的《司法文書》課本。

姚錦雲在獄中寫的悔過書上說：「我希望我的死能引起中國人對中國的制度，官僚主義制度的覺醒。我希望用我的死，喚醒中國人民。」在宣判她的死刑的法庭上，姚錦雲重述：「我希望我的死可以讓全世界的人看到，中國的制度是怎樣的。」

在獄中，姚錦雲給她的親友們（其中就有沈睿）寫了一封信。

信中說了這樣幾件事。第一、她深深地悔恨，為自己給他人帶來的痛苦，她向所有在這個事件中受傷和死亡的人，他們的家屬、朋友表示深深地道歉。她說她此刻別無所求，只求一死，以自己的生命來平息他們的悲傷和憤怒。第二、她說，為了表達她的悔恨，她要求捐贈自己身體的每一個部分：「我是一個健康的人，請用我的身體的器官去救那些等待這些器官的人，讓他們活下去，也就是我用自己的死換取別人的活。」第三、她深深地熱愛生活！她回憶和朋友們在一起的時光，她回憶對朋友的愛和對親人的依戀，她告誡人們珍惜生命。

姚錦雲被判處死刑，法院的判決說：被告人姚錦雲對本單位領導有意見，不採取合法的途徑解決，竟目無國法，無視人民生命財產的安全，公然在天安門廣場駕車向密集的人群衝撞，致使在場無辜群眾 5 人死亡，19 人受傷，罪行嚴重，必須依法嚴懲。依照《刑法》第一〇六條第一款、第五十三條第一款之規定，姚錦雲犯以駕車撞人的危險方法危害公共安全致人重傷、死亡罪，判處死刑，剝奪政治權利終身。

（六）

回到這次 10 月 28 日汽車撞天安門事件上來。

10 月 30 日，中共官方發布消息稱，北京警方初步認定這是一起經過嚴密策劃、有組織、有預謀的暴力恐怖襲擊案件。肇事

車內 3 人是烏斯曼 · 艾山及其妻子和母親，都是維族人，當場死亡；另外還有 5 名涉案者也全部抓獲。

官方的說詞有太多的疑點。

首先，肇事者與妻子和母親一道發動自殺式恐怖襲擊，這太令人難以置信了。且不說一個人和妻子母親同時成為恐怖分子就已經是聞所未聞，就算 3 人都是恐怖分子，為什麼他們要同時赴死上陣？發動這樣的自殺式攻擊只需要一個人，3 個人可以發動 3 次，另外兩個人的死純屬無謂、純屬多餘。世上是否可能有這樣的組織，預謀策劃這樣的恐怖襲擊行動？

按說，發動這樣的恐怖襲擊，車內應帶上炸藥，按說要搞到炸藥也不難，尤其是在「經過嚴密策劃、有組織、有預謀」的情況下。可是烏斯曼 · 艾山的車上沒有炸藥只有汽油。

按說，恐怖襲擊者既然要力圖給民眾造成最大傷亡，他們就該把汽車衝到人群密集之處點燃或引爆，為什麼卻要衝向金水橋才點燃或引爆？

官媒說，烏斯曼 · 艾山是開車撞向金水橋護欄再點燃車內汽油的。試問官媒是怎樣知道這輛車是被烏斯曼 · 艾山點燃而不是自己燃起來的呢？我們知道，在車賽中就發生過賽車撞牆而起火，車手被燒死或燒傷的事故。按說，這輛車撞向金水橋護欄，車中人不被撞死也會被撞昏，怎麼還能點燃車中汽油呢？

警方說車內發現有砍刀和鐵棍；但沒有報導說他們使用這些

兇器打人傷人，而是一直留在車裡。《紐約時報》文章提到，一些目擊者說，在這輛車向前衝時，司機曾鳴笛發出警告。《南方都市報》微博上有這樣一段話，被汽車撞傷的菲律賓女孩Francesca說：我聽到了汽車鳴笛，但當我意識到的時候已經太晚了。如果他們是「故意衝撞遊人群眾」，為什麼還要鳴笛示警？

再有，中共官方對這一事件的反應也很奇怪，不合常情。

我們知道，今年4月波士頓發生爆炸事件，美國警方立即在網路報紙和電視上刊登告示，要求當時在場的目擊者把他們拍攝的圖片和錄影發送給警方，以幫助警方尋找線索。警方公布了當時街頭監視視頻中所拍攝的內容。波士頓當地民眾踴躍向警方提供視頻圖片等資訊。

這次天安門撞車事件後中共官方的反應正好相反。中共官方不是要求目擊者提供資訊說明官方尋找線索，而是嚴密封鎖資訊，刪除掉微博上有關這一事件的所有目擊者的圖片和評論。網管甚至警告目擊者不得再度在網上發布類似資訊。

凡此種種，我們不能不對官方的說詞表示極大的保留並提出嚴肅的質疑。

就中共定性此案為恐怖襲擊，10月31日，美國國務院發言人珍‧薩奇（Jen Psaki）在美國國務院的記者會上表示，美國正密切關注此事，並與中共進行了溝通。

也就是說，美國國務院還沒有把此案定性為恐怖襲擊。

珍‧薩奇表示，這是一場悲劇，5 人在該事件中死亡，多人受傷。隨著收到資訊的增多，美方也將對此進行調查。珍‧薩奇還表示，她不認為美中在應對穆斯林極端分子或恐怖分子時有共同的價值觀和目標。美方堅信普遍人權，這當然也會適用於維吾爾族群體。這也是美國同中方定期溝通的內容。（http://www.state.gov/r/pa/prs/dpb/2013/10/216135.htm）

（七）

自 911 以來，中共當局在新疆反恐，已經反了十幾年了。然而官方公布的若干起恐怖襲擊事件，如果不是全部，至少是大部分，都令人疑竇叢生，難以採信。

例如今年 4.23 的巴楚事件，例如去年 6.29 的和田劫機事件，例如前年的 12.28 皮山事件和 7.18 和田事件。先前我曾寫文章分析這些事件，此處不贅。最近一段時期，新疆地區更是頻繁發生暴力流血事件，官媒報導有多少多少人（主要是維人）被打死或被抓捕。這些報導缺少可信的細節，也令人起疑。

只不過有一點是清楚的，那就是，新疆地區的情況沒有好轉，而是在持續惡化。正像當局的高壓維穩，結果是越維越不穩；當局的反恐，似乎也是越反越恐。這不能不讓人憂心。

2013 年 11 月 1 日

7、10.28 天安門撞車事件是突厥斯坦伊斯蘭黨策劃的嗎？

今年 10 月 28 日中午，一輛越野車撞向天安門金水橋護欄後起火，造成車上 3 人和兩名遊客死亡以及 38 人受傷。中共當局認定這是一起「經過嚴密策劃、有組織、有預謀的暴力恐怖襲擊案件」。肇事車內 3 人是烏斯曼・艾山及其妻子和母親，都是維族人；另外當局還抓捕了 5 名「涉案者」。

在將近一個月之後，一個叫作「突厥斯坦伊斯蘭黨」在互聯網上發布了該組織首領阿卜杜拉・曼蘇爾的一段 8 分鐘錄音視頻，聲稱對 10 月 28 日汽車撞天安門事件負責。這段維吾爾語錄音說，金水橋撞車事件是「聖戰鬥士發動的一次聖戰行動」。錄音宣稱今後還將陸續發動針對中國政權的行動，包括襲擊人民大會堂。

這則消息是在 11 月 24 日由路透社最先發出，不少媒體紛紛轉載。中共官方媒體也轉載了這一消息。據《環球時報》報導，中共反恐官員說他們在幾天前就已經掌握了這段視頻，並指出，所謂突厥斯坦伊斯蘭黨就是東突厥斯坦伊斯蘭運動，簡稱東伊運，是被中國政府和其他一些國家政府認定的一個恐怖組織。

明眼人一眼就可以看出，上面這個突厥斯坦伊斯蘭黨的聖戰聲明顯然是假冒的。不信，問問這個組織，為什麼明明一個人就能完成的行動，偏偏要讓一家三口一道赴死？就算烏斯曼・艾山和他的妻子、母親三個人都甘願當人肉炸彈，那就該實行三次

攻擊，那才更有利於擴大影響更有利於聖戰啊。要說烏斯曼・艾山的妻子母親不會開車，那有什麼關係？自殺式恐怖襲擊的方式多得很，例如，她們還可以身上綁炸藥往人堆裡擠，或者拿刀拿斧頭拿棍棒打人殺人，或者點燃汽油燒死路人或燒毀標誌性建築物同歸於盡等。

　　維吾爾學者，維吾爾線上創辦人伊力哈木・土赫提（Ilham Tohti）告訴我們：這個自稱「突厥斯坦伊斯蘭黨」的組織假冒認領恐怖襲擊事件不是第一次了。早在 2008 年北京奧運前，這位阿卜杜拉・曼蘇爾就發視頻說他們組織對發生在上海、溫州、昆明等地的爆炸事件負責。但隨後中共警方直接出面駁斥了這一說法。中共警方說，發生在上海、溫州、昆明等地的爆炸事件都是人為的惡性事件，但都與恐怖襲擊無關。有興趣的讀者可以查閱 2008 年 7 月 29 日新浪網上的一篇報導〈東突組織假冒認領昆明爆炸案破壞北京奧運〉。

　　今天（11 月 25 日）的《環球時報》文章〈「東伊運」認領天安門恐襲案，擬襲擊人民大會堂〉，引用一位匿名的中共反恐官員的話。這位官員說：「曼蘇爾也不是第一次代表該組織對外發布暴恐認領視頻。」這個突厥斯坦伊斯蘭黨一方面鼓動追隨者製造暴恐事件，另一方面也故意認領一些惡性事件。比如說 2008 至 2009 年間，該組織宣稱，他們對上海一家化工廠的惡性爆炸事件負責，但最終調查的結果顯示，這只是一起普通的安全生產

事件，與暴恐事件毫無關係。

由此可見，突厥斯坦伊斯蘭黨聲稱 10.28 天安門撞車事件是他們策劃的說法，就和先前他們假冒認領那幾次爆炸事件一樣，純屬欺人之談。而 10.28 天安門撞車事件，也正像我早就指出的那樣，根本不是恐怖襲擊事件。

1982 年 1 月 10 日中午，一位名叫姚錦雲的計程車女司機，駕駛一輛華沙牌計程車闖入天安門廣場，衝向金水橋，致使在場遊客 5 人死亡，19 人受傷。後來，《三聯生活週刊》發表文章詳細敘述這件事的來龍去脈。姚錦雲當年的一位閨蜜，現在美國一所大學任教的沈睿寫過一篇〈姚錦雲和我〉的長文，為這一事件背後的故事提供了略為不同的版本。姚錦雲後被判處死刑。雖然 1982 年那次姚錦雲天安門撞車事件造成的無辜者死亡人數比今年這次天安門撞車事件還多，但是當局並沒有把姚錦雲那次事件定性為恐怖襲擊事件。

多年來，有一個現象很奇怪，很荒謬──但凡發生了傷及無辜的暴力事件爆炸事件，如果當事人是漢族人，當局就必定不會給它扣上「恐怖襲擊」的罪名，也不會去追查和「國際恐怖組織」的關係。但只要當事人是維族人，當局就一口咬定是「恐怖襲擊事件」，哪怕在這些事件中，民眾一方受到的傷亡相對更少些，而當事者一方現場的傷亡相對更大些，哪怕當事者採用的作案工具和方式都笨拙得不可思議，當局都必定要說是「有組織有預

謀」，背後還有「國際恐怖組織」「反華勢力」。就拿當局大肆渲染的幾起恐怖襲擊案件為例，稍加分析就不難發現，它們其實都不是恐怖襲擊。

事實上，針對維族人的所謂「反恐」無非是當局打壓維族人的一個藉口而已。

2013 年 11 月 26 日

8、呼籲國際社會給中共的「反恐」加上引號

中國官媒報導，2013 年 12 月 30 日，新疆喀什地區發生恐怖襲擊事件。報導說，30 日上午 6 時許，新疆喀什地區莎車縣公安局遭到 9 名暴力恐怖分子持砍刀襲擊，暴恐分子投擲爆炸裝置，縱火焚燒警車。公安民警果斷處置，擊斃 8 人，抓獲 1 人。警方現場繳獲爆炸裝置 25 枚，自製砍刀 9 把等一批作案工具。在過程中，公安民警無人員傷亡，當地社會秩序正常。

和前幾次中國官媒報導的新疆地區恐怖襲擊事件一樣，這次喀什莎車縣事件，即便按中國官媒的報導我們也可以斷定，這絕不是什麼恐怖襲擊事件。

官媒的報導本身破綻百出，牛頭不對馬嘴。報導說，案發時間是「上午 6 時許」，當然是指北京時間，因為全中國都採用北京時間。但實際上，新疆的喀什在東五區，北京在東八區，兩地有三小時的時差。北京的上午 6 時許，實際上是喀什的半夜 3 點。

六四天網的維族義工蒲飛說得好：「一個正常的人，誰會去攻擊一個不上班的公安局，那不是吃飽了沒事幹嗎？」

報導也說不清攻擊者發動攻擊的目的。

是為了殺人嗎？不像。如果攻擊的目的是殺人，為什麼有備而來先發制人的攻擊者一方到頭來全軍覆沒，而被攻擊一方卻零傷亡？太神奇了。當然也不是為了搶劫財物，因為公安局不是銀行不是珠寶店。也不會是製造轟動世界的新聞效應，既然攻擊發生在半夜三更又是在偏遠的地方。那麼，是不是為了劫獄，救出自己人呢？總不會是佔領公安局建立革命根據地吧？當然不是自殺式恐怖襲擊，因為自殺式恐怖襲擊的要旨是以攻擊者一方最少的傷亡造成對方最大的傷亡，出動9個人去攻擊不上班的公安局不是正好相反麼？

更關鍵的一點是，他們襲擊的是公安局。恐怖襲擊的定義乃是針對和危及平民生命安全的暴力行為。因此，襲擊公安局——而且還是在半夜，也就是在平民不可能在場的時候——顯然不屬於恐怖襲擊。如果攻擊公安局算恐怖襲擊，那麼，全世界所有的暴力革命者武裝反抗者就都是恐怖分子了。難道不是嗎？古今中外，有哪個從事暴力革命或武裝反抗的團體（包括當年的共產黨）沒幹過襲擊公安局的事呢？

2008年7月1日，楊佳持刀隻身闖入上海市閘北公安分局，殺死6名警員，並造成4名警員受傷。民間稱楊佳是義士是大俠，

官方判處楊佳死刑，但至少不敢給楊佳安上恐怖分子的罪名。記得幾年前，中國接連發生了好幾起校園血案，有人衝進小學校或幼稚園，殺死殺傷多名孩童和老師。網上流傳一幅照片，有家長在學校門口打出橫標：「冤有頭，債有主，前方右轉是政府。」2011 年 5 月 26 日，江西省撫州市三處政府樓發生連環爆炸，造成兩名保安死亡，作案嫌疑人錢明奇也當場死亡。民間輿論一邊倒地同情錢明奇。官方也未敢把此事定性為恐怖襲擊。可見大家都知道，針對平民和針對官府的暴力襲擊行為是不同性質的兩回事。

新疆喀什莎車縣事件發生後，美國政府表態，拒絕稱其為恐怖襲擊。中國政府很惱火，指責美國政府「雙重標準」。但如前文所說，喀什莎車縣事件本來就不是恐怖襲擊。要說搞雙重標準，中國政府才是搞雙重標準。類似的事，發生在漢區，當事者是漢人，中國政府就絕不稱之為恐怖襲擊；發生在維區，當事者是維族人，中國政府就一定扣上恐怖襲擊的帽子。

同樣是襲警，除了楊佳案外，2011 年 1 月 4 日發生了山東泰安襲警案；同年 5 月 10 日，江蘇丹陽某男開拖拉機闖進派出所並放火點燃拖拉機上的油布；就在同一天，某男在武漢市江漢區民意派出所製造了一起襲警爆炸案，導致 5 名警員受傷。對政府樓實施爆炸攻擊的案例，除了撫州爆炸案外，不久前又發生了陝西太原省委樓爆炸案。針對平民的爆炸案例也不少，如石家莊爆

炸案、廈門公交爆炸案、雲南巧家爆炸案、桂林爆炸案等。此外還有在多處校園發生的屠童案等等。

不論從案件發生地點、作案工具和傷亡後果哪一方面看，發生在漢區漢人的很多案子，都比發生在維區維人的案子嚴重得多。如果維人的那些案子算恐怖襲擊，漢人的那些案子就是加倍的恐怖襲擊；如果漢人的那些案子不算恐怖襲擊，維人的那些案子就更不是恐怖襲擊。普天下在反恐問題上持雙重標準者，誰比得上中國政府呢。

這裡說說國際社會和海外媒體對中共「反恐」的反應。每當中國官媒發布一條「恐怖襲擊」的消息，有些海外媒體就不加分析地原文照登，事後在提及這些事件時也不由分說地沿襲中國政府的說法稱之為「恐怖襲擊」，好像那根本不成其為問題。這無異於把自己變成中國政府的傳聲筒。有些媒體做的好一些，它們在引述中國官媒說詞的同時，還會打電話給事件發生地詢問情況，或者是採訪一些維族人士或專家學者提出不同的看法，力求客觀中立平衡。

不過我認為這樣做仍有不足。因為根據我多次撰文分析，中國官媒的說詞本身就漏洞百出，根本站不住腳，稍加思索就可斷定是謊言。因此我認為，正確的做法應該是，在引述中國官媒報導的同時就明確指出其謬誤，就揭穿其謊言。或者，至少在引述中國官媒報導時，給它們所謂的「恐怖襲擊」加上引號，以示質疑。

也許有人會說，中國官媒的信譽固然很低，但是在缺少獨立的有公信力的調查的情況下，我們也不應該一來就否定就質疑中共的說法；我們既然還不瞭解事情的真相，那怎麼就斷定中共的說法是謊言呢？

　　不對。因為識破謊言和瞭解真相是兩回事，兩者並不矛盾。發生了一件事，一時間我們弄不清事件真相，但不等於我們就不可能識破謊言揭穿謊言。譬如當年大躍進，報上登出消息，某公社放衛星，畝產稻穀十萬斤。難道你必須親臨現場實地考察之後才能斷定那是謊言嗎？

　　不錯，一旦我們瞭解了真相，我們就可以判定哪些說法是謊言。但是也有很多事，雖然我們一時間還不知道它是什麼，但是我們至少可以清楚地知道它不是什麼。即便我們還不瞭解真相，單憑某一說法本身的自相矛盾、偷換概念、明顯違反常識，我們就可以斷定這種說法是站不住腳的，是欺人之談，我們就應該明確拒絕並予以揭穿。

　　因此在這裡，我鄭重地呼籲國際媒體，以後報導新疆的事件、報導中共的「反恐」時，切勿照搬中共當局的說法，輕易安上「恐怖襲擊」的稱謂，至少也要給他們所說的「恐怖襲擊」打上引號，以示質疑；否則就是存心誤導讀者，大有助紂為虐之嫌了。

2014 年 1 月 10 日

9、從昆明慘案談中國的恐怖主義

昆明 3.1 慘案發生後，中國政府立即把這件事定性為「暴力恐怖襲擊」。儘管在當時，政府和現場民眾都還沒有說明犯事者是哪族人，甚至沒有說明他們是什麼外貌長相，但是大家一下子就都猜到了，犯事者一定是維族人。因為在中國政府那裡，像這一類事件，只要是維族人幹的就算恐怖襲擊，別族人幹的，漢族人幹的就統統不算。

就在昆明慘案兩天前，2 月 27 日，貴陽有一輛公車被人為縱火，造成 6 人死亡 35 人受傷，死者包括一個只有 4 個月大的嬰兒。同樣是發生在人群密集的公共場所，同樣是針對一般平民，同樣是連婦女小孩都不放過。犯事者蘇某是漢人。當局就沒說這是恐怖襲擊，而是把它定性為公交縱火案。去年 6 月 7 日，廈門也發生過一起公交縱火案，造成 47 人死亡，34 人受傷，其殘酷性超過這次昆明事件。犯事者陳水總是漢人。當局也只是把它定性為刑事案件而沒有定性為恐怖襲擊。

昆明慘案發生後，騰訊視頻發表評論。評論人楊錦麟說，從昆明恐怖襲擊事件看，「疆獨恐怖主義」已經發生較大變異，其中有幾個新特點。第一個新特點就是，「在襲擊對象上，『疆獨』恐怖主義已經從政府和員警為主，徹底轉為針對無辜百姓」。

這話說對了。可見，一般的觀察者都注意到，此前的所謂「疆獨恐怖主義」，主要是針對政府和員警。這豈不是等於說，此前

的所謂恐怖襲擊其實並不是恐怖襲擊嗎？

例如去年年底的新疆喀什事件。官方媒體的報導說：「12月30日上午6時許，新疆喀什地區莎車縣公安局遭到9名暴力恐怖份子持砍刀襲擊，暴力恐怖份子投擲爆炸裝置，縱火焚燒警車。」

我們知道，恐怖襲擊的定義乃是針對和危及平民生命安全的暴力行為。因此，襲擊公安局，而且還是在半夜三更（說明，新疆喀什和北京相差三個時區，北京時間上午6點是喀什時間半夜3點），也就是在平民最不可能在場的時候，這怎麼能算恐怖襲擊呢？如果攻擊公安局算恐怖襲擊，那麼，全世界所有的暴力革命者武裝反抗者就都是恐怖份子了。難道不是嗎？有哪個從事暴力革命或武裝反抗的團體——包括當年的共產黨——沒幹過襲擊公安局的事呢？

2008年7月1日，楊佳持刀隻身闖入上海市閘北公安分局，殺死6名警員，並造成4名警員受傷。民間稱楊佳是義士是大俠；官方判處楊佳死刑，但至少不敢給楊佳安上恐怖份子的罪名。為什麼同樣的事，換成維族人就定成恐怖份子了呢？

順便一提。有人問我，如果襲擊公安局不算恐怖襲擊，那麼911飛機撞五角大樓為什麼算恐怖襲擊？我的答覆是：單單是襲擊五角大樓並不算恐怖襲擊。911那次算恐怖襲擊是因為把滿載乘客的民航客機當炸彈，它首先殺害的是飛機上的所有乘客。眾所周知，劫持飛機本身就算恐怖活動，把客機當炸彈自然更算。

另外，我們也都知道，自殺式恐怖襲擊，除非是偶然失手，否則，攻擊者一方的傷亡數量總是大大地低於被攻擊的一方。例如這次昆明事件，犯罪團夥只 6 男 2 女 8 個人，只是用刀具作案，就造成了 29 名民眾死亡 100 多人受傷。這就和此前被當局定性為「疆獨恐怖襲擊」的事件構成強烈對比。此前被當局定性為「疆獨恐怖襲擊」的那幾件事，發動攻擊的一方死傷慘重，而他們給別人造成的傷害反而低得不成比例。

　　例如 2011 年新疆和田 7.18 事件，「恐怖份子」當場擊斃 14 人，抓捕 4 人，員警和民眾 4 死 4 傷；例如 2012 年 12.28 新疆皮山事件，「恐怖份子」當場擊斃 7 人（其中 2 名是女性），擊傷 4 人，抓捕 4 人（只是 7 ～ 14 歲的中小學生），公安幹警只 1 死 1 傷；更不用說前面提到的 2013 年年底的新疆喀什事件，「恐怖份子」當場擊斃 8 人，抓捕 1 人，公安民警零傷亡。單單是雙方死傷數字的對比，誰能相信這些事件是「有組織有預謀」的恐怖襲擊呢？

　　再有，這次昆明事件的發生，事先毫無徵兆，老百姓和地方政府毫無思想準備，故而躲避不及，制止不力，傷亡慘重。這就和 2009 年新疆烏魯木齊 7.5 事件完全不同。7.5 事件的 9 天前，廣東韶關發生了嚴重的維族人和漢族人的流血衝突，而地方當局未作任何處置；消息和錄影傳到新疆，傳到烏魯木齊，引起維族人的強烈反應，漢維關係頓時變得十分緊張，偏偏自治區政府卻

不做任何回應，有維族記者海萊特・尼牙孜專門找到自治區負責人，告知情況危急，當面提出化解應對的三條建議，自治區負責人卻置之不理。

7月5日當天下午，有幾百名維族民眾在城中廣場和平集會，當局早有準備，立即出手強行打壓。緊張氣氛迅速升級。等到三個多小時後，一些維族人手持刀具棍棒開始攻擊漢人，當局卻按兵不動，聽任暴亂長達4個多小時，現場有員警都不去制止甚至不去報告，導致了大量無辜漢人的嚴重傷亡。這分明是當局欲擒故縱，有意為之。這和一般的恐怖襲擊很不一樣。把它和這次昆明事件一對照就看出來了。

昨天，3月2日，世界維吾爾代表大會表態，譴責暴徒，慰問受害者家屬，強調攻擊平民沒有任何正當理由，同時警告中國政府不要借此挑動漢維對立。我們知道，每次維族人出了所謂恐怖襲擊事件，當局都要指控世維會是黑手，但每次都提不出任何證據。很多漢人也呼籲，不要因為這件事而惡化漢維兩族人的關係，不要以反恐的名義不公正地對待維族人。

然而，正像我上面說明的那樣，這次昆明慘案是恐怖襲擊，但此前被當局指為恐怖襲擊的那些事件，如果不是全部，起碼也是絕大多數，都根本不是什麼恐怖襲擊。我們在嚴厲譴責這次昆明恐怖襲擊的同時，也必須為此前那些被錯誤地指控為恐怖襲擊因而被當作恐怖份子鎮壓的維族民眾鳴不平，要求對這些案子重

新審理；我們必須堅決反對當局假借反恐而肆無忌憚地踐踏人權，並要求追究有關領導者的責任；否則，我們就不是在反對恐怖主義，而是在幫助恐怖主義，而且是在幫助最壞的恐怖主義——國家恐怖主義。

2014 年 3 月 3 日

10、張春賢爲「嚴打」辯護説明了什麼？

日前，中共官媒有關「兩會」的報導，不但證實了昆明慘案的作案者來自新疆，而且也證實了作案者早先曾受到當局打壓。

昆明慘案已經過去 5 天了，8 個人的犯罪團夥，4 人當場擊斃，其餘 4 人均已落網。但是，迄今爲止，當局對作案者的有關資訊卻披露得很少很少。

當局正式發布的消息中只提到「該案是以阿不都熱依木 · 庫爾班爲首的暴力恐怖團夥所爲。該團夥共有 8 人（6 男 2 女）」。又據官媒報導，雲南省委書記秦光榮在「兩會」雲南代表團駐地通報昆明事件時透露，根據被擊傷落網的一名女性犯罪嫌疑人供述，這 8 個人原先是想參加「聖戰」，從雲南走不出去後跑到其它地方，到了廣東也出不去，重新回到雲南的紅河，計畫在紅河與昆明火車站或汽車站發動「聖戰」。另外，有報導還說，負責接應的 3 人曾經留有案底。

但是，官媒沒有告訴我們：這個 8 人團夥的另外 7 人叫什麼名字？是不是也是維族人？他們是雲南本地的維族人（雲南本地有不少維族人），還是來自新疆？如果是來自新疆，是來自新疆的哪個地方？他們在新疆有過什麼遭遇？如果有人先前就有案底，那麼是什麼案底？是恐怖襲擊的案底還是別的什麼案底？等等等等。

　　自由亞洲電臺對這件事提供了較多的資訊。該台在昆明當地獲悉，這幾個作案者原本計畫越境老撾到第三國避難，但可能越境不成遭到警方通緝，走投無路進行報復。當地維人懷疑此事與去年 6 月發生在新疆和田的中國警方開槍鎮壓宗教示威有關。去年 6 月，在和田地區的罕艾列克鄉，一群維人因宗教領袖被捕及清真寺被關閉舉行抗議，警方開槍鎮壓，造成 15 人死亡，50 多人受傷。去年 10 月，警方曾在西雙版納的猛臘縣與老撾接壤的磨憨地區抓捕了 30 多名試圖越境的維人，並在雲南省內抓捕和傳訊了大量維人。

　　昆明當地一位維人告訴自由亞洲電臺，這 8 名作案者中兩名女性的樣貌，和去年 30 名維人被抓後警方發布的通緝令的照片很相像。他認為，這些作案者為尋求政治庇護而試圖越境，越境不成遭到通緝，由於他們沒有身份證明又在被警方搜捕，既不能回鄉又不能在昆明謀生，在走頭無路的絕望之下發動了這次襲擊展開報復。

自由亞洲電臺提供的資訊目前固然還難以確證。不過，這兩天中共官媒的一些報導，倒是間接地證實了某些事情。

　　按照這兩天官媒的報導，新疆自治區黨委書記張春賢在「兩會」上遭遇媒體「瘋狂」圍堵，遠超以往。看來，記者提的問題都集中在恐怖襲擊事件上。張春賢說在得知昆明事件後，他曾經一個人悶在屋裡苦苦思考。張春賢回答了恐怖事件為何「外溢」到新疆以外地區，「蔓延」到北京昆明。這就說明這次事件的作案者是來自新疆，否則怎麼叫「外溢」、「蔓延」？否則，他這個新疆地區的負責人何必格外傷腦筋？

　　張春賢的講話，主要是為「嚴打」做辯護，新浪網有關報導的標題就是：〈張春賢否認新疆嚴打致暴恐向北京昆明等地蔓延〉。

　　該報導寫到：張春賢就 3.01 昆明暴恐案件後新疆的反恐形勢表示，「嚴打已經收效，而翻牆等技術手段造成恐怖事件外溢到新疆以外地區」。「張春賢曾提出對恐怖分子嚴打，這次他再解釋，對恐怖分子嚴打，對普通民眾則是保護」。張春賢說，暴恐「不是說哪個地方『打得多』、『打得少』，它是必然要產生的」。「不打就不發生了？不嚴打就不發生？不解決問題就不發生？暴恐不是打壓之後產生的。是社會必然產生的毒瘤」。

　　從張春賢回答什麼，我們可以推出記者們問的是什麼。這就說明，記者們——乃至會議代表們——普遍懷疑，近些年來新疆

地區暴恐事件頻密發生以及向其它地方蔓延，是當局的嚴打造成的，是當局打得太多太嚴造成的，是當局放著應該解決的問題不去解決造成的；是當局的打壓，把一些本來不是恐怖分子的人變成了恐怖分子。

昆明慘案發生後，在國內和海外都引起強烈反響。很多人批評中共當局。大致上講，批評意見有兩種。一種是批評當局打壓不力，說昆明事件宣告了張春賢柔性治疆路線的破產；另一種則是批評當局打壓太甚，是當局長期以來一以貫之的鐵腕治疆路線的破產。從上面引述的官媒報導來看，當局自己也意識到，他們更需要面對、更需要回答的乃是後一種批評。張春賢對後一種批評矢口否認，缺少說服力，固然不足道哉，但那也說明了他本人不是不知道這後一種批評反映了多數人——特別是比較瞭解情況的人——的想法。

換言之，張春賢之所以要為「嚴打」辯護，那本身就說明「嚴打」廣受質疑，不得人心。難道不是嗎？

2014 年 3 月 7 日

11、從昆明火車站恐怖襲擊事件談起

——在 2014 年 3 月 20 日下午中國研究院關於新疆、西藏問題視頻研討會上的發言（根據錄音整理）：

從目前報導的情況來看，昆明事件，是一個恐怖襲擊事件，由此看到之前被當局稱為「暴力恐怖」的事件，基本上都不是暴力恐怖事件。只要查一查以前的報導，從官方報導的前言不搭後語和自相矛盾可以看出很多問題。

以前官方報導的很多所謂「暴力恐怖事件」，都是襲擊員警、襲擊派出所。我們知道，暴力恐怖事件的定義中有一條是針對平民，那麼針對員警顯然不能算，如果針對員警都要算，那天下的革命黨都是「恐怖分子」，共產黨恐怕也沒有少幹過襲擊警察局的事；楊佳殺的全是員警，一個人就殺死6個，沒有人說他是「恐怖分子」，連官方也沒這麼說。國內媒體報導說，這次事件和過去很不一樣，「從過去的襲擊員警轉變成襲擊平民」，那無形中承認，襲擊員警不是暴力恐怖事件了？

此次的雙方傷亡對比也被提出質疑：三男二女共五個人，拿著一般的刀具，在二十分鐘之內就傷亡了近一兩百人。暫且先不管這一條，我們看看以前官方對襲擊事件的報導，會發現一個奇怪的現象，在那些所謂的恐怖襲擊事件中，攻擊的一方往往傷亡慘重，常常是全軍覆沒，而被攻擊的一方傷亡很少，有時是零傷亡。這極不可能：恐怖襲擊是有備而來，帶著兇器甚至爆炸裝置，怎麼可能當場就被擊斃，就被抓，而對被襲擊者造成的傷害很小？顯然不可能。所以足以證明以前的那些的事件不是「恐怖襲擊」。

正是因為官方對過去的那些「恐怖襲擊」事件報導，問題太多，使人沒法完全相信。今年一月我專門寫過一篇文章，呼籲國際社會為中共的「反恐」打上引號，以表示質疑。儘管由於當局封鎖消息，無法從外界知道真相，但官方報導自身就有很多疑點。這次昆明事件發生之後，很多西方媒體報導時也對「恐怖襲擊」加上引號，國內媒體還表示抗議，指責西方媒體搞雙重標準。我認為這就是「狼來了」童話故事的現實版。以前喊了那麼多次「狼來了」，人們一看都不是真的，這次開頭也不信了，這是很自然的事情。如果這次確定是恐怖襲擊，就可以對照以前所說的「恐怖襲擊」，證明以前的基本上都不是「恐怖襲擊」，這個問題要提出來引起注意的。

　　事件之後我們看到，張春賢在「兩會」上被記者蜂擁提問脫不開身，從他的回答可以推斷出，提問的問題圍繞著是不是以前打擊得太狠了？是不是把以前很多不是恐怖分子的打成了恐怖分子？等等，所以他在回答過程中竭力強調昆明事件不是因為嚴打而招致的，不是我們打多了、打少了、它本來就有等等，給人的普遍感覺就是，以前搞的太狠了、太凶了。

　　對此我們看到一個基本方向，就像過去共產黨常說的，當一個事出來了你是反左還是反右一樣，過去是當局太手軟了造成這種狀況還是因為打擊得太嚴厲造成這種狀況，至少這一點應該很清楚了。從張春賢的回答可以看出，大家的共同疑慮是認為過去

當局做得太過分了，搞得太凶了，而造成了這個事件。我覺得應該從這個角度去思考，當局應該從這個角度加以改進。這麼多年來實在不能說是政府做得太軟，反而一直是在不斷地強化。

不少人把這次昆明事件比作美國的「911」，其實它和「911」有很大的不同。相比很多的恐怖事件，「911」是非常特殊的。大部分恐怖活動都是針對本國本地統治者或佔領者，向本國本地處在高位的民族或宗教派別發動攻擊。而美國的「911」不是由美國本土的穆斯林或阿拉伯人發動的，完全是由境外人發動的攻擊，19個劫機犯沒有一個是美國人，基地組織不在美國，也不是美國人，賓拉登更不是美國人。

我們在美國生活了這麼久，「911」之前也知道美國社會有很多問題，比如宗教的糾紛、種族之間的衝突等問題，但誰也沒有注意到在美國的阿拉伯人是不是額外受欺負，在美國的伊斯蘭教是否特別受打壓，所以「911」的原因不是這麼產生的。

當然有人歸結於美國的外交政策。但這個理由也不充分，因為美國自建國以來打過不少仗，和英國、法國、墨西哥、德國和日本等很多國家都打過仗，但從來沒有和穆斯林世界打過仗。

九十年代老布希打過伊拉克的薩達姆，但原因之一是因為伊拉克侵佔了科威特——這兩個都是中東阿拉伯國家，你不能說打伊拉克是美國在打阿拉伯人。何況薩達姆‧海珊政權是中東國家之間比較世俗化的政權，不太具有穆斯林伊斯蘭教的特性，因

此也不能說那場戰爭是美國人打伊斯蘭、打穆斯林。

柯林頓時期的科索沃戰爭，南聯盟是一方，科索沃是一方，南斯拉夫一方主要信仰東正教基督教，科索沃一方信仰伊斯蘭教，而美國是幫助科索沃的，所以那一場戰爭更不能認為是美國打穆斯林。

當然受到較多批評的是美國對以色列的支持，但我們也知道美國長期以來是主導中東和平進程的最重要的外部力量，它一直在努力促進巴以和談。在「911」發生之後，雖然有一些巴勒斯坦老百姓上街歡呼，但巴勒斯坦解放組織領導人阿拉法特對「911」是嚴厲譴責的，並代表巴勒斯坦人向「911」受害者和美國人民表示慰問，還帶頭站出來獻血。有些巴勒斯坦人搞恐怖活動是針對他們那個地方的猶太人和以色列人，儘管賓拉登在講話中說為了巴勒斯坦要如何如何，但巴勒斯坦人自身對美國沒有那麼多仇恨，他們確實有不少組織經常發動恐怖襲擊，也只針對本土，沒有對美國做過，從政治力量的情況來看也不會這麼做，可能性非常小。

那麼，為什麼賓拉登要打美國呢？美國也沒招他惹他，但1998年他就講的非常清楚，他要對猶太人和基督教發動聖戰，他認為這是伊斯蘭文明和基督教文明對峙的繼續，他是伊斯蘭文明的代表，而美國是基督教文明的象徵，他就是要對美國人發動攻擊。他是從意識形態狂熱的角度，把美國認定為頭號敵人。

這一點我們作為毛時代的中國人是很容易理解的，就如同我們在毛澤東時代把美國當成頭號敵人一樣，我們在「新社會」長大的人見都沒見過美國人，但為什麼那麼恨美國人？就是因為按照我們當時信奉的意識形態，美國是帝修反的總頭目，是我們搞世界革命要打擊的最大目標最大敵人。那時候有紅衛兵寫詩，說要「佔領白宮」，「血灑太平洋」，「頭斷華盛頓，把紅旗插上摩天大樓，那種狂熱就是把美國當成了代表。所以賓拉登選擇了美國最有象徵性的建築物作為攻擊目標。

中國發生的恐怖事件和「911」完全不同，而是更類似車臣黑寡婦、北愛爾蘭共和軍、西班牙巴斯克等一類恐怖事件，它們僅針對本土問題發動，針對他們認定的壓迫者佔領者。

回過頭來說，在考察根源如何解決的問題上，我們的首先要確定基本方向，到底是以前中國政府在對待少數民族和新疆問題上太手軟、太懷柔了，還是搞得太強硬、太野蠻、太霸道了？這是一個基本問題。儘管今天我們不討論西藏問題，但西藏發生了那麼多人自焚，中國政府在執行民族政策方面反映出的問題是有共同性的。

原因不等於理由。解釋不等於辯護。人做事都是有原因的，但不等於說他無論怎麼做都是有理由，都是合乎道義的。我們分析指出有些恐怖活動的發生是和貧窮、壓迫、佔領有關，這是解釋。這不等於為恐怖份子辯護，不等於說恐怖份子是對的。冤有

頭，債有主，恐怖分子襲擊平民當然是錯的。這只是說對於這種類型的恐怖活動，我們光是打擊防範還不夠，我們還應該努力解決貧窮、壓迫和佔領等問題，這樣才能消除產生這種恐怖活動的社會根源。

所以，我這裡並不是要替昆明事件做辯護，像過去很多學者討論巴勒斯坦和車臣恐怖活動根源的時候，都強調不公正、壓迫和佔領等等，這也是敦促中國政府改進的一個基本方向，這一點非常重要。借用共產黨的話，那就是「到底要反左還是要反右」。如果搞了半天，最後還是說要「反右」，還覺得以前搞得不夠狠，今後還要搞得更狠，那就是犯了方向性錯誤，整個一背道而馳，只會越搞越糟。

2014 年 3 月 20 日

12、從昆明事件談美國 911

昆明事件發生後，不少人將之比作中國的 911。嚴格說來，這種類比並不準確。和其他恐怖襲擊事件相比，美國的 911 是非常特殊的。

其他的恐怖襲擊事件，基本上都是本國本地區的恐怖份子或恐怖組織，針對在本國本地區的統治者或佔領者以及占統治地位的族群民眾或宗教派別的信徒發動攻擊。例如巴勒斯坦的哈馬

斯、西班牙的巴斯克、北愛爾蘭的共和軍、車臣的黑寡婦。這次中國的昆明事件也屬於同類。在這類恐怖襲擊事件中，有的可能有境外勢力的呼應配合，但發動攻擊的基本上都是本國人本地人。

美國的911卻與眾不同。19個劫機犯，有埃及人，有葉門人，有沙烏地阿拉伯的人，有巴基斯坦的人，但沒有一個是美國人。基地組織不在美國，賓拉登也不是美國人。

美國是最富多樣性也最具包容性的國家之一。在美國，生活著各種不同的族群，各自有著很不相同的文化和宗教，他們都能在自由民主的制度下和平共處，相安無事。誠然，在美國，也常有種族衝突和文化衝突、宗教衝突發生，但我們幾乎都沒聽說過有什麼針對阿拉伯人針對伊斯蘭教的。在美國的阿拉伯人和穆斯林並不仇恨美國，並不格外地反對美國政府。

有人把911歸咎於美國的外交政策。這種說法也站不住腳。打從建國直到911，美國和不少國家打過仗，和英國、法國、墨西哥、德國、日本都打過仗，但並沒有和穆斯林國家打過仗。

九十年代老布希政府打過伊拉克的薩達姆，打仗的理由是伊拉克侵佔了科威特。伊拉克和科威特都是中東的阿拉伯國家，因此你不能說打薩達姆就是打阿拉伯人。伊拉克的薩達姆 · 海珊政權是中東地區相當世俗化的政權，因此你不能說打薩達姆就是打伊斯蘭，就是打穆斯林。

柯林頓政府參與過科索沃戰爭。在科索沃戰爭中，南斯拉夫聯盟一方主要信東正教，科索沃一方主要信伊斯蘭教。美國是幫科索沃的，所以你更不能說美國是在打伊斯蘭打穆斯林。

是的，美國支持以色列。這一點招致很多批評。但是我們不可忘記，美國長期以來是主導中東和平進程的最重要的外部力量，它一直在努力促進以巴和談。在 911 發生之後，雖然有一些巴勒斯坦老百姓上街歡呼，但巴勒斯坦解放組織領導人阿拉法特對 911 是嚴厲譴責的。阿拉法特代表巴勒斯坦人向 911 受害者和美國人民表示慰問，還帶頭站出來獻血。儘管賓拉登在講話中聲稱他發動 911 也是為了巴勒斯坦，但巴勒斯坦人自己對美國並沒有如此深仇大恨。巴勒斯坦有恐怖組織恐怖份子，但他們攻擊的對象是以色列，不是美國。

既然美國並沒有格外欺負壓迫穆斯林和伊斯蘭教，那麼，賓拉登為什麼要把美國視為頭號敵人，為什麼要發動 911 攻擊美國呢？

賓拉登自己講得很清楚。1998 年 2 月，本拉登發表正式宣戰書，號召「對猶太人和基督教十字軍發動聖戰」，宣布「消滅美國人及其盟友，包括軍人和平民，是每一個穆斯林的個人義務，凡是在有可能這樣做的國家能做到這一點的人，都要這樣做。」

由此可見，賓拉登要發動 911，完全是出於意識形態的狂熱。他要對猶太人和基督教發動聖戰，他認為這是伊斯蘭世界和基督

教世界千年對峙的繼續。他把自己視為伊斯蘭文明的代表，而把美國當作基督教文明的象徵。不是因為別的，而是因為意識形態的狂熱，賓拉登把美國認定為頭號敵人。

賓拉登的這種心態，別人或許難以理解，我們中國人應該不覺得陌生。想想看，在毛時代，我們中國人不也是把美國當作頭號敵人嗎？尤其是「生在新社會，長在紅旗下」的紅衛兵一代。按說這代人長那麼大，連美國人都沒見過，但就是有對美帝國主義的滿腔仇恨。因為按照我們當時信奉的那套意識形態，美國是帝修反的總頭目，是無產階級世界革命要打倒的最終目標最大敵人。

那位寫下紅衛兵宣言即「無產階級革命造反精神萬歲」文章的紅衛兵駱小海當年就發出過這樣的豪言壯語：「血染太平洋，頭斷華盛頓」。1969 年初從北京傳出一首佚名作者的長詩，題目是〈獻給第三次世界大戰的英雄〉，在全國各地廣為傳抄。作者想像未來爆發第三次世界大戰──中美之戰，國防部下達宣戰令，他和他的戰友滿懷階級的仇恨與戰鬥的渴望，投入最後消滅剝削制度的第三次世界大戰，實現他們年輕時立下的誓言：「在中美戰場上見見我們的紅心」。他的戰友英勇犧牲，身體沉重地倒在「白宮華麗的地板上」，那無聲蠕動的嘴角還在命令我向前向前，「看那摩天樓頂上，一面奪目的紅旗」。

不錯，當年的紅衛兵渴望著打倒美國，自以為是打倒美國的

反動政府，打倒美國的資本家，不是打倒美國的平民而自以為是
去解放美國的人民。這和賓拉登的極端的伊斯蘭原教旨主義有所
不同。我無非借紅衛兵的例子說明，從極端的意識形態狂熱可以
衍生出極其強烈的仇恨。這是 911 和其他恐怖襲擊事件的不同之
處，也是昆明事件和 911 的不同之處。

2014 年 4 月 7 日

13、從烏魯木齊火車站事件談起

　　中共官媒報導：「4 月 30 日晚 7 時許，新疆烏魯木齊火車南
站發生了一起嚴重的暴力恐怖襲擊案件，暴徒在烏魯木齊火車南
站出站口接人處持刀砍殺群眾，同時引爆爆炸裝置，造成 3 人死
亡，79 人受傷，其中 4 人重傷（暫無生命危險）。」

　　由於這一案件恰恰發生在習近平考察新疆，視察新疆部隊，
對反恐維穩做出強硬指示之際，因此不少評論指出這是恐怖分子
針鋒相對，對習近平公開挑釁。

　　不過我以為這也可能只是時間上的巧合。因為這次習近平視
察新疆是突訪，事先並未公布，外人未必知道；作案者攜有爆炸
裝置，想來應是早有籌畫，不是臨時起意。

　　值得注意的是，官媒對此案的報導，前後有些對不上的地方。

　　5 月 1 日天山網訊報導，經警方連夜全力偵查，　烏魯木齊火

車南站爆炸案告破。報導說：「現已查明，這是一起暴力恐怖性質的爆炸襲擊案件。色地爾丁・沙吾提（男，39 歲，阿克蘇沙雅縣人）等兩名犯罪嫌疑人長期受宗教極端思想影響，參與宗教極端活動，於 4 月 30 日 19 時 10 分許，在烏魯木齊火車南站出站口接人處施爆。案件造成 3 人死亡，其中 1 名系無辜群眾，2 名犯罪嫌疑人當場被炸死。」

　　這則報導只說了犯罪嫌疑人在火車站出站口接人處「施爆」，沒說「持刀砍殺群眾」。網上發布的照片有爆炸現場和殘肢，沒見到有被砍殺的群眾的照片。報導引用親歷者、目擊者的話，也只談到聽見巨大爆炸聲，乃至於發現「自己的衣服和頭髮上都沾有血肉碎片」，沒人談到有人被砍殺的場景。網上有個帖子說：「4 月 30 日晚，大陸導演劉猛曾在新浪實名註冊微博發帖稱：『3 人死亡』，這三人都是民警，盤查可疑人員的時候，引爆了炸彈，把危險留給了自己。可這條微博在被轉發了一萬多次之後，遭到刪除。」也有帖子說 3 個死者中有兩個是民警，暴徒只有一個。上述當局宣稱破案的報導，說暴徒是兩個，但卻只公布了一個的姓名。

　　和以往類似事件一樣，當局嚴格控制消息的發布。這次事件看上去是恐怖襲擊事件，但是其真相究竟是如何，迄今為止我們還不夠清楚。

　　烏魯木齊本來就是高度警備的地區。時值習近平和俞正聲、

范長龍等黨政軍領導人視察，警備無疑被提到最高。地點又是在火車站——一個多月前的昆明事件就是發生在火車站——想來那裡警備應該更嚴密。但偏偏就在這種情況下發生了爆炸案，因此有人批評當局針對恐怖活動的情報工作太差勁了。聯繫到今年3月1日昆明火車站案件，8個人的團夥，早在他們跑到紅河地區就已經被發現了，其中3個早在兩天前就抓起來了，到頭來還是讓其餘5個人逃到昆明火車站犯下血案。這怎能不讓人質疑當局的反恐能力？

　　上述質疑固然振振有詞，但我們不能排除另外的可能性。就以3月1日昆明火車站事件為例，當局早就掌握了那8個人的行蹤，之所以沒有對他們嚴加防範或全部關押，很可能是因為在當時，當局並沒有把他們視為恐怖分子嫌疑，而只是把他們當作企圖偷越國境的人。自由亞洲電臺報導說，該台在昆明當地獲悉，這8個人原本計畫越境老撾到第三國避難，但越境不成遭到警方通緝，走投無路，遂實行報復。

　　久前有報導說，好幾百個偷渡到泰國的維族人被中共當局要求遣返。又有報導說，有幾個逃到越南被遣返回中國的維族人在被遣返至邊境時和越南邊防人員發生流血衝突。從照片上看，其中多數是婦女兒童，顯然更像是難民而不像是恐怖分子。

　　由此引出的一個嚴肅的問題是，近些年來頻頻發生的恐怖襲擊事件，其社會根源在哪裡？究竟是以前中共當局在對待維族人

的問題上太寬大、太手軟、太懷柔了，還是太強硬、太野蠻、太霸道了？

原因不等於理由，解釋不等於辯護。人做事都是有原因的，但不等於說他無論怎麼做都是有理由、都是合乎道義的。我們分析指出有些恐怖活動的發生是和貧窮、壓迫、社會不公或被侵略、被佔領有關。這是找原因、做解釋。這不等於為恐怖分子辯護，不等於說恐怖分子是對的。冤有頭，債有主。恐怖分子襲擊平民當然是錯誤的，是需要依法懲辦、嚴加防範的。我們無非是說，對於這一類恐怖犯罪活動，僅僅是打擊和防範還是不夠的，我們還必須努力解決貧窮、壓迫和侵略或佔領的問題，這樣才能消除產生這類恐怖活動的社會根源。

一位網友說得好：兩顆人肉炸彈同一地點爆炸！在國外的案例中極罕見。恐怖襲擊者不懂得二減一的算術？

可以肯定官媒報導有假。哪有兩個人肉炸彈緊緊挨在一起引爆的呢？分開點引爆不是可以炸到更多的人嗎？如果他們先前還持刀砍人，那就更不可能挨那麼近，被一塊兒炸死了。

2014 年 5 月 2 日

14、烏市爆炸案真相未明，官媒報導疑竇叢生

中共官媒報導：「4 月 30 日晚 7 點 10 分許，新疆烏魯木齊火車南站發生了一起嚴重的暴力恐怖襲擊案件。」接下來這幾天，官媒又發布了一些後續報導。

和以往類似事件一樣，當局嚴格控制有關消息的發布。迄今為止，我們對這件事的瞭解，僅僅是來自官方的一面之詞。事件真相還不明朗。更何況官媒的報導，疑點不少，又前後矛盾。

這裡我只談兩個問題。

一、關於持刀砍人。

事發當天，官媒報導說：「暴徒在烏魯木齊火車南站出站口接人處持刀砍殺群眾，同時引爆爆炸裝置，造成 3 人死亡，79 人受傷，其中 4 人重傷（暫無生命危險）。」第二天，官媒宣布破案。報導說：「現已查明，這是一起暴力恐怖性質的爆炸襲擊案件。色地爾丁‧沙吾提（男，39 歲，阿克蘇沙雅縣人）等兩名犯罪嫌疑人長期受宗教極端思想影響，參與宗教極端活動，於 4 月 30 日 19 時 10 分許，在烏魯木齊火車南站出站口接人處施爆。案件造成 3 人死亡，其中 1 名系無辜群眾，2 名犯罪嫌疑人當場被炸死。」

後一則報導只說了犯罪嫌疑人在火車站出站口接人處「施爆」即引爆炸彈，沒有再說暴徒「持刀砍殺群眾」。

從網上發布的照片看，有爆炸現場和殘肢，沒見到有被砍殺

的群眾的照片。

有官媒報導引用親歷者、目擊者的話，也只談到聽見巨大爆炸聲，乃至於發現「自己的衣服和頭髮上都沾有血肉碎片」，沒人談到有人被砍殺的場景。

5月3日有報導談及傷患問題。報導說，「案件中70多名傷患，大多是不同程度的耳外傷」，「也就是爆炸產生的震波對聽力造成的傷害」。按說，如果有人被刀砍傷，報導絕不會不提，但縱觀官媒所有報導，都沒有提到有誰被刀砍傷。

官媒報導還講到：「案發現場的監控錄影顯示，色地爾丁·沙吾提等2名犯罪嫌疑人在烏魯木齊火車站從實施犯罪到引爆炸彈，過程只有短短4秒鐘。一瞬間，令人髮指的爆炸犯罪發生了。」注意！這裡說的是從實施犯罪到引爆炸彈，過程只有4秒鐘。如果有持刀砍人，那麼當然算實施犯罪，因此該算在這4秒鐘之內。

但問題是，在短短的4秒鐘這一瞬間，犯罪嫌疑人有可能完成持刀砍人和引爆炸彈這兩個行動嗎？更何況這段報導根本沒有提到暴徒持刀砍殺群眾這個情節。

這些都和先前的報導明顯矛盾，不能不使人懷疑究竟有沒有持刀砍人這麼一回事。

順便一提，官媒講到案發現場的監控錄影，但卻不見公布。這只能增加人們的懷疑。有網友挖苦說：怕是還沒有剪輯好吧？

二、關於兩個人肉炸彈一起被炸死。

　　按照官媒報導，這起案件「造成 3 人死亡，其中 1 名系無辜群眾，2 名犯罪嫌疑人當場被炸死」。

　　這就怪了，怎麼兩個恐怖份子會一起被炸死呢？一位網友說得好：兩顆人肉炸彈同一地點爆炸！在國外的案例中極罕見。難道恐怖襲擊者不懂得二減一的算術嗎？

　　我們幾乎可以肯定官媒的報導有問題。哪有兩個人肉炸彈緊緊挨在一起引爆的呢？分開點引爆不是可以炸到更多的人嗎？如果他們先前還持刀砍人，那就更不可能挨那麼近，被一塊兒炸死了。

　　網上有個帖子說：「4 月 30 日晚，大陸導演劉猛曾在新浪實名註冊微博發帖稱：『3 人死亡』，這三人都是民警，盤查可疑人員的時候，引爆了炸彈，把危險留給了自己。可這條微博在被轉發了一萬多次之後，遭到刪除。」有人解釋說，因為炸彈是被員警盤查時引爆的，所以兩個恐怖份子來不及分散，就一塊兒給炸死了。

　　但這種解釋也還是講不通。因為兩個恐怖份子既然身帶炸藥，準備發動自殺式襲擊，按說就該保持必要的距離，分頭行動，一個人失手了還有另一個人，因此不會走那麼近，以至於一人暴露，另一個人也賠進去，死在一起。再說，如果確實是民警在盤查可疑人員時引爆了炸彈，民警把危險留給了自己，保護了群眾，

那就證明地方政府反恐防恐做得十分到位，幾位民警工作很盡職很英勇，那政府還不大張旗鼓宣傳表揚，表彰地方政府反恐有功，授予犧牲民警烈士稱號，讓全國人民學習致敬？

本來，出了這樣的大案，地方政府最怕民眾和中央領導責怪其反恐防恐不力，如果他們做的這麼出色，幹嘛還要隱瞞真相另編一套假話呢？

另外，按照這種說法，持刀砍人的情節又從何談起呢？

退一步講，假如這條微博所透露的資訊並不完全是空穴來風，那就只能說明政府有某種難言之隱。

如上所說，官媒報導前後矛盾，疑點甚多，又加上只是一面之詞，我們不能不存疑，不能不追問。

2014 年 5 月 6 日

15、「越反越恐」說明了什麼？

新疆烏魯木齊接連發生爆炸案後，中國各地均加強安保措施。圖 為 2014 年 5 月 8 日，北京警方進行反恐演習。

去年 10 月 28 日，在北京發生了一起維族人一家三口開汽車撞向天安門金水橋事件。中共將之定性為「恐怖襲擊」。我隨即寫了篇文章分析這一事件。當時我就擔心，像中共這樣的反恐，只怕會越反越恐。

這話不幸而言中。

年3月1日，昆明火車站發生了恐怖襲擊案，當局把本來就已經高強度的反恐防恐安保工作升到更高。4月下旬，習近平親臨新疆反恐第一線，以黨國首腦的身份，對強化反恐防恐工作發出最強硬指示；然而，習近平話音未落，4月30日，烏魯木齊火車站就發生了一起爆炸案。

緊接著，習近平再發指示，因為幾天前的指示已經把話說滿了，現在沒法再加重了，只好重複。接下來的日子，新疆，尤其是烏魯木齊市的戒備無疑達於極點。然而還不到一個月，5月22日，烏魯木齊文化宮早市就發生了一場被官方稱為幾十年來最嚴重的恐怖襲擊案。

實證明，這些年來，中共反恐的力度越來越大、防範越來越嚴，但是恐怖活動非但沒有越來越少、越來越小，反而越來越多、越來越大。事實證明，中共的反恐，是越反越恐。

「越反越恐」這一現象表明，在中國，恐怖活動的頻繁發生，絕不是政府反恐不力，打擊不嚴。正相反，在中國，政府反恐防恐早已是無微不至，無所不用其極。這從在中國發生的恐怖活動的幾大特點就可以清楚地看出。

中國國家安全藍皮書稱，中國的恐怖活動一大特點是：「恐怖勢力使用冷兵器等簡陋工具作案」。中國的反恐專家說，「斧頭汽油成恐怖份子首選」。有些恐怖活動，作案者使用了某種爆

燃裝置,是什麼爆燃裝置呢?

根據官媒報導,在這次烏魯木齊文化宮早市恐怖襲擊事件中,引發汽車爆炸的是煤氣罐。按照紐約時報報導,作案者從車內往外投擲的爆燃物「像個油漆罐」。

看來,新疆的恐怖分子,大約是全世界最寒酸的恐怖份子。那麼,為什麼他們不去使用厲害點的工具呢?原因很簡單,因為政府管制得太嚴太緊,他們根本得不到殺傷力大的作案工具。自己在家裡偷偷製作土炸藥也很難,因為員警和社工人員可以隨意進入家中搜查,發現可疑物品就沒收,連刀具多了幾把都不行。只有斧頭、汽油、煤氣罐、油漆罐一類家居生活的必需品才不會被沒收,因此也才有可能成為作案工具。網上讀到一條新聞,4月1日,烏魯木齊市政府下令,嚴禁非法收購煤氣罐。凡此種種,你能說政府的防範工作還不夠嚴密麼?

中國的反恐專家指出,新疆恐怖活動還有兩個特點,那就是本土化和非組織化。

本土化是指它與國外恐怖勢力沒什麼聯繫。儘管每逢發生恐怖襲擊事件,政府總要宣布是和境外恐怖組織相勾結,但隨後就沒了下文,沒拿出什麼真憑實據,可見只是官樣文章,當不得真的。國家安全藍皮書的措辭就比較謹慎。它只說部分恐怖襲擊事件的背後有深刻的國際背景。現在的中國既非閉關鎖國,又趕上資訊全球化,境內的人要獲得境外的資訊並不難,也很可能受到

某種影響，但是這和與「境外敵對勢力」，尤其是和「境外恐怖組織」有勾結不是一回事。

新疆恐怖活動的另一個特點是非組織化。非組織化是指恐怖份子並沒有形成恐怖組織，而是單獨的個體，或者是一個家庭、家族或朋友之類的關係。昆明火車站事件的作案者有七、八個，但按照官媒報導可知，他們的作案帶有某種隨機性，也就是說，他們並不是為了一塊兒策動恐怖襲擊而聚到一起的。你可以把他們叫做團夥，但不能說他們是恐怖組織。

不消說，新疆恐怖活動的本土化和非組織化這兩個特點，正說明了政府的監管十分嚴密和打擊相當嚴厲。

以上三個特點：作案工具簡陋，本土化以及非組織化，充分說明，中國政府在防範恐怖活動方面幾乎已經用盡了手段，其中很多手段在尊重人權的文明國家根本不可能採用。因此，對於頻繁發生的惡性恐怖事件，無論如何不能歸咎於政府防範不力。

那麼，是不是政府在打擊和懲罰恐怖分子方面做的還不夠重、不夠狠呢？這次烏魯木齊文化宮早市案件後，北大教授吳必虎在微博上說：「伊斯蘭極端宗教分裂暴恐份子嚴重妨礙了包括維族群眾在內的生存底線，我同意一些網友的意見，恐怖份子很難預防，不易消除。怎麼辦？連坐。其家屬親屬及所在的清真寺的阿訇（註），應該連坐。」

此論一出，立即引起很多批評。有網友指出：「按照北大教

授應該對新疆實施連坐的理論，維人抗暴採用無差別攻擊的模式也合情合理。」我們知道，恐怖份子行兇的邏輯就是：因為他們對我們濫捕濫殺，所以我們對他們也亂打亂殺。

吳必虎的連坐主張貌似驚人，其實不然，因為中國政府早就在實行了，而且一直在實行，包括對漢人。有多少漢人，因為發表不同政見，參加民運或維權活動，修煉法輪功或參加獨立教會，不但本人遭到迫害，而且其家人也深受株連。對少數民族，對藏人對維人就更搞連坐了。在反恐的名義下，政府對維人濫捕濫殺，有時連小孩子都不能倖免。

4月30日烏魯木齊火車站爆炸案就是一個最近的一個例子。案發第二天官媒就宣布破案，作案者共兩人，均當場炸死。可是十幾天後，當局又說抓獲了7個同夥，而這7個同夥就是作案者的哥哥、弟弟、堂弟和妻子。這不是連坐又是什麼呢？

綜上所述，我們必須說，中國政府對恐怖活動的打擊極其嚴厲，防範極其嚴密；可是，恐怖活動非但沒有因此而變得越來越少、越來越小，反而變得越來越多、越來越大。更嚴重的是，恐怖活動的性質還發生了極其嚴重的惡性變異。

今年3月1日昆明火車站事件後，有專家就指出，昆明火車站事件表明，「疆獨恐怖主義」已經發生較大變異，首先一條就是，「在襲擊對象上，『疆獨』恐怖主義已經從政府和員警為主，徹底轉為針對無辜百姓」。

在昆明火車站事件之前，中國的恐怖活動是以政府和軍警為主。這應是確鑿的事實。因為它得到了官方的權威檔國家安全藍皮書的確認。藍皮書說，中國恐怖活動的一大特點是「以政府機構和軍警為主要攻擊目標」。藍皮書發布於今年 5 月 6 日，定稿的時間當然早一些，因此它還沒來得及談到最近的幾次攻擊平民的新變異。

　　連中國政府最權威的文件都承認，先前中國的恐怖活動是「以政府機構和軍警為主要攻擊目標」。這一點非同小可。因為承認這一點對中國政府是相當不利的。針對平民的暴力襲擊是恐怖主義，對此大家均無異議。針對政府軍警的暴力襲擊是不是恐怖主義，爭議很大。

　　很多人都不認為針對政府軍警的暴力襲擊算恐怖主義。有人批評美國對恐怖主義持雙重標準。不對。以前，美國之所以對中國政府聲稱的那些恐怖襲擊事件都不當作恐怖主義加以譴責，是因為那些攻擊都是針對政府和軍警的，按照美國的標準它們都不算恐怖主義；這幾次攻擊是針對平民的，所以美國就當作恐怖主義予以譴責了。

　　我曾多次強調，針對政府和軍警的攻擊不應該算恐怖襲擊。如果攻擊政府和軍警算恐怖襲擊，那麼，全世界所有的暴力革命者武裝反抗者就都是恐怖分子了。難道不是嗎？古今中外，有哪個從事暴力革命或武裝反抗的團體（包括當年的共產黨）沒幹過

襲擊政府和軍警的事呢？

　　既然根據官方的說法，先前中國的恐怖活動主要是針對政府和軍警，這就意味著它們其實還不算恐怖主義；如果你非要叫它恐怖主義，那也只是一般性的恐怖主義，至少不算惡性的恐怖主義（針對平民的恐怖主義才是惡性的恐怖主義）。

　　問題就在這裡，偏偏是在中共不斷加大反恐的力度之後，恐怖活動反而越來越多，越來越大。這就已經很糟糕了。更糟糕的是，在中共反恐初期，那些恐怖活動還不是真的恐怖主義，至少不是惡性的恐怖主義；偏偏是在中共不斷加大反恐的力度之後，原來的假恐怖主義變成了真恐怖主義，一般性的恐怖主義變成了惡性的恐怖主義。這就是說，真正的恐怖主義，惡性的恐怖主義，在相當程度上竟然是中共反恐反出來的。

　　中共的反恐，為何越反越恐？

　　原因很簡單。因為中共的反恐是高射炮打蚊子。高射炮能夠打下飛機，卻打不著蚊子。

　　中共的反恐，對於那些需要多人溝通、協調、配合，也就是說需要專業化組織籌畫的，需要雄厚財力支援的，需要巨大殺傷力工具的，需要特殊技術技能訓練的，應該是很有效的。但是新疆的恐怖活動，正像前面講過的那樣，是本土化的，和境外恐怖組織沒什麼聯繫；是非組織化的，是單獨的個體，或者是幾個親朋好友作案；使用的工具相當簡陋，基本上只是日常生產生活必

需必備的用具；再加上發動攻擊具有很大的隨機性，攻擊者每每具有同歸於盡的自殺性質，因此不需要有什麼接應救援。顯然，對於這種類型的恐怖襲擊，任何防範措施多半都是防不勝防。

　　要消除這一類恐怖活動，僅僅是打擊和防範還是很不夠的，還必須致力於消除產生這類恐怖活動的社會根源，例如貧窮、壓迫、社會不公、民族歧視、被剝奪被侵佔，等等。

　　一提到消除產生恐怖活動的社會根源，有人就指責我們是在為恐怖活動做辯護。這種指責無疑是站不住腳的。其實，就連中共當局也不是不知道。新疆恐怖活動的發生有其社會根源；否則，為什麼發生重大恐怖活動後，當局要趕快推出若干改善民生的措施呢？

　　就在 5 月 22 日烏魯木齊文化宮早市案件發生後，中共政治局隨即舉行會議，提出「要採取特殊措施支持南疆發展，加大以貧困群體為重點的民生改善力度」。其中包括：在南疆全面實行高中階段免費教育；在資源開發利用轉化過程中提高地方參與程度；堅持就業第一，確保零就業家庭至少有一人就業等。新疆政府最近出臺新規定，今後，包括央企在內的所有駐疆企業、政府投資、以及各類援疆項目，70%以上的新增用工指標需用於吸納當地勞動力就業。

　　我還記得，早在 09 年 75 事件發生後，就有一位「兵團二代」發表文章說，維族人原本沒有什麼獨立的想法，可是在如今這種

情況下，如果再有人宣傳，「說獨立好，漢人拿了我們的地，拿走我們的油，拿走我們的棉花（這些也全有事實依據），你發現自己現在沒有工作，只能在街頭混，那麼我想，只要是有思想的人，都會生出悲憤之情的」。民族間的怨恨常常是籠統的。維族人覺得是你們漢人搶了我們的飯碗，是你們漢人在欺負我們，我能分得清是哪個漢人欺負我哪個不欺負嗎？

著名的維族學者伊力哈木也多次寫文章指出問題，呼籲政府做相應改進，可就這樣一位溫和理性的學者卻被當局抓進監獄。等到發生了嚴重的恐怖活動，當局才匆匆作出某些改進。試問，當南疆的少年獲得免費上高中的機會，當很多維族人得到了工作，當維族民眾從本地的資源開發中分到了較多的收益，他們是會感謝共產黨感謝習近平呢，還是會感謝恐怖份子呢？

5 月 31 日香港《明報》發表報導〈漢族斥新疆恐襲殘殺無辜；受訪維人：施襲者是英雄〉。記者深入烏魯木齊採訪當地維人和漢人，發現維族人的怨恨比 09 年 7.5 事件時還有過之而無不及，而當地的漢人則人心惶惶，對維族人充滿戒心和防範。受訪的維族人很多把發動自殺式攻擊者稱為英雄，並且都估計在發生這些攻擊事件後，中央會考慮改變政策。

嚴重的問題在於，迄今為止，中共當局的種種改進仍然只限於民生方面，在尊重維族人的文化傳統和生活習俗方面則毫無改進，甚至還更惡化更變本加厲。尤其是，在 522 事件後，當局大

肆濫捕濫殺，遺患無窮。

例如 5 月 26 日，新疆各級公安機關總動員，於凌晨展開大抓捕行動，一次就抓了 200 多個犯罪嫌疑人。這事一想就有問題。試問，這 200 多個犯罪嫌疑人是 5.22 之後才產生的嗎？當然不是。那麼此前為什麼不都抓起來呢？可見新疆政府也知道，就憑原有的材料，遠遠構不成抓捕的理由。而且新疆政府也知道，並不是抓得越多殺得越多就越好就越安全，因為一味地濫捕濫殺很可能引起反作用，很可能製造出更深更廣的仇恨，製造出更多的亡命之徒。所以以前他們的作法還多少有一點節制，只是現在上面的壓力太大，明知濫捕濫殺是飲鴆止渴，也顧不得那麼多了。

如此說來，中共當局的反恐，只怕會在「越反越恐」的漩渦裡越陷越深。

註、「阿訇」為波斯語 Ākhūnd 音譯，原指在清真寺教導可蘭經的老師，是穆斯林對伊斯蘭教的學者或教師的尊稱。

2014 年 5 月 26 日～ 6 月 16 日

16、6.21 新疆葉城事件絕非恐怖襲擊

新華社 6 月 21 日發布了一則不到 100 字的報導：〈新疆葉城縣處置一起襲擊公安機關暴恐事件〉。

報導全文如下：「6 月 21 日晨，一夥暴徒駕駛車輛衝撞喀什

地區葉城縣公安局辦公大樓，並引爆爆炸裝置。民警果斷處置，擊斃 13 名暴徒，3 名民警受輕傷，無群眾傷亡。目前，案件正在抓緊偵辦，當地社會秩序正常。」

讀這條消息，首先提出的疑問就是：這些維族人到公安機關幹嘛去了？

報導的標題說是襲擊，可是怎麼襲擊？拿什麼東西襲擊？因為根據報導，他們沒帶槍炮，沒帶刀具，甚至連棍棒都沒帶。我們知道，但凡編造或隱瞞都是有選擇性的，對自己不利的事情才會去隱瞞；對自己有利的事情才會去編造。如果官媒說暴徒帶有刀槍棍棒，未必就是真的帶有刀槍棍棒；但如果連官媒都沒有說暴徒帶了刀槍棍棒，那就一定是真的沒帶刀槍棍棒。既然官媒沒有提到暴徒帶了刀槍棍棒，可見他們一定沒帶刀槍棍棒。問題是，一樣武器都沒帶，怎麼能說是去襲擊呢？

是的，報導提到暴徒「引爆爆炸裝置」。但請注意，是「引爆」，不是「投擲」，不是「扔出」。此前官媒報導新疆暴恐事件，常常提到暴徒攜帶爆燃裝置或爆炸裝置，有時會寫明暴徒「投擲」或「扔出」爆炸裝置，有時只說「引爆」。我們有理由推斷，只說「引爆」就說明未曾投擲、未曾扔出。可是，這裡的爆炸裝置既然沒說有遙控裝置，引爆就只能是引爆者自己原地引爆。

因為這裡的爆炸裝置很簡陋，威力本來就很小，因此，這樣的引爆只對引爆者自己有殺傷力，對相隔一定距離的人沒有什麼

殺傷力，因此通常不具有襲擊或攻擊的意義。官媒報導說這次暴恐事件只有 3 名員警受輕傷，無群眾傷亡。可見，這裡的爆炸到底是怎麼發生的，實在大可懷疑。總之，很難讓人相信這是一場有意發起的攻擊。

最後，這次事件是不是當事人用汽車去撞毀公安局辦公大樓呢？顯然不是。因為當事人開的不是坦克不是裝甲車，沒有那麼大的力量撞毀大樓，只會徒然地造成當事人自己車毀人亡。公安機關本來就是全副武裝，又是正在反恐防恐的高峰期間，必定是戒備森嚴。如果當事人果真是打算發動攻擊，必然是自殺式攻擊，那只要去一兩個兩三個人就夠了，幹嘛要去十幾個人一道送死呢？

去年 10 月 3 日，在美國首都華盛頓，有一位婦女開車先是撞擊白宮的護欄，然後又轉而衝向國會山莊，被負責保安的員警開槍打死。事後有消息說這位婦女患有產後抑鬱症。一個人，突發奇想心血來潮做出不可理喻的事，是有可能的，但 13 個人同時做出同樣一件可能招致生命危險的離奇舉動則是絕對不可能的。

有媒體報導，世界維吾爾代表大會發言人迪里夏提說，這 13 名維人不是去發動恐怖襲擊，而是要佔領公安局維權，被公安用衝鋒槍亂槍掃死。爾後迪里夏提又聲明這 13 名維人不是要佔領公安局，而只是闖入公安局。想來也是，他們武器都沒帶，怎麼可能佔領全副武裝的公安局呢？唯一合理的解釋是，這 13 名維

人並不是要發動恐怖襲擊。他們只是想和公安局方面做某種交涉而已。可是他們就被全部打死，而且被扣上恐怖襲擊的罪名。接下來，當局又抓捕了 20 多人，顯然又是搞連坐，其目的無非封口乃至滅口，防止真相被揭露。

2014 年 6 月 23 日

17、評「新疆重獎圍捕暴徒群眾」

8 月 3 日，中共官媒天山網發布消息視頻：「新疆 3 億重獎所有圍捕暴徒民眾，先期獎勵 423 萬元」。其中講到：「8 月 1 日，根據群眾舉報線索，和田地區公安機關與墨玉縣 3 萬餘名群眾合力圍捕，將一暴恐集團的 10 名成員逼至一廢棄民房。暴恐份子向民警和群眾投擲爆炸裝置，在警告無效後，民警果斷處置，擊斃暴恐份子 9 人，抓獲 1 人，公安民警和群眾無一傷亡。」這則報導還引用一位受獎農民的話：「如果再次遇到暴恐份子，還會奮起抗擊！」（連結：http://news.qq.com/a/20140803/019915.htm）

讀到這樣的報導，令人無比震驚。因為就在幾天前，國家反恐辦剛剛出版了一本《公民防範恐怖襲擊手冊》，免費發放給民眾。其中反覆強調，發現可疑人士，要保持鎮靜，不要引起對方警覺；迅速報警，反映可疑情況，做好自身保護，避免被可疑人

發覺，影響自身安全；遇爆炸威脅，「寧可信其有，不可信其無」；要盡快撤離。手冊還專門講到在公車或室內場所遇到情況怎麼辦，遇到襲擊、綁架、槍擊、爆炸、縱火分別該怎麼辦，等等。

這本手冊的中心思想很簡單，既然暴恐份子要無差別地傷害平民，因此民眾遇到可疑情況危險情況，最重要的一條就是躲避可能的傷害和危險。可是，天山網這則報導卻整個反過來，它大力鼓勵和宣揚手無寸鐵的平民，在暴恐份子尚且沒有發動襲擊的時候，主動地、直接地去參加對攜帶不明兇器的暴恐份子的圍捕。這不是把民眾朝死裡送嗎？這不是和反恐防恐的宗旨背道而馳嗎？

不錯，按照這則報導，10 名暴恐份子，最後被圍捕的人們逼到一間廢棄的民房，9 個當場擊斃，1 個被抓；公安民警和群眾無一傷亡。值得慶幸。可是這種說法的疑點太多了：10 個手持刀具和炸彈的暴恐份子，在和公安民警以及群眾短兵相接的情況下，怎麼會沒給對方造成任何傷害呢？公安民警和群眾一方怎麼居然能是零傷亡呢？整個事情的過程實在無法想像。

報導是這樣描述事情的過程的：

首先是有人在墨玉縣普恰克其鄉一玉米田發現暴徒的蹤跡。視頻畫面顯示一位側背著鏡頭、看不到面孔的村民，用維語說（中文字幕）：「那個玉米田大概 1.5 畝，高度大概 2.3 米左右。在清查過程中一個村民，他說裡面有人，因此我們覺得可能是嫌疑

人，不然不會藏在玉米田裡，我們就 5 個人一組，好幾組人把他們圍起來，過了一會兒，大概離我們十米遠，一個炸彈爆炸了，看著歹徒揮著刀向我們砍來。」

然後畫面轉為一個辦案協警，這個協警（面部被模糊）用維語說（中文字幕）：「因為我身上穿著防彈衣，我說『趴下』，但是他們還是刺，我抓住他的手把他摔到一邊，另外一個暴徒揮著刀向我的頭砍過來，我躲了一下，砍在我的胳膊上。」畫面顯示，這個協警身上的綠色 T 恤衫，左袖被劃破一塊，露出裡面胳膊上一條一兩寸多長的傷痕。

上面的描述太不可信了。暴恐份子看到村民主動向他們靠近，手中分明帶有不少爆燃裝置（在他們被消滅後，視頻上有展示），為什麼在只扔出了一個炸彈在離圍捕的人們有十米遠的地方爆炸，沒給圍捕者造成任何傷害，就不再扔炸彈了呢？

最神奇的是那個協警。當一個暴徒揮刀向他砍來，竟然讓他抓住對方的手摔到一邊。照這麼說，這個協警是沒帶武器的，沒帶槍沒帶刀，連棍棒也沒帶，否則他就會開槍打死暴徒，或者是用刀用棍棒擋住對方的攻擊，把對方砍倒或打倒在地了。

更絕的是，這個協警不但能把揮刀砍來的一個暴徒摔倒一邊，而且還能躲過另一個揮刀砍來的暴徒，只是胳膊上受點輕傷，這個傷太輕了，以至於後來媒體報導都對此忽略不計，媒體說得明明白白——公安民警和民眾「無一傷亡」。

在這裡，這個協警至少遭遇到兩個手持刀具的暴徒；可是，當其中一個被協警摔到一邊，另一個一刀砍下被協警躲過，接下來就沒下文了，他們就沒有再砍第二刀了。他們也不曾被這位協警制服，卻轉身逃跑了，因為按照報導，所有 10 名暴恐份子最後都被逼進一間廢棄的民房裡了。

俗話說「雙拳難敵四手」，可是在這裡，一個手無寸鐵的協警卻打敗了兩個手中有刀的暴徒，而且是暴恐份子，是豁出自己的命不要也要殺人的亡命之徒。

謊言編造得如此拙劣，竟然也敢拿上檯面，其背後的真實有多麼醜惡，可想而知。

2014 年 8 月 4 日

18、7.28 新疆莎車事件到底是怎樣一回事？

早在 7 月 28 日當天，我在推特上就看到有線民發出的關於新疆莎車縣發生流血慘案的消息。幾天後，中共官方媒體才對此事發布了比較完整的報導。官媒稱，7.28 莎車事件是「一起境內與境外恐怖組織相互勾連，有組織、有預謀、計畫周密、性質惡劣的嚴重暴力恐怖襲擊案件」。「案件造成無辜群眾 37 人死亡，13 人受傷，31 輛車被打砸，其中 6 輛被燒。處置過程中，擊斃暴徒 59 人，抓捕涉案人員 215 人，繳獲『聖戰』旗幟以及大刀

斧頭等作案工具」。

官媒的說法一看就知道站不住腳。怎麼可能呢？在今日新疆，尤其是在莎車縣，當局的反恐防恐可謂天羅地網、無微不至，在這種情況下，怎麼可能發生有幾百人共同參加的，而且還是和境外恐怖組織相互勾連的、有組織、有預謀、計畫周密的暴力恐怖襲擊呢？新疆地方政府是幹什麼吃的？反恐部門是幹什麼吃的？

反過來講，如果真的發生了如此空前規模的、和境外恐怖組織相互勾連的、有組織、有預謀、計畫周密的恐怖襲擊，那豈不是地方政府，尤其是反恐部門的嚴重失職，嚴重的怠忽職守？當地民眾豈能不抗議不責難？中央政府豈能不批評不查辦？

既然我們沒有看到有當地民眾責怪地方政府，更沒看到中央政府對地方官員有任何批評查處，由此可見，中共當局其實很清楚，莎車縣出這麼大的事，並不是地方政府和反恐部門怠忽職守，而是因為這起事件是突發事件，根本不是什麼和境外恐怖組織相互勾連、有組織、有預謀、計畫周密的恐怖襲擊。

眾所周知，近幾年來，中共當局在反恐防恐的名義下，對新疆、特別是對像莎車縣這樣的暴力事件多發地區，實行了極其嚴密的管制與監控。除了調集大量現代化裝備的軍警外，今年2月，新疆政府下令抽調20萬機關幹部進駐一萬個村或社區，實現了基層全覆蓋和無縫對接，一竿子插到底，一攬子落實到位。

4月，中共總書記習近平親自到新疆視察，專門對反恐工作發表指示。從 5 月份起，當局在新疆地區開展了為期一年的嚴打暴恐專項行動。一方面，當局對「恐怖份子」處以極刑，並殃及家屬親友，還大肆逮捕拘押可疑人員。僅僅是在 5 月 25 日這一天，新疆政府實施「零點」抓捕計畫，一天之內就打掉 23 個涉恐涉爆團夥，抓走了 200 多個嫌疑人。另一方面，當局又採用一切手段，全面加強對維族民眾的監視與控制，員警和社工人員可以隨意闖入維族人的家中搜查。

　　在南疆的維吾爾農村，當局從每 10 戶維族家庭中選出一個當局信任的維人，負責監視和監督這 10 戶維族人家全天動態，包括婚喪嫁娶、親朋聚會，只要見到有陌生人就可以盤問，發現任何異常情況就必須舉報等；防範工作做得如此嚴厲細密，確實如官方宣稱的「不留空白」。在這種情況下，怎麼還可能發生有幾百人共同參加的，和境外恐怖組織相互勾連，有組織、有預謀、計畫周密的恐怖襲擊呢？

　　不錯，儘管當局的反恐防恐舉措十分嚴厲細密，可謂無所不用其極，但是新疆的「恐怖襲擊」仍然層出不窮，越反越恐。不過正像中共的反恐專家們指出的那樣，新疆的恐怖主義，其特點就是本土化和非組織化。

　　所謂本土化，是指他們和境外的恐怖組織沒有直接的聯繫；所謂非組織化，是指恐怖份子並沒有成型的組織，而是一個家庭、

家族或近鄰好友的關係；少則一兩人三五人，頂多十幾個人。再加上他們的作案工具十分簡陋，無非是斧頭之類的日常用品，作案具有很大的隨機性；直到開始行動前的一分鐘都很容易混充「路過」，混充「打醬油」。

顯而易見，對於這種類型的恐怖襲擊，再嚴厲再細密的反恐防恐措施也只好比高射炮打蚊子，防不勝防。但是，如果恐怖份子想拉起幾百人的隊伍，同時發動攻擊，而且還要和境外的恐怖組織相互勾連，那麼在他們串聯、組織、籌畫和準備發動的過程中，勢必會留下很多線索，露出很多馬腳，因而勢必會被嚴密監控的當局發現察覺，早就被破獲了。

也許有人會問，2009 年 7 月 5 日新疆烏魯木齊事件不是也有很大規模，有成百上千人參與嗎？問題是，烏魯木齊 7.5 事件並不是恐怖襲擊；當局也沒有把它定性為恐怖襲擊，當局把 7.5 事件定調為「打砸搶燒、嚴重暴力犯罪事件」。

還有一件事值得提一提。7.28 莎車事件後，官媒又大張旗鼓地報導，地方政府和軍警如何組織廣大民眾圍捕恐怖份子。這事一看就很荒謬。既然恐怖份子要無差別地傷害平民，因此民眾遇到可疑情況，最重要的一條就是躲避可能的傷害和危險，為什麼在這裡，政府卻要鼓勵和號召手無寸鐵的平民，在恐怖份子尚且還沒有發動襲擊的時候，去主動地、直接地參加對恐怖分子的圍捕呢？這不是把民眾朝死裡送，這不是和反恐防恐的宗旨背道而

馳嗎？

更不可思議的是，這種圍捕居然大獲全勝，恐怖份子不是束手就擒就是被當場擊斃，參與圍捕的民眾連一個傷亡都沒有。其實，這正好說明，他們圍捕的對象並不是恐怖份子。政府清楚地知道對方不是恐怖份子，參與圍捕的民眾也清楚地知道對方不是恐怖分子，如此而已。

綜上所述，我們可以斷言，7.28莎車事件絕非恐怖襲擊案件。當局把它定調為「一起境內與境外相互勾連，有組織、有預謀、計畫周密、性質惡劣的嚴重暴力恐怖襲擊案件」，是根本站不住腳的。

那麼，7.28莎車事件到底是怎樣一回事呢？

讓我們從官媒對事件的描述談起。官媒報導稱，7月28日凌晨5點左右，暴徒團夥手持刀斧襲擊莎車縣艾力西湖鎮政府和派出所，與此同時，暴徒還在巴楚——莎車公路上設置路障，攔截打砸焚燒過往車輛，殺害無辜群眾。

按照這裡官媒的說法，維人是主動發起攻擊的，但這顯然不可能。因為維人擁有的工具只是刀斧，而當局擁有高度現代化的龐大軍警力量，還有嚴密的邊境防守，如果維人主動進攻注定是以卵擊石，得不償失，等於自殺。要說在當局無孔不入的監控和持續不斷的打壓下，莎車縣居然一下子就能冒出起碼幾百個人肉炸彈，而且還能預先就統一策劃並同時行動，那顯然是不可能的。

因此，唯一合理的解釋是，在 7.28 莎車事件中，維人並沒有主動發起攻擊，而是在遭到當局鎮壓後進行反擊和反抗。正像弱者通常不會主動挑釁強者，因為他知道那等於送死；但倘若強者野蠻地欺負弱者，弱者卻很可能起身反抗而不顧死活。

　　如官媒報導，這次莎車事件發生在 7 月 28 日凌晨 5 時。這個時間自然是北京時間，由於莎車縣和北京相差 3 個時區，事件發生的時間是莎車縣當地時間半夜兩點。那麼，為什麼這次事件會發生在 7 月 28 日這一天，會發生在這一天的半夜呢？官媒沒有做任何解釋，因為它擔心，一解釋就露餡了。

　　今年的 7 月 28 日，是全世界穆斯林最重要的節日——開齋節。在此前，穆斯林們按規定守了一個月的齋，在開齋節這天凌晨就可以開齋。因此，很多穆斯林都會在這一天的凌晨就開始吃飯，然後去清真寺做禮拜，並參加多種宗教活動團拜活動。

　　需要說明的是，開齋節屬於所有的穆斯林，並不只屬於伊斯蘭教的極端派別。這一點中共當局不是不明白，所以它並不一概禁止中國的穆斯林過開齋節。但是出於對新疆維族人的高度猜忌，它唯獨對維族人穆斯林過開齋節百般戒備，對維族人穆斯林在開齋節舉行的自發的宗教活動嚴厲打壓。

　　如此說來，7.28 莎車事件的脈絡就很清楚了。先是當地的維族人穆斯林大量聚集過開齋節，當地監管部門野蠻打壓，很可能釀成了流血事件，於是引發維人的強烈反抗，附近很多維人聞訊

紛紛加入，這就把規模搞得很大。官媒報導也承認，維人攻擊的目標是鎮政府和派出所，可見並非針對一般平民。

至於官媒說的暴徒設置路障，攔截打砸焚燒過往車輛，根據官方內部檔案透露，是武警喀什支隊分兵兩路趕往莎車現場，途中遭到維人的攔截與攻擊，這中間不排除有平民受到攻擊，但首先還是針對軍警的。可以想見，接下來發生的是，當局憑藉其壓倒性的武力優勢，對當地維人大加清剿。

我們知道，早在 7.28 莎車事件發生第二天，網上就有人發布消息，說莎車縣發生大屠殺；其後，海外的維人團體負責人也宣稱根據他們的消息來源，莎車縣發生了大屠殺。不久前，《博訊月刊》發表文章說，他們從接近軍隊情報的人士處核實，莎車縣大屠殺確有其事，至少三千維人被殺。

對於這些說法，眼下我們還沒有其他途徑去核實，故而難以確認。不過我們可以合理地推測，這次事件造成的維人傷亡必定遠遠超過當局公布的數字。說來很諷刺，即便按照當局公布的數字，維人現場死亡的數量也超過被攻擊一方的死亡數量。這再次證明這次事件不可能是什麼恐怖襲擊案件。

新疆的局勢在進一步惡化。莎車事件已經過去 40 多天，當局對消息的封鎖依然十分嚴厲，這種做法本身就說明很多問題。

2014 年 9 月 1 日～9 日

19、中國特色恐怖主義的六大特色

　　7月23日，中新社自紐約發出報導，世界著名風險評估公司梅波克洛夫公司（Maplecroft）23日發布的資料顯示，全球與恐怖襲擊有關的平民死亡數量正在大幅上升。最近一年，全球超過1.8萬人因恐怖主義行為遇難。報導顯示，中國的恐怖襲擊正在上升，在全球197個國家和地區中排在第32位，為「中等風險」，其中許多恐怖襲擊將交通樞紐作為襲擊目標。報告稱，今年中國有76人死於恐怖襲擊，而2013年前6個月為16人。

　　這份報告表明，中國的恐怖主義已經引起國際社會的關注。

　　如今，無論什麼事在中國，就會帶上中國特色。恐怖主義也不例外。那麼，中國特色的恐怖主義到底有哪些特色呢？

　　依據中共官方的檔、講話和報導，我歸納出以下六點：

一、以政府機構和軍警為主要攻擊目標；

二、用簡陋工具；

三、本土化，即和境外恐怖組織沒有直接聯繫；

四、非組織化，即沒有成型的恐怖組織；

五、大多數事件中，攻擊者自己的現場死亡數量反倒超過被攻擊者一方；

六、作案者總是維族人。

　　以下，我對這六點特色分別加以說明。

一、中國的恐怖活動是「以政府機構和軍警爲主要攻擊目標」，這一點出自中國政府最具權威的官方文件《國家安全藍皮書》

從網上看到兩幅照片，在烏魯木齊，幾個荷槍實彈的武警站在鐵籠子裡面站崗。一位香港記者說，他在新疆曾見到武警小分隊巡邏，其中，倒數第二個武警背上背著一面大鏡子，以便讓最後一個武警能從鏡子裡看到後面的動靜。可見，員警是襲擊的主要對象應該是實情。

再有，從已知的攻擊事件看，所謂攻擊政府機構，實際上主要是攻擊派出所或公安局。按說，攻擊者若抱有明確的政治訴求，在攻擊政府機構時應該選取更能象徵權力的黨委和政府，何況黨委和政府的武力防範能力較低，攻擊更容易；可是攻擊者卻偏偏主要攻擊派出所公安局。這一特點也不應忽略。

儘管到目前為止，國際社會對恐怖襲擊還沒有一個公認的統一定義，但一般人都認為，針對平民的攻擊才算恐怖襲擊，針對政府、尤其是針對軍警的攻擊不算恐怖襲擊。本文開頭引用的那份梅波克洛夫公司報告講明它所說的因恐怖襲擊而死亡的人數是指平民，不包括政府官員和軍警。這也就是說，被中國政府指為恐怖襲擊的大多數事件，既然其攻擊目標是政府機構和軍警，因此在梅波克洛夫公司那裡並不算恐怖襲擊。有人指責美國政府對恐怖主義持雙重標準，對中國政府宣稱的恐怖襲擊往往不予譴責；

那也是因為那些攻擊不符合美國關於恐怖主義的定義。

　　《國家安全藍皮書》公布於今年 5 月 6 日，其定稿的時間當然要早一些。自今年 3 月 1 日昆明火車站事件以來，針對平民的暴力襲擊事件有顯著增長。這一變異應當引起注意。考慮到這一變異恰恰是發生在當局大力加強反恐防恐的背景之下，不能不使人感到諷刺與詭異。

二、中國《國家安全藍皮書》稱，中國的恐怖活動一大特點是：「恐怖勢力使用冷兵器等簡陋工具作案」

　　中國的反恐專家說：「斧頭汽油成恐怖分子首選」。有些恐怖活動，作案者使用了某種爆燃裝置，是什麼爆燃裝置呢？根據官媒報導，在這次烏魯木齊文化宮早市恐怖襲擊事件中，引發汽車爆炸的是煤氣罐。按照《紐約時報》報導，作案者從車內往外投擲的爆燃物「像個油漆罐」。

　　看來，新疆的恐怖分子，大約是全世界最寒酸的恐怖分子。那麼，為什麼他們不去使用厲害點的工具呢？原因很簡單，因為政府管制得太嚴太緊，他們根本得不到殺傷力大的作案工具。自己在家裡偷偷製作土炸藥也很難，因為員警和社工人員可以隨意進入家中搜查，發現可疑物品就沒收，連刀具多了幾把都不行。只有斧頭、汽油、煤氣罐、油漆罐一類家居生活的必需品才不會被沒收，因此也才有可能成為作案工具。

最近發布的幾條新聞很能說明，當局為了防範暴恐分子獲得作案工具已經把工作做到了什麼地步。一條是：4月1日，烏魯木齊市政府下令，嚴禁非法收購煤氣罐。另一條是：為了防止暴恐分子利用，7月8日，新疆阜康警方銷毀2萬餘盒火柴。還有一條是：今年7月，杭州、長沙和廣州分別發生公車縱火案，造成多人傷亡，7月27日，新疆烏魯木齊當局下令禁止公交乘客攜帶液體、打火機和不明粉狀物上車。

　　本來是杭州、長沙和廣州發生了公車縱火案，杭州、長沙、廣州等地政府並沒有下令禁止乘客攜帶液體、打火機和不明粉狀物上公車，反倒是沒有發生公車縱火案的烏魯木齊下令禁止了。嚴禁非法收購煤氣罐和銷毀火柴也只限於新疆。

三、本土化，即和境外恐怖組織沒有直接聯繫

　　儘管每逢發生恐怖襲擊事件，政府總要聲稱是和境外恐怖組織相勾結，但隨後就沒了下文，沒拿出什麼真憑實據，可見只是官樣文章，當不得真的。《國家安全藍皮書》的措辭就比較謹慎，它只說部分恐怖襲擊事件的背後有深刻的國際背景。現在的中國既非閉關鎖國，又趕上資訊全球化，境內的人要獲得境外的資訊並不難，也很可能受到某種影響，但是這和與「境外敵對勢力」，尤其是和「境外恐怖組織」有勾結不是一回事。

　　6月24日，中國國家互聯網資訊辦公室舉行新聞發布會，發

布了一部題為《恐怖主義的網上推手——「東伊運」恐怖音視頻》的電視專題片。國信辦稱，這部電視片將境外「東伊運」組織指揮、在網上傳播涉暴恐音視頻、煽動境內恐怖活動的行徑公之於世。不過，在當天出版的英文版《環球時報》發表文章，卻顯示「東伊運」和新疆暴恐團夥沒有直接聯繫。

《環球時報》援引專家的話指出，由於新疆的恐怖團夥散布在新疆各地，被當局稱為新疆恐怖活動策劃者的「東土耳其斯坦伊斯蘭運動」（即「東伊運」），實際上和鬆散地處於新疆各地的大多數暴力恐怖團夥並沒有直接的聯繫。「東伊運」對他們的影響僅限於在思想和意識形態方面。

《環球時報》援引專家的話說，新疆的暴恐襲擊者可能接觸過一些宗教和種族極端主義的出版物，以及「東伊運」發布的一些視頻，但他們之間並沒有直接的接觸，同時也並非以上下級的關係運作。甚至連「東伊運」本身是否作為一個組織而存在以及存在於何處都大有疑問。中國現代國際關係研究院反恐研究中心主任李偉就表示，雖然一般認為，「東伊運」在南亞，實際上東伊運居無定所，並不是一個成建制的組織。

四、非組織化，即沒有成型的恐怖組織

新疆恐怖活動的另一個特點是非組織化。非組織化是指恐怖分子並沒有形成恐怖組織，而是單獨的個體，或者是一個家庭、

家族或朋友之類的關係。昆明火車站事件的作案者有七八個，但按照官媒報導可知，他們的作案帶有某種隨機性，也就是說，他們並不是為了一塊兒策動恐怖襲擊而聚到一起的。你可以把他們叫做團夥，但不能說他們是恐怖組織。

前面提到的英文版《環球時報》文章也承認，新疆的大部分恐怖分子散布在各地，並非在一個有組織有領導的恐怖機構中運行，形態呈非結構化，也沒有一個嚴密的從上到下的中央控制的機構。

五、大多數事件中，攻擊者自己的現場死亡數量反倒超過被攻擊者一方

但凡恐怖襲擊，除非是偶然失手，否則，攻擊者一方的現場死亡數量總是大大地低於被攻擊的一方（事後被打死被判死刑的不算）。通常，自殺式恐怖襲擊是以一當十，一個人肉炸彈造成十人死亡，1：10。美國的 911 事件是 1：168（19 個恐怖分子造成 3201 人死亡）；車臣的黑寡婦雖是女性，殺傷力很大，平均是 1：20。

然而，中國特色恐怖主義的現場死亡比例要低得多，除去昆明火車站事件大約1：7和烏魯木齊文化宮早市事件大約1：8以外，大多數事件中，攻擊者自己的現場死亡數量反倒超過被攻擊者一方。例如，2011 年新疆和田 7.18 事件，攻擊者當場被擊斃 14 人，

員警和民眾死 4 人；2012 年 12 月新疆皮山事件，暴恐分子當場被擊斃 7 人（其中 2 名是女性），公安幹警只死了 1 人；2013 年 10 月天安門撞車事件，暴恐分子死 3 人，民眾死 2 人；2013 年年底喀什事件，暴恐分子當場被擊斃 8 人，公安民警和民眾零傷亡；今年 4 月 30 日烏魯木齊火車站事件，暴恐分子被炸死 2 人，民眾死 1 人；6 月 21 日葉城事件，暴恐分子當場被擊斃 13 人，只有 3 個民警輕傷，無民眾傷亡；這次 7.28 莎車事件，官方稱，暴徒被當場擊斃 59 人，無辜民眾 37 人死亡。

如此說來，新疆的恐怖分子，實在是天底下最笨拙最低能的恐怖分子。這不能不令人懷疑：他們真的都是恐怖分子嗎？那些事件真的都是「有組織有預謀」的「恐怖襲擊」嗎？

六、作案者總是維族人

我們注意到，在被中國政府認定為恐怖襲擊的事件中，作案者總是維族人。或者說，只有維族人作案的暴力事件，才會被當局認定為恐怖襲擊。

同樣是襲擊員警（包括城管），如果發生在漢區，如果當事者是漢人，例如楊佳襲警，民間稱為大俠，當局雖然判處死刑，但也沒有把楊佳定為暴恐分子，沒有把楊佳的襲警行為定為恐怖襲擊。

同樣是發生在人群密集的公共場所，同樣是針對一般平民的

暴力攻擊，甚至同樣是連婦女兒童都不放過，在漢區發生的多起槍殺案、屠童案、公車縱火案，等等，哪怕這些事件給一般平民所造成的傷害和恐怖更大更嚴重（例如 2013 年 6 月 7 日，廈門發生一起公車縱火案，造成 47 人死亡，死亡數量超過今年 3 月 1 日昆明火車站事件、5 月 22 日烏魯木齊文化宮早市事件和 7 月 28 日莎車事件），只要作案者是漢人或什麼族的人而不是維族人，當局就沒有把它們定性為恐怖襲擊。

中央黨校的靳薇教授最近撰文指出，發生在新疆的「暴恐事件」，有不少其實並不是蓄謀的，而是偶發的，是沒有明確政治訴求的，是個體因經濟家庭或社會因素產生的暴力對抗和宣洩，其背景應該與內地因拆遷、征地、討薪等日益頻繁出現的對抗和暴力事件相似。

以上六大特色，是我根據中共官方文本歸納出來的。在這裡，我不打算對這六大特色進行深入的道德評判，我只是把它們作為事實、作為現象羅列出來，而把價值判斷交給讀者。

我相信，任何人，一旦他意識到中國特色的恐怖主義具有上述六大特色，他就不能不質疑：在中國，被當局定性為恐怖襲擊的那些事件，究竟有多少真的是恐怖主義？為何在如此的高壓態勢下，還頻繁發生這一類暴力事件？造成這些暴力流血事件的，在多大程度上是恐怖主義，在多大程度上是國家恐怖主義？

2014 年 8 月 11 日

從禁止留鬍鬚與穿罩袍談起

近來，在新疆，一些地方政府發布通告，禁止年輕男性留大鬍鬚，禁止女性穿蒙面罩袍，並宣稱對違反者嚴懲不貸。

這些禁令無疑是錯誤的，因為穿著打扮是個人的事，政府無權干涉。有批評者聯繫到當年滿清政府強迫漢人「剃髮易服」，「留頭不留髮，留髮不留頭」。其野蠻殘酷，如出一轍。

也有人替當局的禁令辯護。他們說，蒙面罩袍的實質是把女性當成商品，當成男性所佔有的、因而需要保護的商品。要女性穿罩袍是要女性守貞節。在單方面要求女性守貞節的地方，往往伴隨著大男子主義，伴隨著一夫多妻和男人的性交易自由。

對於這樣一種落後的舊習俗，難道不應該廢除、不應該禁止嗎？有的辯護者進一步反問到：如果你們支持女人穿罩袍，那麼，你們是不是也支持女人裹小腳呢？你們是不是也反對廢除女人裹小腳呢？

這種辯護不成立。問題不在於罩袍這種服飾本來體現了怎樣的思想觀念，是先進還是落後；問題在於，即便是一種我們認為錯誤的、落後的服飾或習俗，也不應該由政府、由強力去廢除、去禁止。否則，這和毛澤東時代、尤其是文革初期的破四舊有什麼區別？

文革初期破四舊，紅衛兵禁止女性穿高跟鞋穿旗袍，理由是旗袍和高跟鞋體現了資產階級好逸惡勞思想，體現了剝削階級人

生觀和審美觀，因此必須統統破掉。直到八十年代，當局還把穿喇叭腿褲，男人留長髮，女人塗口紅、穿短裙當作「精神污染」來清除。好在這些都已經過去。時至今日，當局對廣大漢區一般人的穿著打扮基本上是不干涉了，那為什麼偏偏還要對一些少數民族的穿著打扮搞強迫命令呢？

說到裹小腳，裹小腳確實是陋習，理當廢除。但問題是誰來廢除，如何廢除？我們知道，滿族婦女是不裹小腳的。當初滿清政府曾經下令，一方面要漢族男人「剃髮易服」，另一方面又禁止漢族女人裹小腳，「有抗旨纏足者，其父或夫杖八十，放逐三千里」。可是後一道命令遭到漢人廣泛而強烈的抵制，數年後清廷不得不弛禁。當時有個說法，叫「男降女不降」。這就是說，在當時，漢人是把本族的女人抵制滿清政府的禁止纏足令，堅持繼續裹小腳，當作是不屈服於異族強權的象徵的。

可見，對舊習俗，如果要改，也有個由誰來改，用什麼方式來改的問題。某民族的舊習俗，只能由人家自己改，而且應是自願的改。

也許有人會問，不久前，法國也立法禁止在公眾場所穿伊斯蘭蒙面罩袍，這不也是政府用強權推行嗎？

對此，我的回答是，法國政府的禁令是針對穆斯林移民的。

這些年來，有大量的來自北非的信仰伊斯蘭教的阿拉伯人移民法國，其中不少人不肯入鄉隨俗，因此引起和法國本地人的一

些矛盾和衝突，故而法國政府通過立法對這些不肯入鄉隨俗的穆斯林們加以規範。對於這些法律的是是非非，法國人也有爭議，這裡暫且不論。但畢竟，法國政府是出於同化移民的角度這麼做的。一個人自願移民外國，這就意味著他自願放棄某些本國本民族的認同，也就是說，他自願放棄自己原來的一些習俗而接受別人的習俗。這也就意味著，別人的國家和政府或多或少有權把他們的一些習俗加在你身上。

新疆政府的禁令卻不然。新疆政府的禁令是針對作為新疆原住民的少數民族，兩者不可混為一談。新疆本來就是這些少數民族自己的家園。他們在自己的家園要怎樣穿著打扮當然有充分的自主權。因此，新疆地方政府禁止別人留鬍鬚、穿罩袍的規定是完全錯誤的，是站不住腳的。

2014 年 4 月 28 日

為什麼要叫維吾爾學生唱「炎黃子孫、龍的傳人」？

據自由亞洲電臺報導，在新疆阿克蘇地區，學校強迫維吾爾學生學習京劇，有超過一百名維吾爾學生家長被當局罰款，理由是他們未按官方規定在家裡教孩子唱京劇。有人權組織稱，中國強迫維吾爾人接受京劇文化，以此取代傳統的維吾爾民族文化，強制在當地推行文化殖民政策。報導中有一段視頻，課堂上，老

師領著學生唱京劇〈我是一個中國人〉。

我知道有個京劇唱段，叫〈我是中國人〉。頭兩句唱詞是：「我是中國人，梅花品德日月魂。千紅萬紫隨風去，唯有玉壺照冰心。」可是視頻裡老師帶著學生唱的不是這個唱段，是另一個唱段，名字叫〈我是一個中國人〉。頭兩句唱詞是：「我是一個中國人，炎黃子孫，龍的傳人。」

這就大有問題了！人家維吾爾人不是炎黃子孫、龍的傳人啊。為什麼要讓他們唱「炎黃子孫、龍的傳人」呢？

在 2004 年紐約舉行的維吾爾人權研討會上我就指出，由於共產主義意識形態徹底破產，中共當局不得不乞靈於民族主義，然而民族主義是雙刃劍。你講你的民族主義，那就必然反過來刺激別人的民族主義；你大講特講龍的傳人炎黃子孫，可是，像藏族維族蒙族，人家不是龍的傳人，不是炎黃子孫，你這樣講，不是刺激人家的疏離感，刺激人家的分離意識嗎？

8 年後，我看到中共統戰部負責人也意識到了這個問題。2012 年 2 月 14 日中共中央黨校刊物《學習時報》，在頭版頭條發表統戰部副部長朱維群的文章〈對當前民族領域問題的幾點思考〉。各大網站轉發這篇文章時特地指出其要點：「統戰部副部長稱：炎黃子孫稱呼不科學，傷民族感情」。「漢族喜歡說的『龍的傳人』、『炎黃子孫』其實並不科學，……要防止大民族主義。」

然後 7 年後我們卻看到了上面那條新聞。按說當地官員不會

不知道，炎黃子孫、龍的傳人等稱呼不科學，說炎黃子孫、龍的
傳人會傷民族感情，是大民族主義。既然如此，為什麼他們還要
哪壺不開提哪壺，明知故犯，偏偏要那麼做呢？這說明，中共當
局又有了新政策。就和故意叫維吾爾人吃豬肉一樣，他們就是故
意叫維吾爾人唱炎黃子孫、龍的傳人，其目的就是要否定你的民
族意識，否定你的民族習俗和文化傳統，傷害你的民族感情，消
滅你的民族認同，就是要赤裸裸地推行大民族主義。

　　有人為中共的做法辯護。他們說，歷史上不是有很多民族的
融合以及民族國家的建立是通過強制的手段完成的嗎？不錯，歷
史上確實有很多民族的融合以及民族國家的建立是靠強制手段才
完成的。但問題是，在當代世界，我們還能夠重複那種蠻橫的做
法嗎？我們還願意付出那種血腥的代價嗎？在過去或許能行得
通、做得到的事，在今天還行得通、做得到嗎？

　　答案無疑是否定的。不能，絕不能。

2019 年 2 月 21 日

努爾・白克力為何也被清洗？

　　12 月 2 日，前新疆維吾爾自治區主席、國家發改委副主任兼
能源局局長努爾・白克力，被中國瀋陽中級法院以受賄罪判處
無期徒刑。

記得去年 9 月 21 日，我讀到中紀委發布的消息，努爾・白克力涉嫌嚴重違紀違法，正接受中紀委調查。我非常吃驚！這位努爾・白克力就是 2009 年 7.5 事件時的新疆維吾爾自治區主席啊。7.5 事件表現堅定，和中共中央高度一致，被流亡維吾爾人斥為中共傀儡、維吾爾敗類，怎麼也給抓起來了呢？

我那時就估計中共也會給他安上一個經濟罪名，但實際上是政治問題。是什麼政治問題呢？中共整治維吾爾人有三大罪名，曰「三股勢力」：一個叫暴力恐怖勢力，一個叫民族分裂勢力，一個叫宗教極端勢力。

按說白克力和這「三股勢力」都不沾邊。因為白克力不可能涉嫌暴力恐怖活動；白克力從小接受漢族式教育，二十出頭就入了黨，並不信仰伊斯蘭教，自然更不可能是什麼宗教極端勢力；另外，單憑他在 7.5 事件中的表現，以及 7.5 事件後還繼續擔任自治區主席，還在三年後的中共十八大上從中央候補委員晉升為中央委員，可見也不會是什麼民族分裂勢力。因此我以為，白克力多半是因為對北京對維吾爾人越來越擴大、越來越殘暴的鎮壓有意見有憂慮，因此觸怒了最高當局，結果連他自己也被無情的清洗。

張三被扣上「三股勢力」的罪名抓起來了，張三的老朋友李四本來劃不進「三股勢力」，只因為張三鳴冤叫屈，於是給李四也扣上「三股勢力」的罪名抓起來，王五和張三素無瓜葛，和「三

股勢力」更是不沾邊，但是看到自己原來的親信部屬李四被抓了，忍不住抱怨，於是也被抓將進去。

大批體制內的維吾爾官員和有地位的維吾爾人士被抓，想來其中很多人都是扣不上「三股勢力」的罪名的，他們不過是對當局如此大規模地整治維吾爾人有意見，於是到頭來自己也成了被整肅的對象。

當局的邏輯是：要抓壞人。誰為壞人喊冤，誰也是壞人，也要抓；誰為為壞人喊冤的人喊冤，誰也是壞人，也要抓，誰為為壞人喊冤的人喊冤的人喊冤，誰也是壞人，也要抓；以此類推。這比古代的株連九族還厲害。株連九族畢竟還有個邊界，這卻是連邊界都沒有。當年史達林搞肅反就是這個邏輯，越擴大就越擴大，擴大成了化。肅反擴大化就是這麼煉成的。這就是林彪《五七一工程紀要》裡說的絞肉機。

據我現在瞭解到的資訊，白克力果然就是這麼被抓進去的。有白克力的親友部屬，一撥一撥地到北京向白克力訴苦，白克力先是沉默再沉默，後來終於忍不住向中央報告，據說是找到了政協主席汪洋，汪洋則去找到習近平，可是習近平聽不進去，於是白克力就被抓進去了。

2019 年 12 月 20 日

「新疆棉」風波到底是怎麼回事？

自上週四（3月25日）起，在中國出現了一波民眾抵制 H&M、耐克（Nike）、愛迪達（Adidas）等多種國際服飾品牌商品的小高潮。乍一看去，好像是義和團又回來了，中國人又要抵制洋貨了。

於是有不少人呼籲中國政府，不要放任這波民間抵制潮：這有損於中國的國際形象，也有損於中國自己的經濟利益。

我覺得這種擔心是多餘的。中國政府是不會「放任」這波抵制潮的，因為這波抵制潮本來就是它一手策動出來的。上週三（3月24日），共青團中央在它的微博官方帳號挖出 H&M 去年發布的停用新疆棉的舊聲明，猛烈抨擊這家瑞典品牌「一邊造謠抵制新疆棉花，一邊又想在中國賺錢？癡心妄想！」正是共青團中央的這條微博，引發了四十多萬線民的點贊支持和抵制 H&M 等商品的小高潮。可見，這波抵制潮並不是民間的自發行動，而是當局一手策劃鼓動的。

那麼，當局策動這波抵制潮是不是表示它要抵制洋貨了呢？那倒不是。本週一（3月29日），新疆維吾爾自治區人民政府新聞發言人徐貴相在新聞發布會上，對 H&M 等品牌的行為做出回應。他說，制裁的大棒揮向別國的同時也會砸著自己的腦袋，是損人不利己的。H&M 等企業應該搞自己的經營活動，不應把經濟行為政治化。

徐貴相這番話，把當局策動抵制潮的用意說得很清楚。抵制潮的意思就是：你們不買我們的新疆棉，我們就不買你們的產品。你們抵制我們，我們勢必也要抵制你們。到頭來是雙方的利益都會受損害，你們的做法是損人而不利己。言下之意，就是奉勸 H&M 等公司放棄對中國新疆棉的抵制。

　　我們知道，H&M 等公司之所以抵制中國的新疆棉，是因為在新疆的棉花生產中存在強迫勞動，違反了這些公司承諾信守的人權原則，也違反了世界貿易組織關於禁止強迫勞動的相關公約。徐貴相說，H&M 等企業應該搞自己的經營活動，不應把經濟行為政治化。所謂「不應把經濟行為政治化」，其實就是要 H&M 等公司不要把做生意和人權問題掛鉤。只不過這層意思不能挑明瞭說，因為中國也是世界貿易組織的會員國，中國政府也承諾過禁止強迫勞動。所以接下來徐貴相又說，新疆棉花根本不存在強迫勞動。

　　於是，問題就歸結到，新疆的棉花生產是否存在強迫勞動。

　　我們知道，有關新疆的棉花生產存在強迫勞動這一判斷，並不是 H&M 等公司作出的，也不是美國政府或其他什麼西方政府作出的，而是由瑞士一家名叫「Better Cotton Initiative」（良好棉花協會）的民間機構，在前年即 2019 年作出的。作為協力廠商，「良好棉花協會」享有很高的公信力，H&M 等公司都是「良好棉花協會」的會員企業。它們是根據「良好棉花協會」的判斷，

從而對新疆棉採取抵制的。

中國政府想方設法推翻「良好棉花協會」的判斷。3月1日，國內網上出現了一個認證為「良好棉花協會上海代表處」的微信公眾號發布的重要申明，該申明說，「良好棉花協會中國專案團隊」嚴格遵照「良好棉花協會」的審核原則，從 2012 年開始對新疆專案點所執行的歷年第二方可信度審核和協力廠商驗證，「從未發現一例有關強迫勞動的事件」。

3月 28 日，中共環球網發表文章《獨家揭秘：美國如何操縱「強迫勞動」議題打壓中國棉花企業》，文章說：美西方反華勢力逼迫「良好棉花協會」總部選邊站隊，致使「良好棉花協會」承認新疆棉紡織行業存在「強迫勞動風險」，最終決定無限期停牌新疆地區「良好棉花」認證。

3月 28 日，聯合國秘書長古特雷斯在接受採訪時表示，聯合國正在與中國進行「嚴肅的談判」，極力爭取不受限制地進入新疆調查與核實有關維吾爾人和其他少數民族受到迫害，包括是否被強迫勞動。中國政府則回應說，歡迎聯合國派員訪問新疆，但不希望對方進行有罪式推定。

聯合國的調查能否成行？如果成行，能調查出什麼結果？我們且拭目以待。但其實這個問題本來早就是很清楚的，當中共外交部發言人華春瑩回應記者關於新疆的棉花生產是否存在強迫勞動時，現場展示當年美國黑奴被迫採摘棉花照片；當徐貴相回

應 H&M 等公司因為新疆棉花生產存在強迫勞動所以抵制新疆棉時說，不應把經濟行為政治化。他們實際上，不是已經不打自招了嗎？

2021 年 3 月 29 日

（三）內蒙古

不要讓我們的歷史在我們手中消失——推薦《內蒙文革風雷——一位造反派領袖的口述史》

今年 7 月，香港明鏡出版社出版了一部文革史研究專著，書名是《內蒙文革風雷——一位造反派領袖的口述史》，由兩位作者合著，一位作者叫高樹華，原內蒙師院教師，內蒙地區著名的造反派領袖，被稱為「內蒙聶元梓」；另一位作者叫程鐵軍，原內蒙師院學生，80 年代赴美留學，獲社會學博士學位，現在澳門大學任教。這本書由高樹華口述，程鐵軍整理加工。全書共 57 章。正文之前有高樹華寫的前言，正文之後有程鐵軍寫的後記。

高樹華前言的題目是〈我的遺願〉，寫於 2003 年 6 月，當時的高樹華雖然還不滿 62 歲，但由於遭受多年的政治迫害，身體十分衰弱，第二年就去世了。人之將死，其言也真。高樹華在前言裡寫道：「口述史的價值在於真實。頓悟之年，大夢方覺，早

已看透一切，所有褒貶毀譽，皆已退居次要位置。」「但中華民族綿延不絕捍衛良知的傳統，秉筆直書的太史公信條，不會泯滅，也不能泯滅。如果文革研究作為一門學問，最終能在中國成為一門顯學的話，那麼當事人的這種自我陳述，也許能夠成為新時代新學科的搜尋引擎。為此添磚加瓦，亦屬幸運，吾願足矣。」

讀這本《內蒙文革風雷》，有三點給人印象深刻。首先，這本書恢復了造反派的本來面目。作者以其親身經歷告訴我們，文革中的造反運動確實含有反對政治迫害的合理成分。程鐵軍博士特地請提出「人民文革論」的民間文革史專家劉國凱先生為此書寫序，更加突出了作者的這一思想傾向。

第二、關於民族矛盾問題。早在文革發動之初，內蒙古自治區黨委第一書記烏蘭夫就被打倒。當時給烏蘭夫定下的罪名，除了「修正主義」一條之外，還有一條是「民族分裂」，其實這後一條純粹是「莫須有」。作者指出，在文革初期，也就是從文革爆發到革委會成立，內蒙文革並沒有明顯的民族特色。

當時流行的觀念是「親不親，階級分；親不親，路線分」。例如在兩派鬥爭最激烈的內蒙師範學院，大多數蒙族同學都站在造反派一邊，和漢族同學並肩戰鬥。不是別人，恰恰是中共領導集團自己，骨子裡卻抱有「非我族類，其心必異」的偏見。

中央派出滕海清出任內蒙第一把手，在內蒙地區發動了一場持續一年半的所謂揪「內人黨」運動，製造了一個所謂「內蒙古

人民黨」的大冤案。在這場運動中，有 2 萬 7 千多人被迫害致死，有 12 萬人被迫害致殘，被關押者的數量多達 50 萬人以上，受迫害者的總數已經超過蒙族人數的 20%。正像作者指出的那樣：物極必反。

經過這番折騰，原本比較和諧的民族關係不復存在。雖然到後來中共又重用烏蘭夫家族，百般安撫和收買蒙族少數精英上層，但是蒙族人民已經識破了中共統戰手腕，再也不給中共真心賣命了。民族意識開始抬頭。「六四」之後，海外的蒙族人成立了一個貨真價實的內蒙古人民黨。搬起石頭砸自己的腳，歷史和中共開了個大玩笑。

第三、高樹華是內蒙師院教師，烏蘭夫的第三個兒子力沙克也是內蒙師院的教師，兩人本來是好朋友。在文革期間，烏蘭夫一家都被打倒，高樹華曾經冒很大風險秘密幫助過力沙克。然而等到文革之後，烏蘭夫家族恢復了原有的地位和權力，高樹華則被隔離審查。高樹華的妻子向烏蘭夫求援，卻沒有得到積極回應。

這件事表明，在文革的荒唐歲月，總還有些人，主要是平民，保持著某種善良的人性；它正和官場的冷漠形成鮮明的對比。有趣的是，關於高樹華暗中幫助力沙克一事，當時就受到各派的懷疑，但始終無法落實。直到高樹華在晚年寫回憶錄，才披露了這段秘辛，否則這段歷史懸案就永遠也不可能澄清了。

文革已經過去 40 年了，但是，由於中共對文革歷史的歪曲以

及對文革研究的壓制，文革這段歷史的真相並沒有隨著時間的流逝而水落石出，反而愈加撲朔迷離。文革的親歷者，即便是當年的「革命小將」，如今也多已步入晚年。搶救歷史已是刻不容緩。我希望有更多的有心人拿起筆來，千萬不要讓我們的歷史在我們手中消失。

2007 年 12 月 8 日

評內蒙抗議風潮

最近，內蒙古爆發了自八九民運以來最大規模的抗議活動。數千名蒙族學生和牧民走上街頭示威遊行，要求懲辦開煤車壓死牧民的肇事者，尊重蒙族人的尊嚴和權益，保護他們賴以生存的牧場和家園。

內蒙當局沒有採取鎮壓措施。區黨委書記胡春華在出國訪問歸來後即與蒙族師生對話，表示要對犯罪嫌疑人依法嚴懲，強調要正確處理好礦產開發與保護群眾利益的關係，把維護群眾利益作為出發點。與此同時，還免去了西烏旗書記的職務，也給了受害者家屬一些金錢賠償，等等。

我們知道，在 08 年西藏事件和 09 年新疆事件中，張慶黎和王樂泉都始終拒絕和民眾對話，從一開始就對抗議民眾實行鎮壓，甚至製造陷阱，導致嚴重的暴力流血衝突。相比之下，我們

應該說，胡春華的上述做法是值得肯定的。

然而接下來，內蒙當局又是封鎖學校又是封鎖網路，並在一些地區實行戒嚴，還抓了不少人。這些做法無疑是極其錯誤的。對此我們提出嚴正抗議，要求內蒙當局立即釋放所有被捕者，並承諾不對參加抗議的民眾秋後算帳。

由於當局封鎖消息，外界無法得知那裡的最新動態。在這種情況下，我們更不能掉以輕心，更需要密切關注事態的後續進展。

近些年來，內蒙的經濟發展很快，主要就靠的是對地下資源的瘋狂開發。然而，對礦物的大力開採冶煉，一方面迅速地造就了一批暴富的權貴，另一方面又造成了生態環境的急遽惡化。廣大蒙族民眾承受著環境破壞的沉重代價，其傳統的生存方式遭到極大的威脅，卻很少分享到經濟發展的好處。

其實，早就有很多蒙族牧民和學者、新聞記者、環保組織和政協委員對此發表過報導、報告和呼籲，但都沒有引起當局的重視。直到這次民眾走上街頭示威抗議，當局才不得不表示要嚴肅對待認真處理。可見，正像民間順口溜說的：「小鬧小解決，大鬧大解決，不鬧不解決。」民眾，尤其是弱勢群體，必須要有給政府、給社會製造「麻煩」的能力，才能有效地抗衡權貴，維護自身利益，才能有效地糾正社會弊端。

可是，中共當局最怕的就是人民享有言論、結社、集會和遊行等基本人權。這次，內蒙政府的做法是先安撫，再壓制。可以

想見，當局會在某些具體政策上做出一定的調整，給民眾一些小恩小惠，但是他們絕不肯容忍集會遊行這類抗爭方式。這表明，他們無非是想用「有節制的壓迫」以達到「可持續的榨取」而已。

內蒙一向被視為少數民族自治區的「模範」。事先很少有人能想到在內蒙也會爆發抗議風潮。《環球時報》發表評論，說這次「蒙族民眾的抗議不是政治示威，他們提出的部分要求是合理的，與政府的施政方向並不矛盾」。這說明，當局想竭力淡化這次抗議活動的民族性質。只是外界觀察者大都認為，這次抗議活動反映出蒙族民眾的深層不滿，是民族意識的一次公開顯示，因此顯然是具有民族性質的。它再一次證明了中共民族政策的失敗。

和藏族維族的情況類似，人也痛感他們在自己的家鄉成了少數民族，成了弱勢群體，成了異鄉人，成了邊緣人。這個深層的問題更嚴重，值得我們進一步思考。除非實行真正的民族自治或者是採用聯邦制，否則，我們很難使各民族真正的和睦相處。

2011 年 6 月 6 日

一石激起千重浪——紅二代公開信反對當局在內蒙強推漢語教學

網上流傳一封由紅二代馬曉力領銜的致〈黨中央並習近平總書記〉的聯名公開信，經查證屬實。

公開信對當局在內蒙古強推漢語教學一事提出嚴厲批評。公開信寫道：「我們是一群曾經在內蒙古草原插隊的老知青。近日在內蒙古地區突然發生的：關於在全區小學實行全國漢語統編教材的決定。一石激起千重浪，此事在蒙古族同胞中引起軒然大波和極大的恐慌。令我們這些年屆七十有餘的老知青非常震驚」。「『天下本無事，庸人自擾之』。這次《漢語》統編教材一事，已引起蒙古族同胞不滿，傷害了他們的感情，對這種突然的強制性的作法非常不認同和十分抵觸」。

公開信提出五點建議：一、責成相關部門儘快收回引起混亂的文件指令；二、要求相關幹部總結經驗教訓，向他們傷害的蒙古族同胞道歉；三、必須停止那些與蒙古族同胞為敵的極端惡劣做法；四、立即停止一些地方亂抓人的橫暴做法，以及有獎舉報和列出拘捕百人名單等做法；五、不要給請願的人扣政治犯罪和「被國外反華勢力挑唆」等大帽子。

公開信首批簽名者有 18 位。他們是：馬曉力、劉進、李衛平、牛立、宋岩、騰平、許曉鳴、孫秋春、矯小紅、魏年、楊建敏、

胡冀燕、張小艾、黃光光、陳小玲、李志偉、任林、王瑛。

　　領銜的馬曉力是習近平的髮小（註），其父馬文瑞（1912 年
11 月 4 日～ 2004 年 1 月 3 日）是陝西子洲人，和習近平父親習
仲勳關係密切，曾任第六、第七屆全國政協副主席，中共陝西省
委第一書記，陝西省人大常委會主任等職。十九大前，馬曉力曾
發起聯名信，要求十九大代表和中央委員候補委員們公布財產；
馬曉力還寫信給當時的中辦主任栗戰書，抗議中宣部在北京大會
堂上演的「紅歌會」，指其為「文革再現」。

　　企業家王瑛女士是首批簽名者。王瑛曾明確反對習近平修
憲，取消國家主席任期限制；不久前任志強被控經濟犯罪，王瑛
痛斥「這是明目張膽的政治迫害」。

　　簽名排在第二位的劉進是北師大女附中高中 66 屆學生，文革
初期擔任校革命師生代表會主席，其父劉仰嶠曾擔任河南省委書
記和高教部副部長。2014 年 1 月，劉進和昔日同班同學宋彬彬組
織了一場向文革初期受迫害的老師和同學的道歉會。這次宋彬彬
也簽了，用的是宋岩這個名字。1991 年，北京的工人出版社出版
了一本由當年赴內蒙草原插隊落戶或軍墾拓荒的知識青年寫的回
憶文集《草原啟示錄》。其中有一篇《點滴思憶話宋岩》，就講
到宋彬彬到內蒙古插隊當知青時改名宋岩。經查證，此宋岩確系
宋彬彬。

　　公開信提到文革期間的「內人黨」事件。在文革期間，當局

抱著「非我族類，其心必異」的偏見，硬是製造了一個莫須有的「內蒙古人民黨」的大冤案。在這場運動中，有 2 萬 7 千多人被迫害致死，有 12 萬人被迫害致殘，被關押者的數量多達 50 萬人以上，受迫害者的總數已經超過蒙古族人數的 20%。

公開信最沉痛的一句話是，他們深感憂慮，「把一個好端端的內蒙古，生生搞成第二個新疆」。這表明，他們都知道新疆發生了什麼。他們對當局在少數民族地區的駭人聽聞的野蠻行徑早就十分不滿了。

不錯，這封公開信仍然是站在體制內的立場，但是在這一立場內已經表達得相當到位。正是由於大多數簽名者的紅二代身份以及公開信的體制內立場，因此可望在體制內獲得更大的共鳴與呼應，也使得當局很難出重手壓制，別有一種特殊的力量。它也再一次證明，正如蔡霞教授所言，體制內、黨內、紅二代內，反對習近平的聲音已經達到何等程度。

註、「髮小」一詞，為北京方言，指父執輩就相識，從小到大一起成長的玩伴、往來頻繁的好友。

2020 年 9 月 8 日

第三部分

從阿馬利克的《蘇聯能存在到 1984 年嗎》談起

　　歐威爾那本名著《1984》，本來的書名是《歐洲最後之人》（The Last Man in Europe）。出版商出於商業考慮建議他換一個書名，於是，歐威爾就把這本書改名為《1984》。

　　對於《1984》這個書名的來歷，有幾種說法。一種說法是，歐威爾把完成這本書的那一年 1948 年的後兩位元數字顛倒過來，這就成了 1984。

　　《1984》的出版造成了廣泛而持久的影響，進而，「1984」也成為了極權社會的代名詞。

　　1970 年，蘇聯一位年輕的歷史學家安德列・阿馬利克寫了一本小冊子《蘇聯能存在到 1984 年嗎？》。該書預言，民族問題將是蘇聯制度未來危機的一個最重要的因素。非俄羅斯加盟共和國將從爭取真正的自治著手，在事實上以至在形式上脫離蘇

聯，由此導致史達林式的舊帝國分崩離析。

阿馬利克這本小書引起很多爭論，論者大都不贊成他的預言。因為在當時，蘇聯顯得很強大很穩定，另外，民族問題也不突出。殊不知 21 年後，蘇聯解體，於是很多人想起了阿馬利克這本書，而作者本人則被視為先知。

不過，認真探究起來，我們可以發現，蘇聯解體的實際過程和阿馬利克的預言相比，除了時間點上晚幾年之外（蘇聯解體於 1991 年年底，不是阿馬利克預言的 1984 年），還有幾點不同：

1、蘇聯的解體並不是「史達林式的舊帝國」的解體，而是戈巴契夫的「新聯盟」的解體。

2、蘇聯的解體不是發生在共產極權專制之下，而是發生在民主化之後。

3、不是非俄羅斯加盟共和國紛紛脫離蘇聯從而導致蘇聯的解體，而是俄羅斯加盟共和國自己脫離了蘇聯從而導致了蘇聯的解體。

蘇聯的民族問題一直很嚴重。蘇聯名義上是聯邦制，實際上卻是單一制。在蘇聯，少數民族的自治權利（更不用說自決權利）有名無實，民族文化的多樣性也不曾受到應有的尊重。

只是因為蘇共當局的高壓，民族問題隱而不顯，以至於戈巴契夫起初都誤以為民族問題在蘇聯已經不成問題。戈巴契夫推動改革與公開性，各民族得以表達自己的利益與願望，被長期壓制的民族主義乃至獨立意識迅速蔓延，尤其是立陶宛、拉脫維亞和

愛沙尼亞波羅的海三國強烈地主張獨立。

對民族問題的嚴重性估計不足，戈巴契夫未能及時地對聯盟的架構進行改革。等到一些地區的獨立運動已經發展到相當規模，戈巴契夫才匆匆忙忙地改革聯盟結構，力圖把要求獨立的那些加盟共和國留在新的聯盟之內，但是立陶宛等拒不接受，這就使得戈巴契夫陷入兩難困境。當時擔任國防部長的亞佐夫一語道破戈氏困境。亞佐夫說：「要是有一個共和國分離出去，戈巴契夫就會完蛋，可他要是使用武力加以制止呢，那同樣也會完蛋。」

在這種情況下，戈巴契夫決定對聯盟架構做進一步的改革，以維持聯盟的存在，而強硬派則以挽救聯盟的名義發動政變，將戈巴契夫軟禁，並準備用強力打壓各地的獨立運動。俄羅斯民選總統葉爾辛挺身而出，粉碎了強硬派的政變。緊接著，波羅的海三國宣告獨立，俄羅斯率先承認。接下來，俄羅斯與烏克蘭、白俄羅斯三國宣布脫離蘇聯，成立獨立國家聯合體（獨聯體），於是蘇聯解體。這就是說，蘇聯的解體不是非俄羅斯加盟共和國紛紛脫離蘇聯而造成的，而是俄羅斯加盟共和國自己脫離蘇聯造成的。

回顧蘇聯解體過程，我們可以發現，俄羅斯的作用至關重要。因為俄羅斯是蘇聯的支柱。俄羅斯的面積占全蘇聯的四分之三，人口占全蘇聯的一半；俄羅斯的經濟力量和軍事力量也都占壓倒性地位。如果不是俄羅斯接受與承認，其他加盟共和國也很難獲

得獨立。蘇聯可以沒有波羅的海三國，甚至也可以沒有外高加索三國（格魯吉亞、亞美尼亞和亞塞拜然），但是絕不可以沒有俄羅斯。一旦俄羅斯脫離蘇聯，蘇聯就不存在了。因此，是俄羅斯的脫離蘇聯，才導致了蘇聯的解體。

回到中國的問題上來。今日中國，民族問題早已浮出水面。在中國，不但有藏獨、疆獨這樣的民族獨立思潮，而且還有港獨、台獨這樣的地區獨立思潮。既然在現階段，不論是藏獨、疆獨，還是港獨、台獨，都意味著擺脫中共專制，因此就都是值得同情、值得肯定的。但問題是，面對中共專制高壓，就連台獨都很不可能，何況港獨，何況藏獨、疆獨。如此說來，統獨之爭這道難題到頭來很可能是出給未來的民主政府的。恰恰是在中國結束一黨專制、開始民主轉型之後，獨立問題即分離問題才更可能成為一個十分現實的嚴峻問題。

由此引出的一個重要問題是，現在我們就必須認真考慮，在大陸民主後，我們應該如何對待包括藏獨疆獨和港獨台獨在內的各種獨立運動。我們之所以必須在今天就對這一問題加以認真的考慮，那不僅僅是因為未雨綢繆勝過臨陣磨槍，而且也是因為在當前，有些人正是看到了別的一些國家在民主化之後，由於未能處理好統獨問題而導致分裂以至內戰，故而對民主化本身產生疑慮；專制者也正在利用這種疑慮作為抵制民主化的藉口，所以，我們必須向人們指出一種解決統獨問題的既合情合理又深具現實

可能性的方案。

可以想像，一旦中國實行民主轉型，分離主義的理念獲得了廣泛傳播的機會，分離主義運動就很可能發展到足夠的規模。一旦中國步入民主，國人得以參政問政，他們的大一統觀念很可能會淡化。民主後的中國，地方上要求更大的自主權的呼聲很可能會高漲，甚至於有的漢區也會要求獨立。

但與此同時，我們也必須看到，至少是在民主轉型的初期，仍然會有很多人持有強烈的大一統觀念，不肯容忍其他地區的獨立。如果在這時就有某地區或某民族宣布獨立，那就會使得新生的民主政府陷入類似於當年的戈巴契夫陷入的那種兩難困境；本來已經失勢的專制力量就很可能假借反對分裂、維護統一的旗號捲土重來，復辟專制統治，把中國再次帶入黑暗。

有鑑於此，我主張，一是未來民主中國可採行聯邦制，二是規定一個至少五年的過渡期、緩衝期。在暫時維持現狀的前提下，努力鞏固自由民主，推動經濟建設文化交流，加強各民族各地區人民的對話和溝通。

統派是需要這樣一段時間的。他們需要利用這段時間努力增進和別人的關係，減輕彼此間的感情隔膜。他們要讓獨派相信獨立是不必要的，大家完全可以在相互尊重、相互幫助的基礎上建設一個新的共同家園。獨派也是需要這樣一段時間的。因為任何一個相對弱勢的民族或地區要想獲得獨立，總還是需要得到強勢

方面大多數人的理解與接受。

獨派不宜操之過急。獨派必須要有一段時間向別人做工作，爭取儘量多的理解、同情與支持。規定一個過渡期、緩衝期對統獨雙方都有益。它避免了雙方在缺少溝通與理解的情勢下發生悲劇性的衝突。它既是給統派一個機會，也是給獨派一個機會。

至於說在過渡期之後又如何，無非兩種可能：要麼是獨派願意共建聯邦，要麼是統派同意和平分離。事緩則圓，有了一段時間作緩衝，不論結果為何，那至少會使事情進行得更平穩些，更明智些。畢竟，統一或獨立本身都不是最高的價值，不是絕對的價值。在統獨之上，還有人民的自由幸福。

2015 年 11 月 26 日

中國的民族問題與中國的民主問題
——推薦《民主轉型與鞏固的問題》

西藏事件以及新疆事件發生後，民族問題越益引起國人的關注。是的，要妥善解決中國的民族問題，首先有賴於中國的民主化；然而我們又都知道，在一個多民族的國家裡實行民主，本身就會遇到很多棘手的問題。先前那些別的國家是怎樣處理這些問

題的呢？從中我們可以吸取哪些經驗教訓呢？

　　這裡，我特地向大家推薦一部有關專著：《民主轉型與鞏固的問題：南歐、南美和後共產主義歐洲》（Problems of Democratic Transition and Consolidations：Southern Europe，South America，and Post-Communist Europe）。這本書通過對南歐、南美和後共產主義歐洲這三個地區十幾個國家在民主轉型期間種種問題的全面描述和精湛分析，深入探討了有關建立民主政體的一系列重大問題，稱得上民主理論研究和比較政治學的經典之作。本書的兩位作者都頗負盛名，一位是胡安・林茲（Juan José Linz），美國耶魯大學教授，曾任國際政治學會主席，另一位是阿爾弗雷德・斯捷潘（Alfred Stepan），美國哥倫比亞大學教授，曾任中歐大學校長，牛津大學教授。本書由約翰霍普金斯大學　出版社於 1996 年出版（The Johns Hopkins University Press .1996）。

　　《民主轉型與鞏固的問題》這本書內容相當豐富。這裡，我只介紹其中一個方面，那就是，在多民族國家如何實現民主轉型的問題。

　　從一開始，作者就告訴我們：在由多民族、多種語言、多種宗教和多元文化社會組成的國家之中，人口越多，政治就越複雜，這是因為就民主問題要達成一致意見將越困難。為此，就必須就民主規範、行為和制度進行認真的政治設計。有些處理國家性問

題的方式，與民主內在地不相容。

　　有這樣一句格言：「任何國家應該努力成為一個民族國家，而任何民族都應該成為國家。」作者認為這個觀點最為危險。因為當今世界上的大多數國家是多民族、多種語言和多元文化的國家，要以民主的方式將其變成民族－國家非常困難。唯一可能的民主方式──讓我以中國為例──就是：

　　少數民族自願接受漢化，不願意漢化的少數民族自願地移居國外，或者是他們以和平的方式脫離中國宣告獨立並且被中國方面所接受。

　　如果你覺得這幾條都很難做到，而你又強烈地希望中國能成為一個民族國家，那麼你就只好放棄民主的方式，轉而採取強制手段，強迫那些不願意漢化的少數民族接受漢化。不錯，歷史上很多民族國家都是靠強制手段才取得成功的，問題是，作者提醒我們，在當代世界，我們還能夠重複他們的做法嗎？我們還願意付出他們所付出過的那些代價嗎？換句話，過去那些做法，在當代背景下還行得通嗎？作者的回答是行不通，是註定要失敗的。

　　那麼，「在多民族國家，民主化如何可能？」首先一條是，承認平等的公民權。這一條很簡單，估計沒什麼人反對。但作者還補充說，僅僅這樣還不夠，「多民族國家更需要建立以非多數票、非公民投票為基礎的多樣性制度」。在多民族國家，少數民族由於人數少，如果各種事情都採取公民投票、少數服從多數的

辦法，那麼少數民族的聲音就很可能被忽略被埋沒，所以作者提醒說，為了民主的鞏固，要「減少多數主義」，「設計更多的具有共識性的政策」。作者認為，要在這樣的國家實現民主鞏固民主，需要「精心設計某種聯邦或者聯邦制度，和／或進行準聯合民主實踐」。

其實，早在十幾年前，海外異議人士就針對中國是多民族國家這一事實，提出了未來中國實行聯邦制的設想。《零八憲章》也肯定了聯邦制。只是，有很多人對先前這段思想積累太不瞭解，或者是知其然不知其所以然。有鑑於此，我覺得更有必要向大家推薦這本《民主轉型與鞏固的問題》。

2009 年 8 月 28 日

兼顧理想與現實

一、蘇聯解體的模式為何在中國行不通？

王力雄先生長期關注西藏和新疆地區的民族問題，包括推動化解漢藏、漢維之間日益加深的對立。

王力雄對西藏和新疆地區民族問題的關心，很大程度上是出自對中國民主轉型的關心。1990 年代世界爆發了多場跟民主轉型相伴的民族衝突，使王力雄聯想到未來中國民主轉型時，首當其

衝的挑戰也會是民族問題。

王力雄對藏人和維吾爾人追求獨立的願望十分瞭解，也相當同情；但是他認為追求獨立的後果只會是兩敗俱傷，即使流血也未必能夠獨立，還很可能使得中國的民主轉型胎死腹中。

前蘇聯是以解體方式解決民族矛盾的。這給期望從中國分離的少數民族人士帶來很大鼓舞。然而王力雄專門寫了一篇文章，說明〈蘇聯解體的模式為何在中國行不通〉（2007年1月）。

首先，王力雄指出，蘇聯是聯邦制，蘇聯憲法明文規定「加盟共和國」有權退出聯邦。在專制時代，那種憲法權利只是意識形態的裝點，但是在專制垮臺之際，一旦以和平方式轉型，過去許諾的空頭支票馬上就能變成確切的合法性根據。

然而中國卻不是聯邦國體，中國憲法定位的國體是「統一的多民族國家」。王力雄說：「不要小看是否有聯邦名號，它對於一個國家能否和平解體幾乎有決定性作用。有聯邦制名義的國家和大一統國家，兩種社會在應該解體還是統一的問題上，認同的公理完全不同、甚至可能徹底相反。蘇聯可以實現順利解體，不意味中國也能如法炮製。未來的中國政客們，倒可能更多地需要高舉反分裂之旗，才能贏得占壓倒多數的漢人選民。」

其次，王力雄提醒：「中國和蘇聯相比還有一個更實際的不同。俄羅斯在前蘇聯只占人口的一半左右，卻佔有76%的蘇聯領土和大部分資源。從分財產的角度看，俄羅斯人在解體中平均分

得的財產遠高於其他獨立出去的民族。而漢族人口雖然占中國總人口的 90% 以上，擁有的領土面積卻只有中國領土的 40%。國家解體對俄羅斯人和漢人的不同主要在此。而如果沒有主體民族的同意或默許，一個國家靠協商來實現和平解體是不可能做到的。」

有些少數民族朋友對漢人的看法包含著一種矛盾。一方面，他們對漢人的評價很低，另一方面，他們對漢人的期待卻很高。一方面，他們對漢人評價很低，不相信和漢人同為一國，漢人能尊重他們的意願實行真正的自治，所以他們很想獨立，乾脆擺脫你；另一方面，他們又對漢人的期待很高，期待漢人能接受他們的獨立，期待著不讓他們自治的漢人卻能夠讓他們獨立。這不是很矛盾的嗎？

我的看法相反。我認為，期待漢人接受少數民族獨立是很難很難的，但是在保持一個統一的中國的前提下，讓漢人尊重少數民族的真正自治是相對容易的。

不少人預測，未來中國會天下大亂，尤其是在一黨專制結束、開始民主轉型之際。這就給少數民族獨立提供了巨大的機會。王力雄不同意這種觀點。王力雄說：「即使西藏能夠利用中國內亂實現獨立，但仍然不能逃避毗鄰中國的影響。中國不會一直亂下去，只要擺脫動盪局面重新穩定下來，國家分裂給漢人造成的心理創傷就會伺機反彈，同時領土的縮減使漢人生存空間遭到過分擠壓，反而會導致擴張性增強。再衰落的中國相對西藏也是龐然

大物，是西藏難以抵擋的。那時的中國不會放棄重新收回西藏，獨立後的西藏也因此不會有安寧日子。」

二、兼顧道義底線和現實困境，力爭雙贏結局

劉曉波十分讚賞王力雄。在〈解開西藏死結的鑰匙〉（2002年4月）一文裡，劉曉波稱王力雄「是極少數沒有大漢族偏見的知識精英」。在怎樣和平解決西藏問題和怎樣保證中國社會的平穩轉型的事關全域的問題上，王力雄能兼顧道義底線和現實困境的立場。

劉曉波說，從道義上講，無論是選擇獨立還是選擇高度自治，西藏人自主選擇自己的未來歸屬的權利，乃為天經地義，具有充分的道義合法性。但是，從現實的角度講，現在的西藏畢竟在中國版圖之內，中共統治西藏畢竟已經有了幾十年的歷史，漢人中的絕大多數在西藏問題上的立場與執政黨基本相同（正如在臺灣問題上一樣），現在的利益至上的漢族世俗化浪潮對西藏的大城市和上層精英的衝擊越來越大，就現實的力量對比來說，藏族對漢族的弱勢是極為懸殊的。

即便從民族認同的角度講，近年來漢人的大中國的民族主義情結之強烈絕不亞於藏人要求獨立的情緒。所以，藏人選擇獨立，儘管在道義上理由充足，但是全無任何現實上的可能性。即便在中國成為民主制政體之後，民選的政府和大多數漢人也不會同意

西藏從中國的版圖內分離出去。如果藏人不顧現實而執意要獨立，其結果很可能是兩敗俱傷的雙輸。

　　因此，和王力雄一樣，劉曉波也高度認同達賴喇嘛提出的「中間道路」，因為這是和平解決西藏問題之道，是為了得到雙贏的結局。這個道理適用於西藏，也適用於新疆。

三、民主、和平、過渡三原則

　　在海外，來自中國大陸的異議人士、民運人士和自由派知識份子，充分利用海外的自由，很早就開始了和藏人、維吾爾人與蒙古人的接觸與交流。我們在一起舉辦過很多次座談會與研討會，一道舉行過多次抗議活動和聯誼活動。

　　1996 年 2 月 26 日，《北京之春》雜誌社經理薛偉訪問印度的達蘭薩拉，拜會達賴喇嘛。在和尊者的交談中，薛偉把海外民運人士的共識做了如下的表述：首先，我們的當務之急是努力結束中共強權統治，開啟民主轉型。

　　對未來民主轉型中的民族問題，薛偉歸納為三條原則：第一是民主的原則，尊重少數民族的自決權。第二是和平的原則，反對以武力解決爭端。第三是過渡的原則，如果在統與獨、合與分的問題上出現很大分歧，可以先實現高度自治，在平等和睦相處，互敬互利的前提下，進一步商討解決問題的答案。有一個過渡期，事情就好辦了。

四、重要的是過程，是路線圖

我認為，在未來中國的民主轉型中，如何處理好民族問題是十分重要的。當然，未來中國的民主轉型有多種可能的方式，譬如有可能是像戈巴契夫、蔣經國那樣自上而下；也有可能是民間力量自下而上促成改變，像捷克斯洛伐克的天鵝絨革命。邏輯上也不排除中共專制政權像納粹德國和日本軍國主義被外部力量打倒等。不同的轉型方式會形成不同的政治格局，民間民主派採取的對策也會有所不同。不過我們總可以給出一些原則性的意見，做一些原則性的討論。

很多主張藏獨、疆獨的朋友都說，他們希望通過符合國際標準的民主自決的方式達到獨立。要通過民主自決的方式達到獨立，這首先就要爭取到自由民主，首先要中國實現自由化民主化，有了自由民主之後你才能通過民主的方式自決。

在反送中運動中，一些香港人提出港獨的訴求，我當時就說這很不策略，你們現在連真普選還沒爭到手，你怎麼能港獨呢？這裡有個時間表或曰路線圖的問題，是我們先做什麼、後做什麼的問題。這一點很關鍵。

在中國，有最強烈獨立要求的是少數民族，主要是維吾爾族和藏族。他們遭受那麼深重的迫害，又被強制性漢化，一旦哪一天中國出現轉型的機會，因為以前壓制的太深太久，必定會出現很大的反彈，要求獨立的聲音一定會相當高漲。這又不像古代，

在古代，確實有些民族由於長期的高壓，硬是被滅掉了，被強制同化了。今天中共的高壓不可能持續那麼長的時間，反彈是一定會爆發的。

我們現在要討論的就是，一旦出現轉型的機會，我們應該怎麼做，不錯過機會，使轉型能平穩地進行，防止專制勢力復辟。做到了這一點，其他的都好辦。不論是各地區各民族自願統一，還是和平分家，都沒有什麼不好。我最關心的不是哪一個具體目標，我最關心的是過程，是路線圖。

五、三派勢力的博弈

現今中國可以說有三派勢力，一派是主張民主也尊重民族自決，另一派是主張民主又堅持統一或曰主張大一統，還有一派是主張專制又堅持統一。如果中國出現了民主轉型的機會，那就是前兩派人聯手，勝過了第三派。如果在這時出現了要求獨立的要求分離的運動，頭一種人堅持民主尊重民族自決，其態度可想而知。第二種人就可能發生嚴重的分化。其中一些人雖然很嚮往大一統不贊成分離，但是他們也反對使用武力，而其中另一些人，有強烈大一統情結的人，就可能贊成使用武力，他們就可能和原來已經邊緣化的第三種人走到一起來了。而第三派勢力就會藉機乘虛而入，捲土重來。到後來，主張獨立的少數民族遭到鎮壓，專制勢力趁機復辟。

蘇聯在解體前就發生了這種情況。蘇聯開始民主轉型不久，波羅的海三小國要求獨立。戈巴契夫很為難。他不希望這三小國獨立，他希望把他們留在新聯盟裡。戈巴契夫說，過去的蘇聯，名義上尊重其他加盟共和國的自主性，實際上剝奪別人的自主性，他搞的這個新聯盟是真正尊重其他加盟共和國的自主性的，所以不應該鬧分離。可是波羅的海三小國就是想要獨立。這就使得戈巴契夫左右為難。

　　戈巴契夫手下的國防部長講的很清楚。他說，戈巴契夫垮臺垮定了。如果有一個加盟共和國獨立成功，戈巴契夫會垮臺，因為那些主張大一統的人會反對他；如果戈巴契夫為了制止分裂維護統一，使用武力鎮壓獨立運動，他也會垮臺，因為那些主張自由民主、主張和平解決問題的人會反對他。戈巴契夫左也不是，右也不是。就是在這種情況下，蘇共保守派發動政變。他們打出的旗號就是拯救國家。先前蘇聯搞自由化民主化時，他們不好跳出來反對，因為自由民主是大勢所趨人心所向，現在國家要分裂了要解體了，他們就打著「拯救國家、維護統一」的旗號出場了，把戈巴契夫軟禁。

　　當時出現一個最戲劇性的變化就是，俄羅斯總統葉爾辛挺身而出，粉粹了保守派的政變。緊接著，俄羅斯自己宣布獨立，退出蘇聯。俄羅斯要獨立，誰都拿它沒辦法，因為它是蘇聯之中最大的，力量最強的。誰能用武力鎮壓呢？俄羅斯一旦脫離蘇聯，

蘇聯就沒法存在了，就算其他加盟共和國想保留蘇聯都辦不到了。

再看其他國家的情況。在蘇東風波中，捷克斯洛伐克實現了和平分離。這和國際大氣候有關係，和國內小氣候也有關係。那時候他們都很講人性講人道，當時的總統哈維爾又那麼具深厚的人文主義精神。但另外也還有一個客觀因素，那就是斯洛伐克很大。且不說捷克斯洛伐克本來就是聯邦制，斯洛伐克本來就有一定的自主性，包括有退出聯邦的權利；另外很重要的一點是，斯洛伐克的人口和面積都不小，和捷克相比基本上是一比二。這就意味著，斯洛伐克要獨立要分家，你捷克想去武力鎮壓，風險太大了，成本太高了。捷克人中未必沒有想武力鎮壓斯洛伐克獨立的，可是一看人家那麼大的實力就只好放棄了。

中國的問題是，在中國，最想獨立的是少數民族。他們受到那麼多打壓和剝奪，要求獨立更正當更有理由。但正像王力雄提到的那樣，在中國，少數民族人口不到中國總人口的 10%，再加上軍事力量更是高度集中在漢人手裡，雙方在人數上和武力上都強弱懸殊。這意味著，即使少數民族甘願流血犧牲爭取獨立，也是不可能成功的。

如果少數民族僅僅是人口太少、強弱懸殊，那還好辦。也許很多漢人會說，人家想脫離就讓他們脫離吧，反正他們就那麼些人，有他不多，無他不少。問題是，不到中國總人口 10% 的少數

民族擁有的領土面積卻占中國領土的 60% 以上。這就使得很多漢人認為讓少數民族獨立出去代價太高了，要說服他們接受和平分離就更困難。如果維吾爾人、藏人一來就提出獨立的要求，這樣，少數既主張民主又尊重民族自決的漢人就可能陷入孤立。

不錯，在海外民運人士和自由派知識份子這個群體中，有不少人是既主張民主又尊重民族自決的。但若是放到全中國，在廣大漢人中，持這種觀點的仍然只是少數。不要說在今天，就是到了民主轉型的初期，持這種觀點的仍然只會是少數。劉曉波說，漢人中的絕大多數在西藏問題（我想也可以加上新疆問題）上的立場與執政黨基本相同；從民族認同的角度講，近年來漢人的大中國的民族主義情結之強烈絕不亞於藏人（和維吾爾人）要求獨立的情緒。

有人甚至預言，一旦中國開始民主轉型，漢人的大中國民族主義情結還會更加高漲。我對此不無懷疑。我以為伴隨著民主轉型，漢人中的大中國民族主義情結更有可能是削弱而不是加強，但我必須說，即便是有所削弱，仍然會是相當的強烈，至少是在一段時期內。

我深信，在中國，在中國國內，追求自由民主的人很多很多。我們完全有可能和廣大的民眾一道推動民主轉型的發生。但是在民族自決問題上就不一樣了。如果在轉型初期就遭遇到民族自決和獨立這樣棘手的問題，我們這些人要明確堅持我們既有的立

場，連我們自己都會被邊緣化。到頭來讓那些主張大一統的人和專制勢力走到一起來了，那就麻煩了。

如果將來發生大規模流血，因為少數民族在軍事力量上相當弱小，必然是具有強大武力優勢的漢人以反對分裂、維護國家統一的名義去鎮壓追求獨立的少數民族。到頭來不但少數民族會遭受巨大的災難，而且也會使漢人民主派遭受嚴重的挫傷。畢竟，民主派的很多人，就像戈巴契夫，哪怕也主張大一統，不贊成少數民族自決獨立，但他們都不願意使用武力，這樣一來，他們也被排擠到一邊去了，搞不好就讓專制勢力借機復辟了。我們最擔心的就是這個問題。

六、分析幾種小概率

一直有人指望，未來中國發生內亂，在漢區也有些地方鬧獨立，形成分裂或割據的局面，或者是外國勢力的深度介入，這就為少數民族的獨立提供了契機。

我認為這種可能性非常小。我相信，伴隨著民主轉型，在漢人居住區，地方上要求更多自主權的呼聲會增加，在某些地區也可能出現要求獨立的聲音，但是在漢區出現強大的獨立運動乃至形成分裂或割據的可能性是非常小的。因為今日中國漢區，和清末民初大不相同。除了經濟的一體化，尤其是在人口的流動上，東來西往，南下北上，早就是你中有我，我中有你，難解難分，

四川的人很多不是四川人，廣東的人很多不是廣東人。

　　一般人的省籍意識都不強。地方軍隊也是高度混雜，地方性比較淡。包括各級軍官，本地人並不占多大比例，川軍不像川人的軍，粵軍不像粵人的軍。因此形成分裂或割據的可能性很小。至於外國的深度介入，這種可能性本來就非常小。再加上西藏、新疆都深居內陸，外國，包括西方民主國家，更難進行實質性干預。除非中共悍然發動世界大戰，被民主國家聯手擊敗，民主國家才有深度干預的可能，而這種可能性顯然是微乎其微。

七、結語

　　一國之中的少數民族要想以自決的方式實現獨立，以和平的方式實現分離，離不開主體民族的同意或默許。要得到主體民族的同意或默許，有賴於雙方的充分交流，從而獲得主體民族的理解。

　　現在的問題是，在自由的海外，藏人、維吾爾人可以和關心民族問題的漢人充分的溝通，但是在一黨專制下的國內，藏人、維吾爾人的聲音是根本聽不見的。現在，國內民眾的大一統的聲音似乎非常強大，其中當然有虛假的成分，但就是扣除掉虛假成分，這種聲音仍然是相當大的。確實有很多主張自由民主的人也有強烈的大一統情結。他們需要經歷一定的時間，在和少數民族充分溝通之後，才能慢慢的改變。

如果在民主轉型的初期，在藏人、維吾爾人和漢人還沒有認真地展開廣泛的對話與交流之前，藏人、維吾爾人就迫不及待地提出自決、提出獨立，很多漢人必然會用他們原有的大一統觀念做出回應，其結果必然是使得很多本來有可能同意或默許的漢人成為對立面，這就把很多本來可以成為朋友、至少也能保持中立的漢人，驅趕到專制主義大一統那一邊去了，甚至導致專制勢力的復辟。那將是我們共同的悲劇。我們必須努力避免。

　　政治是可能性的藝術。那些不具現實可能性、至少是在現階段不具現實可能性的理念或理想，哪怕看上去是最好的，一旦不顧現實條件而匆匆付諸實踐，很可能造成最壞的結局。那些看上去只是次好的理念或理想，因為深具現實可能性，付諸實踐的效果反而是最好——是在現實可能性中的最好。

2021 年 8 月

國家圖書館出版品預行編目 (CIP) 資料

要得公道 , 打個顛倒 : 中國民族問題與民主轉型
胡平 著　　初版 . -- [臺北市] :
匠心文化創意行銷有限公司 ,
2021.11　　面 ;　　公分
ISBN 978-626-95075-0-4(平裝)
1. 中國大陸研究 2. 民主化 3. 民族問題 4. 文集
574.107　　　　110016053

渠成文化　　對話中國文庫 005

要得公道 , 打個顛倒 -- 中國民族問題與民主轉型

作　　　者 胡平
圖書授權 對話中國
圖書策畫 匠心文創
發 行 人 莊宗仁
出版總監 柯延婷
專案主編 王丹
專案企劃 謝政均
美術設計 顏柯夫
內頁設計 顏柯夫
編輯校對 匠心文創
E-mail　　cxwc0801@gmail.com
網　　址 https://www.facebook.com/CXWC0801
總 代 理 旭昇圖書有限公司
出版日期 2021 年 11 月 初版一刷
總 代 理 旭昇圖書有限公司
地址新北市中和區中山路二段 352 號 2 樓
電　　話 02-2245-1480 （代表號）
印　　製 安隆印刷
定　　價 新臺幣 320 元
ISBN　978-626-95075-0-4

【企製好書匠心獨具・暢銷創富水到渠成】